Wolfgang Schad
Erziehung ist Kunst

PRAXIS ANTHROPOSOPHIE 4

Praxis Anthroposophie – die Taschenbuchreihe für Vorausdenkende: Heute sind Ideen gefragt, die nicht nur das Bestehende erfassen, wie es ist, sondern es vorausdenkend weiterentwickeln. *Praxis Anthroposophie* stellt solche Ideen vor – individuelle Entwürfe, die durch den Gestaltungswillen ihrer Autoren geprägt sind. *Praxis Anthroposophie* sucht das Gespräch, die offene Form, in der sich die geistigen Strömungen unserer Zeit begegnen. *Praxis Anthroposophie* will ihre Leser zu der Erfahrung führen: «Was fruchtbar ist, allein ist wahr.»

Über dieses Buch: In dieser Aufsatzsammlung sind pädagogische Themen angesprochen, die in das Selbstverständnis der Waldorfpädagogik ebenso wie in die Erziehungs- und Unterrichtspraxis von Familie, Kindergarten und Schule hineinreichen. Erziehung als Kunst im Medium des Sozialen aufzufassen ist zugleich ein neuer Zugang zu ihrem eigenen Selbstverständnis.
Fragen der Kleinkind-Entwicklung und Schulreife, der Selbsterfahrung des Jugendalters, der Geschlechterproblematik werden ebenso behandelt wie Erfahrungen aus der Waldorfschulpraxis. Ein Buch für Lehrer, Erzieher und Eltern, das für ein besseres Verständnis der Erziehung aus Anthroposophie eintritt.

Über den Autor: Dr. Wolfgang Schad, 1935 in Biberach/Riß geboren. Studium der Biologie, Chemie und Physik in Marburg und München sowie der Pädagogik in Göttingen. 13 Jahre Unterrichtstätigkeit an der Freien Waldorfschule in Pforzheim. Dann in der Lehrerausbildung tätig am Seminar für Waldorfpädagogik in Stuttgart, Leitung der dortigen Pädagogischen Forschungsstelle des Bundes der Freien Waldorfschulen und Mitbegründer des Freien Hochschulkollegs Stuttgart. Seit 1992 Leitung des Instituts für Evolutionsbiologie und Morphologie an der Universität Witten/Herdecke.

WOLFGANG SCHAD

Erziehung ist Kunst

Pädagogik
aus Anthropósophie

VERLAG FREIES GEISTESLEBEN

Die Deutsche Bibliothek – CIP-Einheitsaufnahme

Schad, Wolfgang:
Erziehung ist Kunst: Pädagogik aus Anthroposophie /
Wolfgang Schad. – 3., durchgesehene und erweiterte Aufl. –
Stuttgart: Verlag Freies Geistesleben, 1994
(Praxis Anthroposophie; Bd. 4)

ISBN 3-7725-1204-6

NE. GT

Die Originalausgabe erschien 1986 im Fischer Taschenbuchverlag

3. erweiterte Auflage dieser Ausgabe 1994
Einband: Walter Schneider, unter Verwendung
einer Kinderzeichnung

Druck: Clausen & Bosse, Leck

Inhalt

Vorwort

Ein junger Bewunderer Bachs soll einmal den Meister gefragt haben, wie man es dahin brächte, so wie er Orgel spielen zu können. Die geistesgegenwärtige Antwort des Meisters war schlicht: Im rechten Augenblick die richtigen Tasten greifen.

Dieses sichert keine Berechnung, keine Partitur und auch keine Improvisation, sondern der *übende* Einsatz aller Fähigkeiten und Kräfte. Damit wird nichts anderes umschrieben als ein pädagogisches Grundprinzip.

Es gibt nichts Pädagogischeres für den Schüler, als wenn der Lehrer während des Unterrichts die besten Einfälle hat. Das ist aber keine Aufforderung zur Spontanpädagogik. Der fruchtbare Moment wird dadurch geschenkt, daß er intensiv vorbereitet wird. Die Vorbereitung braucht Sondierung und Planung; der Vollzug ist schöpferisches Risiko. Die Vorbereitung steht so auf der Nachbereitung der bisherigen Vorkommnisse, sie bedarf insofern der Wissenschaft. Erziehung und Unterricht im Vollzug aber sind Kunst im ursprünglichen Sinne.

In diesem Sinne ist eine Wissenschaft zu suchen, die die Gegenwart aus ihrer Vergangenheitsbestimmung, Zukunftsverwendung und ihrer eigenen schöpferischen Einmaligkeit begreift und so den Geistgehalt differenzieren kann. Anthroposophie als Wissenschaft versteht sich als eine solche Geisteswissenschaft. Sie sucht eine solche Wirklichkeitsbegegnung und Verarbeitung, daß sie dem fragenden Bewußtsein die drohende Gefahr der Weltentfremdung nicht verstärkt, sondern diese vielmehr abbaut. Dadurch kann sie menschliche Lebenspraxis vorbereiten. Es helfen die Formalismen der Modelle und Systeme ebensowenig wie die sich ausbreitende Wissenschaftsflucht. Wir brauchen eine Wissenschaftserweiterung hin zur Erfahrung und Beschreibung lebendiger Geistesgegenwart.

Diese Wissenschaft muß sich inhaltlich nicht im Gegensatz zur Naturwissenschaft sehen, sondern kann sich von ihr ergänzen lassen, wie sie diese ergänzt.

Als die erste Waldorfschule am 7. September 1919 in Stuttgart eröffnet wurde, sprach Rudolf Steiner das Anliegen aus:

«Nach einer Wissenschaft suchen wir, die nicht bloß Wissenschaft ist, die Leben und Empfindung selber ist, und die in dem Augenblick, wo sie als Wissen in die Menschenseele einströmt, zu gleicher Zeit die Kraft entwickelt, als Liebe in ihr zu leben, um als werktätiges Wollen, als in Seelenwärme getauchte Arbeit auszuströmen, als Arbeit, die insbesondere übergeht auf das Lebendige, auf den werdenden Menschen. Wir brauchen eine neue Wissenschaftsgesinnung. Wir brauchen einen neuen Geist in erster Linie für alle Erziehungs-, für alle Unterrichtskunst.»

Im vorliegenden Buch sind pädagogische Themenbereiche angesprochen, die in das Selbstverständnis der Waldorfpädagogik ebenso wie in die Erziehungs- und Unterrichtspraxis von Familie, Kindergarten und Schule hineinreichen. Erziehung als eine Kunst im Medium des Sozialen aufzufassen, ist zugleich ein neuer Zugang zu ihrem eigenen Selbstverständnis. Dieses Motiv bildet den Einstieg. Fragen der Kleinkind-Entwicklung und Schulreife leiten zu mehreren Themen der Waldorfschulpraxis über, unter Einbeziehung der kindlichen Temperamente und der engen Zusammenarbeit von Medizin und Pädagogik. Motive der Pubertät, der Geschlechterproblematik und der Sprachentfremdung des Jugendalters schließen sich an. Ein vertiefter Einblick in das anthroposophische Verständnis des Menschen leitet über zu den pädagogischen Fragen der Umwelterziehung.

Die Mehrzahl der Texte war schon in verschiedenen Zeitschriften erschienen und ist für dieses Buch gänzlich überarbeitet worden. 1986 erschien diese Sammlung als Taschenbuch im Fischer-Verlag. Dem Verlag Freies Geistesleben danke ich für die erneute Herausgabe.

Wolfgang Schad

Erziehung ist Kunst

Innerhalb der Naturwissenschaften gilt heute als wissenschaftlich, was, durch eine Theorie gesichert, beliebig wiederholt werden kann. Erziehung wäre auf solcher wissenschaftlichen Basis möglich, wenn der Mensch ein im Prinzip im voraus festlegbares Wesen wäre. Dem ist nicht so – zum Leidwesen der Erziehungswissenschaften. Jede Erziehungstheorie muß deshalb davon ausgehen, daß der Mensch durch keine Typologie völlig erfaßt werden kann. Die Würde seiner Person beginnt da, wo seine Numerierbarkeit endet. Erziehungswissenschaften haben Begleitwert, können Erziehung aber nicht sichern. Erziehung ist Kunst. Sie gelingt erst im Felde des Nicht-Vorhersagbaren.

Aber was ist Kunst? Die etymologische Bedeutung des Wortes kommt von «können». Der Künstler weiß, daß sein Können nicht im voraus gesichert ist, sondern erst im Vollzug gelingt – oder nicht. Wo Kunst heute gelingt, ist sie nicht um ihrer selbst willen gelungen. Zum einen gewinnt der Kunstschaffende selbst daran in seiner menschlichen Existenz, und es gewinnt der Beschauer, der Empfänger.

Der Beschauer ist in einem besonderen Ausmaße das treibende Motiv heute im Künstler selbst. Man will die ästhetische Kunst aus ihrer Isolation herauslösen und mit ihr soziale Wirkung ausüben. Viele der modernen Kunstausstellungen, so z.B. die «documenta» in Kassel, die regelmäßig den aktuellen Querschnitt moderner Kunstproduktion sichtbar zu machen versucht, haben den sozialen Impetus als Dauerthema.[1]

Gerade in früheren Kunstepochen bemerkt man noch mehr das Anliegen jener sozialen Wirkung der Kunst. So z.B. galt die Zeusstatue von Phidias im Tempel von Olympia als «heilbringend», die gotischen Dome hatten eine mitreißende soziale Wirkung. Raffaels Madonnen haben Achtung und Offenheit für das Wesen des Kindes ausgelöst. Goethes Sprache ist Selbstheilung eines an seinem Genie leidenden Großen, um die eigenen Zerreißproben durchzustehen. Vielen großen Literaten, ob Kleist, Dostojewski oder Ingeborg Bachmann, erging es bis heute nicht anders.

Um Erziehung als Kunst denken zu können, soll hier einer von vielen Wegen verfolgt werden. Es soll dabei einmal weniger auf die künstlerische Leistung, das Maß an Höhe und Umfang genialer Produktivität, sondern auf das künstlerische Medium geachtet werden: das reine Material. Danach unterscheiden wir die Künste seit eh und je.

Kunst ist immer sinnlicher Natur, sie hat es immer mit dem im Hier und Jetzt vorhandenen Material zu tun. Und zugleich besteht sie darin, dasselbe nicht wie vorgefunden zu belassen, sondern es weiterzugestalten, daß es menschliche Qualität gewinnt. Sie verliert dabei nicht ihr sinnliches Medium, aber sie gestaltet es so, als ob es Idee, menschliche Antwort sei, ohne eine Idee im begrifflichen Sinne zu sein. Aber die menschliche Sphäre wird erreicht, die den Menschen als sinnliches Wesen selbst mehr als Natur sein läßt.

Die Kunst trat in vor- und frühgeschichtlichen Zeiten in den verschiedensten Formen auf. Wir können nur noch die Überreste bestaunen. Aus dem Megalithikum ragen tonnenschwere Einzelsteine, Steinreihen und Steinkreise in unser Bewußtsein. Von Rujum Heiri auf den Golanhöhen im Nahen Osten bis zu Stonehenge in England, um die eindrucksvollsten zu nennen, spannte sich der Bogen dieser frühbronzezeitlichen Kultur. Gleichzeitig entstanden die ägyptischen Pyramiden und die assyrischen Prozessionsstraßen. Die Baukunst bewegte gewaltige Massen. Ein Stück Welt wird eingegrenzt und zu menschlichem Raum gestaltet. Durch die Kunst der Architektur schuf sich der Mensch schon früh seine eigene Umwelt.

Der Bildhauer formt den massiven Stoff nicht mehr zu einer peripheren Hülle, sondern zu einer in sich geschlossenen Gestalt. Im Flachrelief bleibt sie oft noch Ornament am architektonischen Element Wand. Im Tiefrelief beginnt sie sich abzulösen. In der frontalen

Figur lebt noch der letzte architektonische Bezug. In der freistehenden Figur hat die plastische Kunst zu sich selbst gefunden. Aber auch schon dadurch, daß sie mit weniger Masse auskommt als das Bauwerk, konzentriert und individualisiert die Plastik sich als Kunstwerk zu einem in sich geschlossenen Gebilde. Das Bauwerk ist immer noch Grenze zum kosmischen Raum, die Plastik wird um einen weiteren Schritt menschennäher und findet im Menschenmaß ihre Erfüllung.

Der Maler dagegen verläßt das Raumvolumen. Die Fläche allein ist das Raumelement des Bildes. Darauf erscheinen Farben, Licht und Schatten. Zwar kann er mit Farb- und Linienperspektive noch den Eindruck von Räumlichem schildern, aber eben nur als Schein. Die Malerei am Anfang unseres Jahrhunderts verläßt auch die Raumillusion der Perspektive und bringt die Elemente der Malerei, Farbe und Form, selbst zum Ausdruck. Wo van Gogh nicht mit dem Pinsel, sondern mit der Tube «malt», wird das Bild fast wieder zum Relief. Wenn Paul Klee von der Fläche hin zur gespannten Linie als Ausdrucksmittel zielt, entmaterialisiert sich das Medium in die andere Richtung: von der Zwei- zur Eindimensionalität.

Die Musik enträumlicht sich für das Erlebnis völlig. Ihr Medium ist die Melodie, der Rhythmus, die Ausdrucksdynamik im Nacheinander der Töne: ein Zeitliches. Materialmäßig sind es Bewegungen der Lufterschütterung in feinsten Schwingungen. Aber den Lufthauch meint der Musiker gar nicht. Er streicht oder bläst sein Instrument, um die Zeit, das eigentliche Element der Musik, zu gestalten. Er gibt ihr Rhythmus, läßt sie im Nacheinander der Töne zur Melodie werden und hält sie im Nebeneinander im Akkord wieder an. In der Dissonanz drängt die Zeit weiter, in der beruhigenden Konsonanz läßt sie uns wieder Atem holen. Bestätigung und Überraschung der musikalischen Erwartung, das Spiel zwischen Vorbestimmung und Unbestimmtheit der Zukunft, kommt in jedem Moment hinzu. Die Musik ist eine Januskunst.

Sieht man nicht auf das Medium, sondern auf das Werkzeug, so ist das Musikinstrument noch ein Gerät außerhalb des Menschen. In der Vokalmusik, im Gesang, wird der menschliche Kehlkopf selbst zum Instrument. Die mechanischen Musikinstrumente können Saiten- oder Blasinstrumente sein, im menschlichen Kehlkopf sind beide Prinzipien vereinigt. Die Saiten der Stimmbänder werden vom Atemstrom angestrichen. Nur die Äolsharfe, ein Instrument, dessen gestimmte Saiten durch den Wind zum Klingen gebracht werden, kommt dem Funktionsprinzip der menschlichen Stimme nahe.

In der Dichtung nun wird das Wort zur Kunst. Der akustische Wohlklang allein tut es hier nicht. Wird in der Musik noch ein Unpersönliches empfunden, so spricht durch das Wort stärker der persönliche Mensch. Seine eigene, individuelle Befindlichkeit, seine Gedanken selber kann er in der Sprache kundtun.

Zur Lautgestalt und emotionalen Färbung tritt der Sinngehalt hinzu. Hier kann sich die Eigenseele noch menschlicher aussprechen als in der anonymer bleibenden Welt der Musik. Aber auch im gesprochenen Wort ist die Luft das äußere Medium.

Die angeführte Reihe der Künste bringt uns immer näher an den Menschen heran. Kann er nicht selber zum ausschließlichen Instrument werden? Der menschliche Leib wird zum künstlerischen Material in jeder Bewegungskunst. Mit ihr treten wir fast gänzlich zum Menschen über. Schon die Gebärden des Schauspielers, ebenso die Pantomime und der Tanz machen den sich bewegenden Menschen zum Kunstmedium. Seine Bewegung selbst wird zur Kunst. Rudolf Steiner hat diese Form der Kunst zur Eurythmie weiterentwickelt. Musik und Sprache sind die ihr nächsten Künste. An sie schließt sie sich als Ton- und Lauteurythmie an.

Die bisherige Darstellung wirft aber noch weitere Fragen auf. Welche Kunst gibt es, die sich zu ihrem Gestaltungsfeld etwas von dem zentralsten Bereich des Menschen selbst wählt? Hier ist der große Bereich der sozialen Kunst zu nennen. Sie ist bereit, an der Lebenskonfiguration des anderen Menschen, an seiner Biographie, an seinem Schicksal mitzuarbeiten. Die Heilkunst, die Medizin, ist – bei aller Wissenschaft und Technik – eine solche soziale Kunst, wenn sie von Menschen für Menschen umfänglich betrieben wird.

So ist auch jede umfassende Erziehung eine soziale Kunst. Sie steht der Hilfsbedürftigkeit des heranwachsenden Menschen bei. Kein

Tier hat eine so lange Kindheit und ist so lange auf Hilfe angewiesen. Aber durch die lange Kindheit findet der Mensch zu einer eigeneren, selbständigeren Existenz als alle Tiere. Seine große Freiheit ist der Erfolg einer besonders langen, gegenseitig verbindlichen Abhängigkeit. Soziale Kunst konstituiert erst den Menschen.

Die Staatskunst als höchste Form der Gemeinschaftskunst wird, wenn sie einmal bewußt soziale Kunst geworden ist, sich auch an den zukünftigen Menschen wenden. Dann wird sie die gegenwärtigen sozialen Strukturen so einrichten, daß das soziale Leben sich offen hält für die Impulse jeder nachkommenden Generation.

Doch sind die sozialen Künste heute vielfach mehr Zukunft als Gegenwart. Das bisherige soziale Geschehen der letzten Jahrhunderte spielte sich weitgehend entweder nach naturgegebenen Bindungen oder nach religiös vorgegebenen Rechtsgewohnheiten (Sittenkodex) ab. Jeder, der mit Kindern lebt und arbeitet, aber fragt sich neu, wie er ihnen gerecht werden kann. Welchen Wert geben wir der Familiengestaltung? Ist nicht auch die Kochkunst oder die Feriengestaltung für die Kinder eine soziale Kunst? An den praktischen Beispielen sollte man sich klarmachen, was soziale Kunst ist. So ist Erziehung Kunst. Alle soziale Kunst besteht in dem verbindlichen Einsatz, Wagnis, Unterfangen, helfend das Miteinander der Menschen aktiv zu gestalten und es nicht bei einem ehrerbietig oder wissenschaftlich verbrämten Fatalismus zu belassen. Hier liegen weite Wege offen. Und doch gewinnt die soziale Kunst in der Reihe der Künste jetzt schon ihre Qualität: Die Schöpfungen der Architektur, Plastik und Malerei stehen im Raum. Musik, Dichtung und Bewegungsgebärde leben im Element der Zeit, sind die Zeitkünste. Die sozialen Künste bilden am Menschen und an Menschengemeinschaften in Raum und Zeit, aber darüber hinaus im Unräumlichen und Unvergänglichen an uns: am seelischen und geistigen Inhalt menschlicher Biographien.

So können wir die Reihe der Künste in der folgenden Anordnung zusammenfassen:

Architektur Soziale Kunst
Plastik Bewegungskunst
Malerei Dichtung
Musik

Auf die Stufenfolge der ersten sechs der ästhetischen Künste wies 1909 Rudolf Steiner hin.[2] Bei Adalbert Stifter finden sich dahingehend auch erste Anklänge, wenn er auch nur bis zur Dichtkunst kam.[3] Erich Schwebsch, eine zentrale Gestalt der Waldorflehrer nach dem Tode Rudolf Steiners, hat sich als Musiker und Kunstgeschichtler immer wieder damit beschäftigt. Er berichtete, daß Rudolf Steiner selbst von einer Kunst sprach, die erst in der Zukunft in innerer Korrespondenz zur Architektur noch entstehen werde. In den Aufbaujahren nach dem Zweiten Weltkrieg wurde diese Frage unter den sozial engagierten Anthroposophen stark bewegt. Ernst Weißert, der nach dem Tode von Erich Schwebsch (1953) die Waldorfschulbewegung bis 1980 wesentlich mitgestaltete, führte einen regen Gedankenaustausch darüber mit Erich Schwebsch. Schwebsch vertrat die Meinung, daß die siebte Kunst noch nicht da sei und man noch gar nicht sagen könne, was für eine Kunst es sein werde. Ernst Weißert hingegen fühlte, daß diese Kunst jetzt im Ansatz, im Keimzustand, doch schon da sei: in aller sozialen Kunst. Er verstand seinen ganzen Lebenseinsatz für die Pädagogik Rudolf Steiners als eine soziale Baukunst.

Darin kommen die weittragenden Entsprechungen zwischen den Künsten zutage. Wie jedes menschliche Gemeinschaftsleben eine Art soziale Architektur braucht und umgekehrt alle Architektur sozial wirksam ist, so haben auch die plastisch-bildenden Künste eine besondere Verwandtschaft zur Bewegungskunst und umgekehrt. Eurythmie ist der in die Zeitdimension, in Bewegung getauchte Ausdruck des ganzen Menschen. Plastiken wirken entsprechend wie eine zur Ruhe gekommene Bewegungssprache. – Es stehen auch Malerei und Dichtung in einer intimeren Beziehung zueinander. Was die eine Kunst im Raume malt, malt die andere in der Zeit. – Die Musik aber ist ihr eigenes Pendant. Ihre Janusköpfigkeit haben wir schon berührt. In ihr verschmelzen Welt und Mensch im besonderen Ausmaß.

Die sieben Künste gehören zusammen. Jede bringt ein, was die anderen erwarten lassen. Sie bilden wie das Gesamt lebendiger Organe einen Organismus. Die immanente Ordnung der Künste zueinander führt den Menschen aus seinem Weltzusammenhang immer weiter zu sich selber. Architektur, Plastik und Malerei stehen im äußeren Raum, wenn sie sich auch aus diesem schon stufenweise herausziehen. Von der Musik an leben alle weiteren Künste in der strömenden Zeit. Von der Sprachkunst an tritt das Innermenschliche hinzu. Der Mensch selbst wird mehr und mehr zu seinem eigenen Gestaltungsobjekt. In den ersten drei Künsten lebt mehr ein imaginatives Element, in der Musik die Inspiration, während die letzten drei Künste in ihrem Charakter wie intuitiv auf die Personalität des Menschen ausgerichtet sind.

Wir haben schon davon gesprochen, daß die klassischen Künste mittelbar soziale Künste waren. So haben Dürers «Vier Apostel» und Lessings «Nathan» immer Menschenveränderung bewirkt. Aber diese zwischenmenschliche Wirkung der musisch-ästhetischen Künste nimmt ab. Sie degenerieren zur netten Zugabe und bloßen Verzierung neben dem eigentlichen Leben, Gipsstuck an der Zivilisationsfassade. Aus dem modernen Kopiergerät ertönt Beethovens Musik, um anzuzeigen, daß das Gerät gebrauchsfertig ist. Das Wort Kunst hat heute unter Nichtkünstlern einen verspielten Klang. Man gesteht dem Künstler gerade noch zu, etwas abseits von den anstehenden Tagesproblemen seine persönlichen Konflikte zu wälzen. Kunst ist flächendeckend zum Selbstgespräch, Selbstexperiment und zur Selbstdarstellung geworden. Nie war der Abstand zwischen Künstler und Publikum problematischer als heute. Im gängigen Kunstbetrieb steht eine gesellschaftliche Wirkung noch am ehesten am Theater zur Debatte. Dieses bildet schon den Übergang von der reinen Sprache zur Bewegungskunst und führt so zum Menschen als gemeintem Zielobjekt hin. Und doch erstirbt den ästhetischen Künsten vielfach die soziale Funktion.

In der Gegenwart liegt nun das Zukünftige darin, daß eine Veränderung der menschlichen Produktivität vor sich geht. Nicht allein im Material der Welt, sondern am Geschick des Menschen mitzugestalten, ist die zu leistende Wendung. Eine solche Kunst erst erhält in der Gegenwart und Zukunft eine greifende Wirkung, so wie sie die musischen Künste einst besaßen. Bach schuf «ad maiorem Dei gloriam». Dann hieß es «l'art pour l'art». Jetzt können wir beginnen, das Menschliche schöpferisch zu gestalten.

In diesem Sinne versteht sich die Waldorferziehung als soziale Kunst. Die künstlerische Erziehung wird mißverstanden, wenn damit die bloße Betonung der musisch-ästhetischen Erziehung gemeint wird. Es ist anders: Der Bildhauer, der Maler, der Musiker, der Dichter wird als Waldorflehrer in der Schule seine Kunst der Erziehungskunst zur Verfügung stellen, ja sie in ihrer bisherigen Motivation zurückzunehmen haben. Sein Künstlertum wird ihm zum Werkzeug für die Kunst, an der er arbeiten darf: an der Erziehung für den jungen Menschen, am Kind.

Damit ist zugleich eine Wandlung der klassischen Künste sichtbar, nach der sie in der Moderne längst selbst verlangen und die ihrem Solipsismus nur guttun würde. Die museale Isolation, das genußhaft Ästhetisierende fällt von ihnen ab. Den ästhetisierenden Selbstdarsteller wollen Schüler nicht haben. Innerhalb der sozialen Künste gewinnen die ästhetischen Künste plötzlich wieder einen wenn auch ganz neuartigen Lebensraum. Zwar wird die Virtuosität nicht mehr gefeiert, aber die Substanz bildet lebendige Menschen. Dadurch könnten die bisherigen Künste den inneren Nerv ihrer Daseinsberechtigung wiedergewinnen. Musiker hätten eine viel größere, eingreifendere Wirkung im Schulzimmer als im Konzertsaal. Wo finden sich die Maler, die den Bilderschmuck für den Raum einer ersten, einer achten, einer zwölften Klasse malen, so daß ihre Kunst vor den jeweiligen Altersstufen inneren Bestand hat? Dort hätten sie mehr Erfolg, wenn auch nicht sofort faßbaren. Was Rudolf Steiner an Künstlerischem hinterlassen hat, trägt das Leben solcher sozialen Kunst in sich.

Das gilt in besonderem Maße für die noch junge Bewegungskunst, die Eurythmie. Ihrem Wesen nach vermittelt sie zwischen den klassischen Künsten und der sozialen Hinwendung. In der Bühneneurythmie neigt sie den ersteren, in der Heileurythmie und Laieneurythmie der letzteren zu. Zwischen der Bühnen- und Heileurythmie steht eigenständig die pädagogische Eurythmie als Erziehungskunst. Ihr kommt die Eurythmie aus sich selbst unmittelbar entgegen. Keine ästhetische Kunst kann so leicht in die sozialen Künste übergehen wie die Eurythmie. So kann schon die Bühneneurythmie eine sinnestherapeutische Kunst für den Zuschauer sein.

Waren im bisherigen die einzelnen Künste in ihren Besonderheiten und ihren Beziehungen zueinander kurz charakterisiert worden, so sei noch das allen Gemeinsame herausgestellt. Die Grundfrage aller Ästhetik, was denn ein Kunstwerk erst zu Kunst macht, hat die verschiedensten Auslegungen erfahren. Rudolf Steiner hielt 1888 im Wiener Goetheverein einen seiner ersten Vorträge unter dem Titel «Goethe als Vater einer neuen Ästhetik»[4] und kennzeichnete dort das künstlerische Schaffen in einer verblüffenden Weise. In Auseinandersetzung mit Friedrich Theodor Vischer[5] lehnt er die naturalistische Kunstauffassung eines Gustav Theodor Fechner ebenso ab wie die idealistische Ästhetik von Friedrich Wilhelm Schelling und Georg Wilhelm Fr. Hegel. Fechners «Ästhetik von unten» reduziert den Kunstgenuß auf eine Physiologie des Geschmacks, Schellings und Hegels «Ästhetik von oben» sieht Kunst allein als die sinnliche Illustration von Ideeninhalten. Im einen Falle ist Kunst um so mehr Kunst, je naturalistischer sie wird, und es ist nicht mehr einzusehen, warum sie mit der Natur noch konkurrieren will, die doch immer vollendeter ist als ihre naturalistische Wiedergabe. Im anderen Falle wären die höchsten Kunstformen die Allegorie oder didaktische Poesie und dienten nur der leichteren Verbreitung irgendwelcher Ideen, wären dann also bestenfalls eine Art Pseudowissenschaft. Diese Ästhetik leitet das Künstlerische von einem Wahrheitsgehalt ab, den der Künstler sich erst zu eigen macht und dem er dann das sinnliche Gewand gibt. Kunst ist dann nur mehr Ideenkunst.

Steiner erkennt im echten künstlerischen Prozeß etwas anderes: «Das ist nicht die ‹Idee in der Form der sinnlichen Erscheinung›, das ist gerade das Umgekehrte, das ist eine ‹sinnliche Erscheinung in der

Form der Idee›.» Er greift dabei gezielt auf Goethe zurück. Dieser erzählt in «Dichtung und Wahrheit»[6] aus einem Gespräch mit dem Jugendfreund Johann Heinrich Merck, daß dieser zu ihm treffend sagte:

«Dein Bestreben, deine unablenkbare Richtung ist, dem Wirklichen eine poetische Gestalt zu geben, die andern suchen das sogenannte Poetische, das Imaginative zu verwirklichen, und das gibt nichts wie dummes Zeug.»

Echte Kunst im Sinne Goethes ist der Umgang mit dem sinnlichen Material so, daß es seine eigene Natur vollkommener offenbaren kann, als es ihm von Natur aus möglich ist. Reine Kunst mißbraucht nicht den Gegenstand zur Demonstration einer ihm wesensfernen Idee, sonst merkt man die Absicht und wird verstimmt. Sie ist dann ideologisiert und degradiert sich bis zur Fremdbestimmung. Nein, echte Kunst ist immer materialehrlich. Ein Granitblock fordert vom Bildhauer andere Formen als ein Marmorblock, Beton vom Architekten andere Gestaltung als ein Holzbau, Farbe vom Maler anderes als das Schwarz-Weiß-Medium. Und das alles nicht aus technischen Gründen, sondern aus dem künstlerischen Prozeß in der Auseinandersetzung mit dem Material selbst heraus, das gleichsam durch den Künstler sich erst besser aussprechen kann, als es dies von Natur aus könnte. Das offenbare Geheimnis künstlerischer Produktivität ist, daß das Material zum Anlaß und der Künstler zum Medium dafür wird. Das Material ist für den Künstler viel mehr als nur Material. Er möchte ihm nur helfen, sich durch ihn besser aussprechen zu können.

Für Hegel galt: «Das Schöne ist das sinnliche Scheinen der Idee», für Goethe dagegen: «Das Was bedenke, mehr bedenke Wie.» Und das greift Rudolf Steiner auf, «denn in dem Wie liegt es, worauf es ankommt. Das Was bleibt ein Sinnliches, aber das Wie des Auftretens wird ein Ideelles ... Die Ästhetik nun, die von der Idee ausgeht: ‹das Schöne ist ein sinnliches Wirkliches, das so erscheint, als wäre es Idee›, diese besteht noch nicht. Sie muß geschaffen werden. Sie kann schlechterdings bezeichnet werden als die Ästhetik der Goetheschen Weltanschauung. Und das ist die Ästhetik der Zukunft.»[7]

Erst in diesem Sinne sind die sozialen Künste wirklich sozial. Werden sie als «Ideenkunst» betrieben, so wird die Idee dem Leben übergestülpt. Erst die Wahrnehmung und Annahme des konkreten Sozialfeldes, als motivierender Anlaß sozialen Handelns, erlaubt soziales Können. Im Sinne der Ästhetik Goethes versteht sich die Waldorfpädagogik als Erziehungskunst. Darin liegt ihre heutige Einzigartigkeit. Es gilt nicht, das Kind nach einer vorherigen Idee, mag sie auch noch so bedeutend sein, zu formen, so daß zum Schluß es deren Verleiblichung als illustrativer Abklatsch darstellt. Es geht um Wichtigeres: Kinder und Jugendliche so zu erziehen, daß wir ihnen im Unterricht zu helfen versuchen, die in jedem verborgene eigene «Idee», die als das eigene Wesen mitgebracht wird, in die Erscheinung treten zu lassen.

Rudolf Steiner drückte es einmal so aus:

«Da müssen wir unterscheiden lernen die Intentionen des Erziehers von dem, was aus dem Zögling wird. Wenn wir nur richtig gestimmt sind, werden wir die größten Freuden erleben, wenn wir uns bemühen, etwas ganz Bestimmtes an den Zögling heranzubringen, und wir uns sagen können: Nun, das, was du gewollt hast, ist er nicht geworden, aber er ist etwas geworden. Das ist das Eigentümliche, daß der Erzieher nur dadurch seinen Erzieheregoismus abstreifen kann, wenn er den Wunsch überwindet, daß das, was er als gut und recht ansieht, und namentlich, was er selber gerne denkt, in dem Zögling ein Abklatsch werde. Wenn wir als Erzieher die Gelassenheit erreichen, daß der Zögling uns so unähnlich als möglich werden kann, dann haben wir das Schönste erreicht.»[8]

Bis zur Konsequenz dieser Haltung hin ist menschengemäße Erziehung soziale Kunst, Erziehungskunst.

Das Kind im Sog der Zivilisation

Wir Erwachsenen schon haben es nicht einfach mit der Zivilisation. Gern benutzt und gern gescholten bedient sie uns und dienen wir ihr. Die Massenmedien versorgen uns mit weltweiter Information, und doch wissen wir uns dabei in unserer Meinung und unserem Urteil manipuliert. Jede Maschine bringt genauer, schneller und mit beliebigem Krafteinsatz unsere Vorhaben zustande, und doch bedrängt uns die Arhythmik ihrer Bedienungsansprüche. Die Technik erspart uns immense Zeit; aber wenn wir uns ihrer bedienen, haben wir nie Zeit, und wenn wir aus ihr ausbrechen, wissen wir nicht recht, wohin mit unserer Zeit. Die technische Zivilisation macht uns freier und unabhängiger von der bloßen Naturbeschränkung unserer Existenz. Wenn es draußen dunkel wird, schalten wir das Licht an, wenn es kalt wird, die Heizung. Die Kaufhäuser bieten zu jeder Jahreszeit aus allen Erdteilen, was wir zu essen wünschen. Und dann füllen wir wieder die Wartezimmer der Ärzte mit undefinierbarem Unwohlsein. Die Zivilisation macht uns von den Einschränkungen unseres Naturzustandes frei, sie hilft uns bei unserem Drang nach Selbstverwirklichung. Und doch ergeht es uns dabei wie schon häufig: Ist ein alter Zustand überwunden, erstarren wir im neuen.

Zivilisation kommt von cives = der Bürger, und gerade das deutsche Wort hat heute einen zweideutigen Inhalt erhalten. «Bürger» erinnert an «Burg»; der Bürger ist der in seinen Mauern beheimatete Mensch, der sich seinen eigenen Lebensraum geschaffen hat. Und es erinnert an Verbürgerlichung. Die Selbstverwirklichung bleibt in der Selbstgenügsamkeit hängen.

Was sollen die Kinder mit dieser zweideutigen Zivilisation? Ganz im stillen hofft jeder, daß sie manches doch einmal besser machen werden, die Vorzüge nutzen, die Nachteile vermeiden werden. Aber wie? Das ist die Erziehungssorge heute in jedem Elternhaus. Wie

Mit aufsteigender Wirbeltierreihe vollzieht sich die Leibesentwicklung in immer eigenständigeren Hüllen, um von den Kulturhüllen vervollständigt zu werden: Forelle mit Dottersack, Molchlarve, Eidechsenembryo, Kolibri, Schaf, Mensch.

verhelfe ich dem Kind dazu, ein leiblich gesunder, seelisch freier, geistig kreativer Mensch zu werden, der die zivilisatorische Umwelt nicht einfach ablehnt, sondern sie menschlich verwenden kann?

Manches, was heute in diesem Bereich allzu kurzsichtig geschieht, rückt sich schon zurecht, wenn wir den werdenden Menschen in seiner biologischen Naturgegebenheit verfolgen. Vergleichen wir ihn dabei mit den ihm nahestehenden Tieren.

Niedere Wirbeltiere, wie die Fische, durchlaufen in den meisten Fällen ihre gesamte Embryonalentwicklung im freien Wasser; der werdende Fisch zehrt anfangs am mitgegebenen Dotterproviant, um dann bald zur äußeren Nahrungsaufnahme überzugehen. Die schon lungenatmenden Lurche hüllen das Ei vor der Ablage mit einer klaren Gallerte ein, die zwar noch licht- und wasserdurchlässig ist, aber doch schon einen ersten Schutz gibt. Die ganz aufs trockene Land übergehenden Echsen wachsen nicht mehr im äußeren Wasser auf, sondern in einer selbstgebildeten Fruchtblase, umgeben von Nahrungseiweiß und umschlossen von einer pergamentigen Schale.

Die wieder eine Entwicklungsstufe höher stehenden warmblütigen Vögel lassen die Schale dicht verkalken, legen die Eier in vorher gebaute Nester und schirmen sie mit der eigenen Körperwärme gegen die Außentemperatur ab; die Entwicklung vollzieht sich aber immer noch außerhalb des Muttertieres. Erst die höherstehenden Wirbeltiere, die Säugetiere, verlagern im allgemeinen die Embryonalentwicklung in den mütterlichen Organismus. Im Schutz des Uterus, abgeschlossen von jedem unmittelbaren Umwelteinfluß, kann sich die Entwicklung zur höchsten Tierform, einem Löwen, einem Rind, einem Delphin abspielen. Der Keim selbst bildet auch noch eine weitere Hülle dazu, die Chorionblase. Sie wird dort, wo der Kontakt mit den mütterlichen Blutbahnen stattfindet, zum Mutterkuchen (Plazenta), aus dem der Embryo sich ernährt. Und auch nach der Geburt wird noch keine äußere Nahrung aufgenommen, sondern die auch vom mütterlichen Organismus bereitete Milch.

Diese Entwicklungsumstände hat der Mensch bei seiner Leibwerdung mit den nächstverwandten Tieren gemeinsam. Ist er ein über sie noch hinausentwickeltes Wesen, so können wir weiter fragen, ob bei ihm neue Hüllorgane hinzukommen. Sie finden sich nicht im natürlich-leiblichen Bereich, sondern als die Kulturhüllen: die erste Kleidung, die Wiege, die gedämpfte Beleuchtung, die Farbe und ruhige Lage des Zimmers. Und noch wichtiger sind die unmittelbare Gegenwart von Menschen, die Hingabe und Liebe der Familie, der Paten. Diese Kulturhüllen sind die geradlinige Fortsetzung der Naturhüllen. Der Mensch ist in seiner Entwicklung das vollkommenste Hüllenwesen. Kein vergleichbares Tier braucht volle zwei Jahrzehnte, bis es den Schutzraum der Kindheit und Jugend verlassen kann. Also auch zeitlich haben wir eine besonders lange Entwicklungsmöglichkeit, die in der eigenen Lebensführung aktiv über das ganze Leben ausgedehnt werden kann.

Damit liegt die unabdingbare Voraussetzung für jegliche natürliche wie auch seelisch-geistige Entwicklung offen zutage: Je eher sich die Entwicklung im Außenmilieu vollzieht, desto unvollkommener bleibt die endgültige Organisationsform. Je höher sich diese entwikkeln kann, desto mehr verdankt sie es einem immer vielfältiger von der Umwelt abgeschirmten, inneren Entwicklungsraum.[9] Gerade in der am meisten von der Umwelt emanzipierten Entwicklung erreicht der Mensch den ihm angemessenen Freiheitsgrad, nach eigenen Vorstellungen in diese Umwelt einzugreifen. Erziehung in der heutigen Zivilisation könnte also auch heißen, daß man zuerst in einem enttechnisierten Eigenraum erzieht, in dem sich erst die Fähigkeiten entwickeln, um später die technische Zivilisation nach freiem Ermessen sinnvoll zu nutzen. Drei Motive der praktischen Kleinkinderziehung seien dazu angeführt.

Das menschliche Neugeborene lächelt manchmal schon am dritten, vierten Lebenstag, spätestens nach drei Wochen. Zu jedem sich ihm liebevoll nähernden Menschen ist es immer mehr bereit, den seelischen Kontakt zu suchen. Nun gehört zu den Ergebnissen der Verhaltensforschung am Menschen,[10] daß das Kind etwa nach dem ersten halben Lebensjahr diesen seelischen Anschluß nahezu ausschließlich auf den Menschen richtet, der es meistens umgibt, gewöhnlich also die Mutter. Diese intensive Bindung an eine einzige Bezugsperson wird dann für etwa zwei Jahre unentwegt verlangt und tief ausgekostet. Kaum kann es laufen, stolpert es ihr nach; kaum kann es reden, plappert es ihr alles nach. Gegenüber Unbekannten wird meistens «gefremdelt». Manche Mütter bekommen dabei die Sorge, ihr Kind würde jetzt ein unselbständiger Mensch werden. Diese erste Bindung aber ist die unersetzbare Vorbedingung zur Selbständigkeit. Gerade wenn das Kind durch die starke seelische Anlehnung das Urvertrauen entwickelt hat, löst es sich mit zweieinhalb bis drei Jahren im bekannten Trotzalter um so kräftiger ab, drängt auf eigene Taten, beginnt mit dem echten «Ich»-Sagen; der häufigste Satzanfang wird «Aber ich will … !», und beim Spazierengehen wird wenigstens zeitweise auch einmal allein losgewackelt.

Entwicklung geschieht nie geradlinig. Bindung und Lösung wechseln einander ab. Kinder, die in Waisenhäusern allen Komfort der leiblichen Versorgung erhalten, aber immer aufs neue die Bezugsperson wechseln müssen, fallen schon in ihrer leiblichen Entwicklung stark zurück, und bald im Kindergartenalter fehlt ihnen der eigene Impuls zum selbständigen Spiel und allseitigen Kontakt, zur Neugierde und Entdeckerfreude.

Wieder finden wir hier das Urgesetz aller Entwicklung. Das Kind findet zum gesunden, kräftigen Ichbewußtsein, indem es sich vorher über volle drei Jahre hin geradezu wie ein Anhängsel der Mutter erleben konnte. In der Fremdidentifikation lernt das Kind mit den Wurzeln seines Daseins, wie ein Mensch ein Ich sein kann, und findet dadurch zur rechten Selbstidentifikation. Und nur dann wagt es Weltinteresse zu entwickeln, nicht wenn wir es ihm anerziehen wollen, sondern wenn wir erst die abschirmende Zuwendung dem Kinde voll geben. Entwicklung verläuft nie eindimensional, sondern immer in solchen «Umstülpungen».

Wenden wir uns einem zweiten Thema der frühkindlichen Entwicklung zu. Betrachten wir einen Säugling im Schlaf. Erstaunt bemerken wir, daß die Atemzüge noch unregelmäßig gehen. Tiefe und flache, gedehnte und rasche Züge wechseln einander ab. Auch der Herzschlag ist noch unregelmäßiger als beim Erwachsenen. Ähnliches gilt für alle Organfunktionen des Kleinkindes. Sie haben noch nicht die stabile Regelmäßigkeit und die gegenseitige Abstimmung wie später. Zum Beispiel arbeiten Leber und Niere beim gesunden Erwachsenen in einem streng eingehaltenen Tag-Nacht-Rhythmus, der auch bei unregelmäßiger Lebensweise durchgehalten wird und gerade damit die gesundheitliche Stabilität sichert. Der Zivilisationsstreß, dem heute keiner im Berufsleben entgeht, zehrt nun an dieser ständig wieder gesundenden Organrhythmik. Fünfzig Prozent der Menschen, die heute einen Arzt aufsuchen, leiden nicht an einer speziellen Organstörung, sondern an der mangelnden Koordination der an sich funktionsfähigen Organe. Wie erziehen wir auf die Zivilisation so hin, daß diese vegetativen Dystonien und Dysregulationen wenigstens von der Erziehung her vermieden werden?

Die biologische Rhythmik der Organfunktionen ist nicht fertig angeboren, sondern nur die Anlage dazu. Sie wird im Laufe der frühen Kindheit durch alle regelmäßige, sich wiederholende Tätigkeit ausgebildet und erst langsam stabilisiert. Die Biologen sprechen von der später umweltunabhängig gewordenen Rhythmik der Organe oder des Gesamtorganismus als der «endogenen Rhythmik» oder «inneren Uhr». Bis sie entwickelt ist, hat das gesunde Kind einen unablässigen Rhythmushunger. Mit tiefem Wohlbehagen wird schon das Schaukeln in der Wiege, dann das Schaukelpferd und danach die Gartenschaukel ausgekostet. Die Freude beim Singen des immer wieder gleichen Liedes, des gleichen Refrains, beim Hören der immer wieder gleichen Geschichte oder im rhythmischen Sprechen von Metrum und Endreim bei allen Kinderreimen – all das wirkt direkt auf die Rhythmenabstimmung, die Synchronisation der Leibesfunktionen. Ebenso notwendig ist der geordnete Rhythmus der Tagesgestaltung. Aufstehen und Einschlafen, die Mahlzeiten usw. werden wie Zeremonien genossen. Der Tischspruch und das Abendgebet wirken in ihrer regelmäßigen Wiederkehr, wie alles Religiöse, noch unmittelbar leiblich gesundend. Und so ist es auch mit dem Wochen-, Monats- und Jahreslauf. Die Vorfreude auf die Sonntage, Jahreszeiten und Jahresfeste und ihre immer wiederkehrende Erfüllung, den eigenen Geburtstag nicht ausgenommen, geben der zarten Kinderseele das sichere Vertrauen: So war es, so ist es wieder, und ich kann darauf vertrauen, es wird wieder so sein. Tief unbewußt prägt sich so das kleine Kind die notwendige Gesundheitsfestigkeit, die kräftemäßige Belastbarkeit, sein vitales Durchstehungsvermögen, sein sicheres Lebensgefühl, sein Urvertrauen zum Dasein für das ganze Leben ein.

Rhythmus darf dabei nicht Takt sein. Dieser ist die Wiederholung des Gleichen, jener das im Ansatz immer wieder neu Ergriffene des Ähnlichen. Das sind zentrale Fragen und Aufgaben der häuslichen und der Kindergartenerziehung. Bis zur Schulreife sollte so der vitale Unterbau zu einer höheren als nur angeborenen Gesundheit ausreifen können. Damit erziehen wir sinnvoll auf die spätere zivilisatorische Umwelt hin, indem wir die Kindheit frei von Streß und Hetze des unentwegt Neuen halten.

Es ist inzwischen Allgemeingut, daß der Mensch nicht nur fünf Sinne hat, sondern noch manche andere, wie Wärme- und Kälte-

Sinnesorgane auf der Haut, solche für Schwere- und Bewegungswahrnehmungen im Innenohr usw. Freie Nervenendigungen in den meisten Organen und das vegetative Nervensystem vermitteln uns Wahrnehmungen des eigenen Gesundheitszustandes: Schmerz oder leibliches Wohlbehagen, Hunger oder Sättigung, Müdigkeit oder Frische, Abgespanntheit oder Kräfteüberschuß. Rudolf Steiner faßte diese Empfindungen als «Lebenssinn» zusammen.[11]

Beim kleinen Kind nun können wir beobachten, daß es mit seinem Lebenssinn noch eine eigene Bewandtnis hat. Leibliche Schmerzen kann es oft noch nicht recht lokalisieren. Es hat sich am Knie verletzt und sagt, es habe Bauchweh. Und wenn man genauer fragt, dann zeigt es einem draußen den Stacheldraht. Es kann alles Geschehen viel besser in seiner Umgebung, aber noch nicht an seinem eigenen kleinen Leibe orten. Der Lebenssinn ist es insbesondere, der sich noch ganz auf die umgebende Lebendigkeit richtet. Es ist schwer, sich als Erwachsener zurückzuholen, was man als Vier-, Fünf-, Sechsjähriger traumwandlerisch so ganz anders erlebte: die Stachelbeerhecke im Garten, die Stimmung am frühen Morgen beim Roßkastanienbaum, als man die ersten Kastanien aus den gelbgereiften Stachelhüllen löste, die Straße, der nächste Waldrand. Lebensfülle oder Lebensferne wurden noch viel feiner gespürt. Mit der Schulreife verändert der Lebenssinn schon seine Wahrnehmungsrichtung: Er wendet sich zurück auf den eigenen Leib. Diese Umkehr kommt dann mit der Pubertät zum Abschluß. Kehren wir als Erwachsene an den Ort unserer Kleinkindheit zurück, sind wir von seiner Nüchternheit und Alltäglichkeit oft überrascht und enttäuscht. Nachdem der Lebenssinn sich nur noch auf die eigenen Lebensvorgänge eingestellt hat, wird uns die Umwelt erst einmal lebensleer. Dieser Lebenssinn aber hatte sich einmal an den Umweltgegebenheiten ausgebildet. Vielfältige Wahrnehmungsmöglichkeiten sind zu seiner Ausbildung erforderlich gewesen und müssen jedem Kinde auch in der Großstadt zugänglich bleiben.[12]

Aus diesem Grund benutzen zum Beispiel die Waldorfkindergärten möglichst vom Leben gewachsenes Spielzeugmaterial: Hölzer, Rinden, Tannenzapfen, Muscheln, Federn, Schafwolle; alles in möglichst reicher Materialverschiedenheit. Ein Garten, in dem gesät, gegossen und geerntet wird, kann nicht entbehrt werden. All das geschieht nicht aus romantisierenden Bedürfnissen. Versagen wir dem Kinde im vorschulischen Alter die feinfühlige Ausbildung des Lebenssinnes an seiner Umwelt, so vermag es im Erwachsenenalter dem eigenen Leibe gegenüber nicht mehr differenziert wahrzunehmen. Wächst das Kind nur noch zwischen kunststoffbeschichteten Möbeln, in vollsynthetischer Kunstfaserkleidung, mit immer sich gleich glatt anfühlendem Kunststoffspielzeug auf, so wird später im Leben das heute schon auftauchende Unvermögen zunehmen: nicht mehr zu wissen, wann man leistungsfähig und wann einem unwohl ist, ob man wirklich gesund und wann man krank ist. Dieses verläßliche Gefühl für die notwendige eigene Lebensführung wird dann sicher abnehmen und damit eine weitere vitale Voraussetzung, mit der heutigen und künftigen Zivilisation normal koexistieren zu können.

Die Zivilisation in ihrer Zweideutigkeit kann eine eindeutige positive Rolle für den Menschen spielen, wenn wir zuerst den Sog, den sie auf das Kind heute an allen Orten und Enden zumeist ausübt, aus einfacher Liebe und klarem Durchblick von ihm zurückhalten, soweit dies ohne Gefahren möglich ist. Im technikfreien Raum entwikkelt es die Freiheit zu ihr. Oder warum lehnt die Jugend und junge Erwachsenenwelt, die wie nie eine Generation zuvor unsere hochzivilisierte technische Welt als Kind erlebte, diese heute ab und flippt gar zu gern aus, um mit der Droge künstlich und dadurch verzerrt ihre verpaßten kleinkindlichen Lebens- und Traumbedürfnisse nachzuholen? Wir sollten alle daraus lernen – nicht aus Zivilisationsfeindlichkeit, sondern aus Mut zu einer sinnvoller verwendeten Zivilisation.

Kinderzeichnung und Organwachstum

Es war im Jahre 1902, als die Höhlenmalereien der ausgehenden letzten Eiszeit, die zum ersten Mal in Spanien schon ein Vierteljahrhundert vorher entdeckt worden waren, von der Urgeschichtsforschung anerkannt wurden. Wenige Jahre später, 1910, malte in München der Russe Wassily Kandinsky das erste nicht gegenständliche Bild. Alte und neue Malerei der Menschheit trafen sich über 20000 Jahre hinweg. Der Zeitgenosse war erst einmal ratlos. Altamira galt zuerst als Fälschung, da es so modern wirkte. Und Kandinsky? War das noch Kunst? War das nicht viel zu primitiv? Beide Ereignisse brachten Formen von Kunst ins Bewußtsein, die nicht bloße Abbilder boten, sondern die Quellen des künstlerischen Vorganges selbst anrührten.

Zwischen beiden Ereignissen erklärte die Schwedin Ellen Key 1902 das angebrochene Jahrhundert zum Jahrhundert des Kindes.[13] Und sogleich entdeckte man auch die Kindermalereien als Kunstwerke, die bisher immer übersehen worden waren und doch täglich um uns herum auf allen Kontinenten ähnlich produziert werden. Erst jetzt beginnen wir zu ermessen, welches dritte Novum damit ins öffentliche Bewußtsein getreten ist. Es hat sich zwar der Engländer Ebenezer Cooke schon 1885 wohl als erster mit Kinderzeichnungen wissenschaftlich beschäftigt,[14] aber das gezielte Interesse und die ersten Ausstellungen von Kinderzeichnungen setzten doch erst nach der Wende in unser Jahrhundert ein.

Die zur gleichen Zeit von Rudolf Steiner begründete anthroposophische Menschenkunde gibt uns nun die ebenso neuen wissenschaftlichen Urteilsgrundlagen und Übungswege, um in aller Behutsamkeit an das gesamtmenschliche Verständnis der Kinderzeichnung heranzufinden. Jedem, der fragend damit umging, wurde bald klar, daß der ästhetische Maßstab – was auch immer man darunter versteht – nicht ausreicht.[15] Die verschiedenartigsten neueren Kunstrichtungen haben zwar die Kinderkunst zu ihrem Bundesgenossen erklärt, dasjenige gefeiert, worin sie sich bestätigt sahen, und sie danach begutachtet. Aber das Kind unterläuft die Erwachsenen-Ästhetik mit ihrem Mindestanspruch, doch wohl Kunst zu sein, ungefragt. Kinder stellen nicht aus. Die Tat der Hervorbringung ist alles, nichts der Ruhm. Ist es Natur, ist es Seele, was auf dem Papier erscheint?

Der Mensch ist ein vielschichtiges Wesen. Aber was Leib und Seele zusammenhält, wissen wir damit noch nicht. Rufen wir die wissenschaftliche Analyse zu Hilfe, so wissen wir mit aller ihrer Genauigkeit heute auch nur, daß die biochemische Untersuchung nirgends auf Seelisches stößt und daß die seelische Introspektion nirgends die Naturseite des Menschen kennenlernt. Die Brücke läßt sich also weder im Physischen noch im Psychischen vorfinden, sondern dafür in einem Bereich, der zu keinem der beiden gehört: in den unbewußten Lebensvorgängen, die in uns Tag und Nacht ablaufen, in der eigentlichen Physiologie. Sie hat den methodischen Nachteil, daß sie mit dem üblichen Tagesbewußtsein weder in der objektivierenden Außenbeobachtung noch in der subjektivierenden Innenempfindung erfahren werden kann. Weil Lebensvorgänge, je stärker sie sind, um so unbewußter vorgehen, erkennen wir die Brücke nur schwer.

Aber auf dieser Brücke malt das kleine Kind, und von dieser Brükke handelt auch alles, was es malt. Seine Bilder besitzen den methodischen Vorteil, uns diesen Brückenschlag sowohl typologisch wie individuell unbeabsichtigt vorzuführen. Seine Kritzeleien und Klecksereien sind die täglichen Nebenprodukte der wichtigsten Leistungen dieser Jahre: wachsen zu können und schrittweise alle Organe bis zu einer ersten Funktionsreife zu bringen. Das kleine Kind ist seelisch-geistig in erster Linie damit beschäftigt, sich zu verleiblichen. Es baut die Lebensbrücken zwischen Leib und Seele. In seinen Bildern steigt an die Oberfläche der Sichtbarkeit, was in ihm leibbildend beschäftigt ist. Sie sind gleichsam der Küstensand, angeschwemmt aus dem Ozean der Organgestaltung, aus dem subjekt- und objektlosen «Niemandsland» der Lebensprozesse.

Wir Erwachsenen, die wir fertig gewachsen sind und diese Beschäftigung mit anderem vertauscht haben, müssen uns regelrecht umorientieren, um auch zu verstehen, was uns fasziniert.

In einer frühen pädagogischen Schrift[16] beschreibt Rudolf Steiner, daß bei der sogenannten Geburt erst der physisch wägbare Leib von der Mutter abgenabelt wird. Das labile Lebensgefüge des Kindes macht aber durch viele Jahre noch eine weitere Art von «Embryonalentwicklung» durch. Die seelische Ausformung und geistige Autonomisierung sind weitere «Geburten», welche die menschliche Entwicklung, wie bei keinem anderen Naturwesen, bis auf etwa zwanzig Jahre ausdehnen.

Die sich einspielenden Lebensfunktionen sind nicht leiblich gesichert angeboren, sondern die Bereitschaft dazu, sie unter den angetroffenen Lebensbedingungen auszubilden. Die Vererbungslehre formuliert diesen Tatbestand so, daß weder ein Gestaltmerkmal noch irgendeine Funktionsleistung erblich angeboren ist, sondern nur plastische Normen, auf die jeweilige Umwelt mit speziellen Bildungen und Leistungen zu reagieren; vererbt werden nur «Reaktionsnormen».[17] Vererbung ist also die Bereitschaft, die Umwelt in einer spezifischen Weise anzunehmen. Das Merkmal Gesundheit z.B. ist also nicht angeboren, sondern allein die Bereitschaft dazu, sie auszubilden, wenn die fördernde Hilfe angetroffen wird. Die kindliche Entwicklung besteht nach der Geburt darin, in einem gemäßen Lebensraum mehr an Gesundheit auszubilden, als zuerst vorliegt. Erst mit der Schulreife ist die Gesundheitsreife soweit gediehen, daß sich die grundlegenden Organabläufe stabilisiert haben und für das ganze Leben einigermaßen vorhalten. Darin besteht geradezu die eigentliche Schulreife. Mit ihr findet ein weiterer Abbau von biologischer Abhängigkeit, eine zweite Geburt statt. Rudolf Steiner spricht in diesem Sinne von einer zweiten freigewordenen Leiblichkeit, dem *Lebensleib* oder *Ätherleib.* Die «Embryonalentwicklung» dieses Gesundheitsleibes macht die Kleinkindheit aus.

Wo diese zweite, sublimere Schwangerschaft während der Dauer ihrer sieben Jahre mißlingt, haben wir es gleichsam mit einer Embryopathie des Lebensleibes zu tun, wie etwa besonders kraß im

Wirbelknäuel, gemalt von einem Mädchen (ein Jahr, elf Monate alt). Daneben: Die Überkreuzungen werden entdeckt, gemalt von einem Jungen (ein Jahr und elf Monate alt). Aus: Michaela Strauss.

Hospitalismus. Er stellt einen schweren, nicht mehr aufholbaren Entwicklungsrückstand dar, der trotz guter hygienischer leiblicher Versorgung in Kinderkrippen, Heimen und Hospitälern (daher die Bezeichnung dieser Störung) eintritt, wenn durch menschliche Unverbindlichkeit, wie etwa mehrfachen Personalwechsel, das Kind keine dauerhafte seelische Bindung aufbauen kann. Die Entbehrung der Mutter oder einer gleichwertigen Bezugsperson in den ersten drei Jahren führt trotz aller leiblichen Fürsorge zu schweren Schäden der lebenserhaltenden Organisation im Kinde.[18]

In den Äußerungen der ersten sieben Jahre und besonders in der Bilderproduktion dieser Zeit schafft jedes Kind die autobiographischen Dokumente davon, wie diese zweite Embryonalentwicklung verläuft. Was malt es denn zumeist? Kopffüßler, Wirbelsäulenleitern, Besenhände, und selbst das Haus hat noch Augen als Fenster und bedeutet das Leibesgebäude des Kindes selber. Der Mensch, das

Senkrechtes trägt Sphärisches, gemalt von einem Mädchen (2 Jahre alt). Daneben: Es ist die menschliche Gestalt, gemalt von einem Jungen (2 Jahre, ein Monat alt). Aus: Michaela Strauss.

Kind, es selbst, seine Leibestätigkeit, seine Befindlichkeit am und im Leibe ist das alles andere überragende Thema allein schon quantitativ.[19]

Es gibt wohl kaum etwas so Lehrreiches über das, was in der ersten Kindheit vorgeht, als diesen unsichtbaren Lebensvorgang, hier vom Kinde selbst, in der aus seiner Organik aufquellenden Fülle von Kritzeleien, Zeichnungen und Farbgemälden demonstriert zu bekommen. Identisch mit seinem Werk, beantwortet das Kind unbewußt unsere Fragen, wenn wir uns von ihm mitnehmen lassen. Sein Alltägliches ist ihm feierlich genug. Was erzählt das eine Bild, was das andere?

Die jüngsten Zeichnungen, die Urwirbel, fließen unkontrolliert

«Hab ich zugemacht», Zeichnung eines Mädchens (3 Jahre, zwei Monate alt). Aus: Michaela Strauss.

aus der Motorik des kreisenden Händchens heraus, sind Spuren der lebenden Bewegung. Schaukelnde Handbewegungen lassen pendelnde Kritzelbahnen entstehen. Auch hier reichen unsere einfachen Vorstellungen nicht aus. Der Gelenkbau und der Grad der Muskelreifung in Ärmchen und Händchen sind natürlich an dem Formencharakter beteiligt, aber nicht dessen Ursache, denn dann könnte man ebenso gleich nach der Ursache der Organgegebenheiten fragen. Und hier trifft man auf den Lebensprozeß, der gleicherweise die leiblichen Organe aufbaut wie die Bilder schafft, die wir zu sehen bekommen. Beide entspringen dem gleichen Vorgang. Ihn lernen wir kennen. Die Fülle an Variationen, die durch das zweite und dritte Jahr hindurch auftreten und unter denen

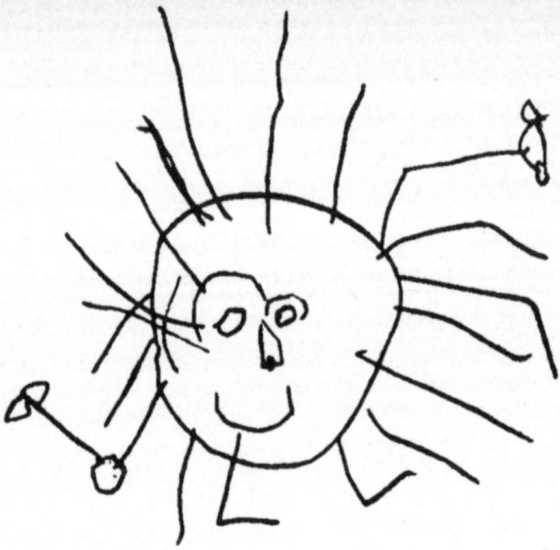

Kopffüßler mit Haaren als Strahlen oder Antennen, Zeichnung eines Jungen (4 Jahre alt). Aus: Michaela Strauss.

schon bald prägnante Formen erreicht werden, überspringen wir hier.

Entscheidend wird die Mitte oder das Ende des dritten Jahres. Verdeutlichen wir uns nochmals, was geschieht, wenn das kleine Kind tief atmend an seinem Tischchen steht und ungelenk eine Linie im Bogen auf dem Papier zieht: Mit aller Konzentration, zu der es fähig ist, versucht es die Linie an ihren Anfang anzuknüpfen, den Kreis zu schließen. Eine volle Ausatmung tut kund, daß etwas mit tiefer Befriedigung erreicht wurde. Ein abgeschlossener Raum ist aus der unendlichen Welt ausgesondert worden. Noch einmal und wieder aufs neue sucht und findet das Kind diese Betätigung als Bestätigung. Viele Blätter werden einige Tage lang so vollgekratzt. Es ist zugleich die Zeit des ersten sinnvollen Ich-Sagens. Das Kind entdeckt sich als etwas, das es so nicht noch einmal gibt, das nun der ganzen Welt rundherum gegenübersteht. Ein geistig kontinuierliches Ichwesen ist das Kind längst vorher, aber das Bewußtsein davon erlangt es erst jetzt.

Diese Bewußtseinsleistung geht mit der zunehmenden Reifung des Großhirns, speziell mit der Markscheidenausbildung des Großhirns einher.[20] Hinzu kommen wichtige Knochenverschlüsse am Schädel. Während sich zum Ende des ersten Lebensjahres die Fontanellen schließen, verschmilzt jetzt beim zweieinhalb- bis dreijährigen Kinde speziell die Stirnnaht (Sutura frontalis = metopica) zwischen den beiden Stirnbeinknochen[21] und ist auch im Röntgenbild nicht mehr sichtbar, so daß von da an ein einfaches Stirnbein vorliegt, gleich einer Staumauer nach außen und nach innen. Das kosmisch offene Bewußtsein des Kleinkindes, das sich noch überall dort mit der Umwelt identifizierte, wo es sich geborgen fühlte, und das wir bisher mehr um den kleinen Leib herum als in ihm erleben konnten, zieht sich jetzt hinter die sich zumauernde Stirnwand zurück. Die erste Trotzphase beginnt. Der Verschluß ist das gesuchte und so auch zeichnend produzierte Ergebnis. «Hab ihn zugebunden», damit wird der Tatbestand, der zugeknüpfte Kreis auf dem Papier, vom Kind erklärt.

Wir haben schon im vorausgegangenen Kapitel davon gesprochen, daß der Lebenssinn beim kleinen Kind weitgehend umweltzugewandt und noch nicht, wie später, leibgerichtet ist. Was hier für diesen Sinnesbereich berührt wurde, gilt beim kleinen Kind auch für die anderen Sinnesfelder: Die Umweltverhältnisse werden psychisch viel stärker realisiert als der eigene Leib. Das macht das Kind zum nachahmenden Wesen, und das zeigt das Bild mit den «Antennen-Kopffüßlern» dieses Alters. Bei den Vierjährigen entstehen in dieser Zeit Kopffüßler, aus denen viele und überlange Sinnesfäden ragen und eine reiche Verbindung zu allem, was jetzt «Umgebung» ist, herstellen. Diese Antennen sind offensichtlich nicht nur Haare, sondern es gerät damit eine Lebensbefindlichkeit ins Bild, die das kleine Kind stark beherrscht.

Ein nächster Entwicklungsschritt betrifft die intensivierte Ausbildung des rhythmischen Systems. Von der Reifung dieser rhythmischen Gesundheitsorganisation berichten viele Bilder gerade zwischen zweieinhalb und fünf Jahren. Was geschieht derweil physiologisch?

Zwei «Leitermänner», Zeichnung eines Jungen (4 Jahre, 5 Monate alt).
Aus: Michaela Strauss.

Die Zwerchfellatmung, die bis ins dritte Jahr hinein vorliegt, wird nun zunehmend von der Brustkorbatmung oder genauer Rippenatmung überlagert. Der rundlich-tonnenförmige Brustkorb des Babys flacht sich an der Vorderfront zum bleibenden breiteren Seitendurchmesser hin ab.[22] Auch in der Wirbelsäule, in der sich die rhythmische Abfolge der embryonalen Wirbelbildung geradezu verräumlicht hat, geschehen im Kind nun wichtige Ausreifungen. Die Wirbelbögen verschmelzen knöchern mit den Wirbelkörpern vom dritten bis zum sechsten Lebensjahr,[23] so daß die Wirbelsäule ihre volle Skelettform erreicht. So reift überall in dieser Mitte der frühen Kindheit die rhythmische Leibesorganisation aus.

Hohlformen und Spiralen ebenso wie Kreise und Kreuze sind die Motive, mit denen gleichzeitig das neue innere Geheimnis umfahren und ergänzt wird. Dabei setzt sich in der Folgezeit immer mehr die Gerade durch. Sie wird zwischen dem dritten und fünften vollendeten Jahr zunehmend als Symmetrieachse verwendet. Das Motiv steigert sich zum Quadrat, zum Rechteck, zur Wiederholung des Gleichen oder Ähnlichen in rhythmischer Abfolge. Türme werden gebaut, nein, Leitern sind es oder Stufennetze. Das Kind malt, seiner selbst unbewußt, faktisch die Funktionsreifung seiner Wirbelsäule, diesen Turm von Säulentrommeln. Er ist von Ganglienknoten, Blutgefäßleitern, Muskelgruppen und Rippentreppen symmetrisch begleitet. In diesen Leibbereich dringt jetzt das Kind inkarnativ ein.

Betrachten wir nun wieder die leiblich-organische Entwicklung des Kindes weiter. Etwa nach dem fünften Geburtstag, im sechsten und noch rascher im siebten Lebensjahr, holen die Gliedmaßen ihre kleinkindliche Entwicklungsverzögerung auf. Das vermehrte Wachstum kann zuerst an den Füßen oder Händen beginnen und setzt sich bald an den Armen und Beinen fort.

Auch die Form des Körperstammes verändert sich auffällig. Das kleinkindliche Kugelbäuchlein verschwindet, so daß jetzt erst die Taille entsteht. Die Fettbedeckung nimmt mit dem intensivierten Stoffwechsel allgemein ab, das Muskelprofil tritt ebenso wie die Gelenkecken unter der Haut hervor. Die Gesamtgestalt wird schlanker: Der bisher stumpfe Winkel der unteren Brustkorblinie wird

Eines der ersten szenischen Bilder: Mütter mit Kindern und Kinderwagen beim Spaziergang, Zeichnung eines Mädchens (5 Jahre, 2 Monate alt). Aus: Michaela Strauss.

spitz, der Hals wird länger und kräftiger. Wenn diese Vorgänge den Kopf ergreifen, verändert sich die Physiognomie so, daß die rundliche Stirn ebener wird und nicht mehr das Gesicht überwölbt. Dafür wächst der Mundbereich stärker und schafft in den Kiefern Platz für das kommende Dauergebiß, so daß auch die Kieferpartie markanter in Erscheinung tritt. Das Kind schafft sich in dieser letzten Phase seiner Kleinkindheit durch den stofflichen und gestaltlichen Umbau eine neue Existenzform. Von der Konstitutionslehre ist dieser Vorgang als «der erste Gestaltwandel» bezeichnet und beschrieben worden.[24]

Auch dieses Unternehmen hält das Kind in den Zeichnungen dieses Alters wie in Momentaufnahmen fest. Bisherige «Kopffüßler» erhalten nun nicht nur Hals und Rumpf. Diese «Rumpffüßler» besitzen oftmals besonders lange Beine, Füße, Arme, Hände und riesige Finger. Die vielen Häuser mit Türen, Fenstern, Dach und Schornstein, aus denen die Leute herausschauen oder deren Tun und Lassen im Haus transparent dargestellt wird, entstehen aus dem veränderten Erlebnis des eigenen Leibes. Das Kind ist immer weniger «aus dem

Häuschen», sondern zieht ein und sieht heraus. Es malt von nun an auch vermehrt, was es nicht allein nur selbst ist: Es zeichnet vermehrt Bildergeschichten. Das Bild wird immer mehr zur Szene. Ganz besonders interessant ist, daß das Kind die Farbe entdeckt. War sie bisher vorwiegend als Kontrast zum Untergrund wichtig, so ist sie es jetzt um ihrer Eigenfarbe willen. Eine innere Farbenwärme leuchtet auf, die offensichtlich in sich selbst erfahren wird.

Andererseits schärfen sich die Konturen aus. Die Linie ist nicht mehr Bewegungsspur, sondern Grenze zwischen Innerem und Äußerem. Die Eckigkeit des grazil werdenden Körpers unterlagert dieses existentielle Erleben und führt zur jetzt häufig verwendeten, beliebten Dreiecksfigur. Statische Verankerung und gezielte Streckung liegen darin. Die spitzen Winkel – und zwar nicht die, welche ausstrahlen, sondern die, in denen sich etwas fängt – überwiegen. Das Dreieck beherrscht dieses Alter. Michaela Strauss zeigt das anschaulich in ihrem Buch.[25]

Es wird häufig festgestellt, daß während des Abschlusses der Kleinkindheit etwa zwischen dem sechsten und siebten vollendeten Lebensjahr die Bilderproduktion nachläßt. Die sprudelnde Frische verebbt. Das Kind nimmt mehr den sinnenden Beobachterposten zu seiner Umgebung ein, als in ihr zu ihrem Aktivisten zu werden. Es neigt zur Teilnahmslosigkeit. Leibfremde Psychologien vermuteten fehlende Anregungen im Kindergarten oder Familienmilieu. Aber die Ursachen sind andere. Das Kind ist nämlich mit dem raschen Umbau der Leibesgestalt beschäftigt. Dieser ist ja kein materieller Automatismus, sondern dies geschieht mit dem Kräfteaufwand, der der seelischen Phantasieproduktion entzogen wird.

Der erste Gestaltwandel und die Vorbereitung des Zahnwechsels sind eine labile Zeit. Selbst die kraftvollen Bewegungsspiele lassen nach. Der Herzschlag wird zeitweise unrhythmisch, wie sonst nur im zweiten Gestaltwandel, in der Pubertät.[26] Psychische Anomalien können vermehrt beobachtet werden.[27] Auch die Infektanfälligkeit nimmt zeitweise zu. Ein disharmonischer Zustand ist so der Durchgang zu neuen Ufern. Diese künstlerische Pause nach außen ist eben keine Pause in der Funktionsreifung der leibzugewandten Lebensprozesse, die jetzt den Abschluß ihrer eigenen «Fötalzeit» zustande bringen müssen. Hier wird geradezu das Sprungbrett angelegt, um in die so andersartige Mitte der Kindheit mit ihrem neuerwachenden Lernvermögen, Phantasie- und Spielelement hineinspringen zu können. Wer hier verfrüht Leibfremdes fordert, nämlich schulisches Lernen – und sei es noch so «kindgemäß» verpackt –, wird die vitale Sicherheit, das unbewußte Vertrauen zum Dasein lebenslang verunsichern.

Was haben wir damit insgesamt beobachtet? Die Kritzeleien, Zeichnungen und Malereien quellen dem kleinen Kinde aus dem Bereich heraus, in dem sich Seelisches und Leiblich-Organisches treffen. Ohne daß ihm etwas davon bewußt wird, gerät ihm in die Hand und in das seelisch es selbst überraschende Bild, was an Wachstums- und Lebensprozessen sich konkret und real im einzelnen abspielt. Die Leiblichkeit macht ihre wesentlichen Fortschritte erst im Kopfbereich, dann in der oberen Rumpforganisation und zuletzt im ersten Gestaltwandel mit einem vehementen Stoffumsatz – der kleinkindliche Fettansatz geht zurück – und mit massivem Streckungswachstum insbesondere der Gliedmaßen. Ganz entsprechend steht in den kindlichen Kritzelprodukten bald der Kopf und der «Kopffüßler» im Mittelpunkt, dann die «Treppen- und Leitermänner» und zuletzt erst die ganze Gestalt, die bald in zwischenmenschliche Szenen vermehrt eingefügt wird. Wir haben damit sowohl von der biologischen wie von der Kulturebene her die Entwicklung der Lebensorganisation des Kindes, seines Lebensleibes verfolgt. Er entwickelt sich nicht im ganzen Organismus gleich schnell, sondern reift sozusagen vom Kopf zu den Füßen hin aus. Dieses Freiwerden des Lebensleibes in dieser Reihenfolge in den ersten sieben Jahren hat Rudolf Steiner folgendermaßen beschrieben:

«Wenn das Kind dann etwa zweieinhalb Jahre alt geworden ist, dann ist seine Kopfesorganisation so weit, daß der Teil des Bildekräfteleibes, des Ätherleibes, der in den ersten Kinderjahren diese Kopfplastik besorgt, frei wird. Und diese Befreiung trifft dann auf ein weiteres Freiwerden, das nach und nach in bezug auf den Ätherleib der Brust sich vollzieht bis gegen das fünfte Jahr hinein. Das Atmen, der Blutkreislauf, die werden dann von den in ihnen noch liegenden Ätherkräften bis zu einem gewissen Grade befreit. Und es wirkt also in dem Kinde, das dann sprechen gelernt hat, das gehen gelernt hat, dasjenige zusammen, was als seelisch-geistige Kräfte aus dem Kopforganismus heraus freigeworden ist, und das dann zusammenschwingt mit demjenigen, was sich nach und nach befreit im Brustorganismus.»[28]

Bis zum vollendeten sechsten und siebten Lebensjahr ist dann auch die «Hauptarbeit» der Umdifferenzierung im Stoffwechsel-Gliedmaßen-System geleistet. Das gilt besonders auch für die Vorbereitung des Zahnwechsels, so daß mit dem Gewinnen der Schulreife der ganze Lebensleib ausgereift und frei für das schulische Lernen ist. Je länger man sich mit der Koinzidenz der vorschulischen Kritzelprodukte und den biologischen Wachstumsstufen des Kindes beschäftigt, desto mehr erinnert man sich an den ähnlichen Zeitgestus in der Entwicklung des physischen Leibes während der Embryonal- und Fötalzeit. Dabei wird eine auffällige «Verschiedenzeitlichkeit», die Heterochronie, von der die Embryologen sprechen, gerade beim Menschen drastisch sichtbar.[29]

Von der sechsten Woche an läuft das Zentralnervensystem den übrigen Organentwicklungen weit voraus: Das Gehirn nimmt nicht nur den weitaus größten Teil des Kopfes ein, sondern ist bald so groß, wie der ganze Rumpf. Das Rückenmark ist so lang, daß sein Ende vom Lenden- und Beckenbereich noch nicht überwachsen ist und unten spitz herausragt, ohne etwas mit dem Tierschwanz zu tun zu haben. Ein solcher wächst erst hinter der künftigen Beckenregion noch zusätzlich aus.[30] Ab der zwölften Woche finden wir den Brustkorbraum deutlich in kräftigem Wachstum vor. Er holt gleichsam jetzt neben dem Kopf auf, während die Unterleibsregion noch immer sehr klein ist. Und erst im weiteren Verlauf wachsen die Organe der Bauchhöhle und die Gliedmaßen auf ein vergleichbares Maß aus, das diese aber auch lange nach der Geburt noch nicht erreichen. Die kindliche Gestalt bleibt von der relativen Großköpfigkeit und den relativ kleinen Gliedmaßen bestimmt.

In der unauffälligeren Durchgestaltung des Lebensleibes zwischen dem ersten und siebten Lebensjahr stehen wir vor der gleichen «Verschiedenzeitlichkeit». Wir haben an den Organbildungen und Kinderzeichnungen einen ähnlichen, aber statt in einem Jahr nun in sieben Jahren sich abspielenden Dreischritt ablesen können: Die Funktionsreifung erfaßt zuerst den Kopfbereich bis ins dritte Lebensjahr, dann den oberen Rumpfbereich vorwiegend bis ins fünfte Lebensjahr; dann schließt sich erst die gleichwertige Ausreifung im Stoffwechsel- und Gliedmaßenbereich an, wobei sich natürlich deren Prozessse im ganzen Organismus abspielen, wo Stoffumsatz und Muskelaktivität vorhanden sind, im unteren Rumpfbereich jedoch dominieren. Ist so der gesamte Lebensleib durchgearbeitet, so ist die Schulreife erreicht.

Sinnesentwicklung und Sozialfähigkeit

«Der Mensch hat fünf Sinne» – diese Redeweise ist aus dem Altertum auf uns gekommen.[31] Aber die Forschung der Neuzeit hat über Tasten, Riechen, Schmecken, Hören und Sehen hinaus eine Fülle weiterer Sinne erschlossen, deren wir uns nur meist nicht bewußt sind. So nehmen wir ganz selbstverständlich die Wärme wahr, und die Naturwissenschaft hat als Wahrnehmungsorgane dafür bestimmte Rezeptoren in der Haut gefunden. Ebenso selbstverständlich bemerken wir es, wenn wir selber uns bewegen. Wir haben also einen Bewegungssinn; über ihn bekommen wir durch bestimmte Nervenendigungen in den Sehnen und Muskeln über jede Bewegung dieser Organe unmittelbar Bescheid. Entsprechendes gilt für den Gleichgewichtssinn, den Kältesinn, den Schmerzsinn und eine Reihe weiterer Sinne.[32]

Im folgenden wollen wir uns mit einigen weniger bekannten Sinnen beschäftigen, die von besonderer Bedeutung für den gesellschaftlichen Umgang der Menschen miteinander sind. Und wir wollen uns die Frage stellen: Welche Sinnesorgane sollten möglichst gut ausgebildet sein, damit sich die Menschen untereinander auch reichhaltig wahrnehmen können? Denn nur durch menschliche Begegnung in voller Umfänglichkeit kann sich soziales Leben entfalten. Und in einem Zeitalter zunehmender Technologisierung des Alltags wird die bewußte Pflege sozialer Fähigkeiten immer wichtiger. Nur so kann vermieden werden, daß der Mensch nur noch auf die gelieferten technischen Reize reagiert.

Einen entscheidenden Beitrag zur Entstehung von Sozialfähigkeit hat die Erziehung zu leisten. Dazu müssen alle an der Erziehung Beteiligten wissen, wie sich die für die soziale Wahrnehmung wichtigen Sinne beim Kinde herausbilden, umwandeln, miteinander verbinden und voneinander lösen. Nur aus solcher Kenntnis der Sinnesentwicklung heraus können von früh an die Grundlagen für spätere seelische Gesundheit und volle Kommunikationsfähigkeit gelegt werden.

Menschliche Kommunikation findet in vielen Sinnesbereichen statt. Wir haben die optische Wahrnehmung des Mitmenschen, sehen sein Antlitz, seine Gebärden; wir hören ihn sprechen, können ihm die Hand geben, so daß wir auch eine Tasterfahrung vom anderen haben: Wie fest oder schlaff gibt er mir die Hand. Aber ganz besonders geschieht menschliches Wechselspiel durch die Sprache.

Was die Sprache für die seelische Befindlichkeit des Menschen bedeutet, haben schon die Ärzte des letzten Jahrhunderts beobachtet. Sie wurden nämlich darauf aufmerksam, daß es ein Unterschied ist, welche Sinnesorgane durch Krankheit oder vielleicht schon von Geburt an ausfallen: ob es der Sehsinn oder der Hörsinn ist. Taube entwickeln auch in ihrer seelischen Befähigung eine andere Richtung als Blinde. Sie werden, wenn sie nicht aktiv dagegen anarbeiten, eher zu mißtrauischen Menschen und neigen mehr zu einer pessimistischen Lebenshaltung als Blinde. Blinde sind zwar im äußeren Leben behinderter – sie können nicht allein durch die Großstadt finden –, aber sie haben den großen Vorteil, daß sie Mitglied der Sprachgemeinschaft bleiben und weiterhin am Glück der menschlichen Sprache teilhaben. So geraten sie nicht so sehr in innere Vereinsamung und entwickeln gegenüber den Mitmenschen eine fröhlichere, offenere Seelenhaltung.

Das Glück der Sprache neu erleben kann etwa, wer in den Ferien einmal völlig allein wandert und in unberührter Natur einen oder gar mehrere Tage lang keinen einzigen Menschen trifft. So sehr man die Einsamkeit zunächst auch genießen mag – welch ein Erlebnis ist es dann, wieder einem Menschen zu begegnen! Eine durch Natur nicht ersetzbare Welt tritt einem da entgegen: die Welt des Einander-Verstehens, des Austausches, der seelischen und geistigen Öffnung. Denn über die Sprache haben wir nicht nur am Akustischen teil – dem Klang, den Lauten, der Intonation, der Satzmelodie –, sondern auch an dem Gedanken, der uns durch die Worte vermittelt wird, ja, an dem Unsagbaren, das durch die Sprache eben doch den Weg zu uns findet und besonders in aller Dichtung aufklingt.

Welche Fülle verschiedener Vorgänge in uns beim Hören von

Sprache vonstatten geht, ist von den Erforschern des menschlichen Gehirns zutage gebracht worden. Was über den Hörnerv in den gegenüberliegenden Gehirnteil, den Schläfenlappen, eintritt, differenziert sich in verschiedene Wahrnehmungsfelder. Da gibt es Hirnbereiche, die uns einfach nur Lautstärke, Klanghöhe usw. vermitteln, aber auch Partien, die uns das Wie der Lautgestaltung und das mehr Musikalische in der Sprache erfassen lassen, und wiederum andere Felder, die den Bedeutungsgehalt der Sprache erschließen helfen. So müssen wir mindestens von drei Sinnesorganen sprechen, die beim Hören von Sprache betätigt werden: vom bloßen Gehörssinn, mit dem wir jede Art von Klängen und Geräuschen wahrnehmen, von einem Wortsinn, mit dem wir die Sprachlaute und die Worte als solche erkennen, und von einem Gedankensinn, mit dem wir das vom Sprechenden Gemeinte im Zusammenhang erfassen.

Daß es sich wirklich um drei gesonderte Sinne handelt, können wir auch aus der Selbstbeobachtung ableiten. Beim Hören eines Vortrags passiert es leicht, daß wir, manchmal veranlaßt durch eine bestimmte Äußerung des Redners, einen eigenen Gedanken haben und ihm einen Augenblick nachhängen. Dann bemerken wir plötzlich, daß wir den weiteren Gedanken des Redners nicht mehr gefolgt sind, und jetzt können wir, sogar oft nachträglich aus dem Klang des Satzes, den wir noch im Ohr haben, die Bedeutung des Satzes nachholen und haben so den Anschluß wiedergewonnen. Wir hatten also gehört, hatten wohl auch die Sprachlaute und die Satzmelodie halbbewußt aufgenommen, aber nicht unseren Gedankensinn eingesetzt. Statt dessen hatten wir eigene Gedanken produziert, und das ist mehr als das Auffassen der Gedanken anderer, nämlich eine schöpferische Eigenleistung.

Beim Lesen aktivieren wir ebenfalls unseren Gedankensinn und entnehmen durch ihn dem Niedergeschriebenen, was über die schwarzen Buchstaben an Inhaltlichem, Verstehbarem transportiert wird. Nun kommt es bekanntlich vor, daß man abends vor dem Einschlafen im Bett noch zu einem Buch greift und zu lesen beginnt. Und nach einiger Zeit bemerkt man: Jetzt habe ich drei Zeilen weitergelesen und habe, ohne daß es mir auffiel, gar nicht verstanden, was ich gelesen habe. Da funktioniert noch der optische Sinn, und es arbeitet sogar noch der Wortsinn, denn man kann sogar noch die Worte identifizieren, aber man hat in diesem Augenblick aus Müdigkeit nicht mehr verstanden, was die Worte, der Satz sollten. Der Gedankensinn ist also ein ganz alltägliches Organ, das uns hilft, etwas zu verstehen, was wir nicht durch selbständige Denkbemühung erkennen, sondern durch soziale Kommunikation über Wort und Schrift vermittelt bekommen, bei Blinden sogar über die Blindenschrift durch den Tastsinn.

Die Bildung der Denkkräfte aus den Lebenskräften

Es ist wenig bekannt, daß die menschliche Denkleistung mit den Lebens- und Gesundheitskräften zusammenhängt, mit deren Hilfe sich unser leiblicher Organismus vor allem nachts regeneriert. Aber auch hierüber können wir uns durch Eigenbeobachtung selbst aufklären.

Nehmen wir an, wir haben eine schlecht durchschlafene Nacht hinter uns. Dann haben wir es morgens auch schwerer, unsere Gedanken zusammenzuhalten. Die Gedankenfäden entgleiten uns leichter, es gibt Gedankenunterbrechungen, wir vergessen im Moment, was wir gerade noch wollten, und es fällt uns schwer, bestimmte Gedankenabläufe wirklich integrativ durchzuhalten – kurz, wir bemerken: Die Denkkräfte sind jetzt weniger tauglich. Sie hängen eben ohne Frage mit der nächtlichen Erholung zusammen.

Mancher hat die Erfahrung gemacht, daß er in der Heilungsphase nach einer Krankheit einfach nicht imstande war, einen Aufsatz zu verfassen, den er sich vorgenommen hatte. Die hierfür notwendigen Kräfte waren anderweitig gebunden. Und in einer Fieberkrankheit kann man spüren, daß es nicht sinnvoll ist, allzu stark in philosophische oder mathematische Gedanken einzusteigen, daß man die Kräfte zum Denken besser zurückhält, damit sie als Selbstheilungskräfte dem Aufbau des Organismus zugute kommen. Wir denken tatsächlich mit den Kräften, die sonst als Lebenskräfte am Organismus arbeiten.

Dieser gesetzmäßige Zusammenhang ist von erheblicher Bedeutung, gerade auch für die Erziehung. Denn es folgt daraus: Je früher ich ein Kind zum gezielten und angestrengten Denken anrege, desto eher entziehe ich seinem leiblichen Organismus Kräfte. Wenn zu früh wissenschaftlicher Unterricht einsetzt, so ist sogar das leibliche Wachstum in einer feinen Weise gestört. Nicht umsonst beobachtet man oft, daß Kinder gerade in den Schulferien einen Wachstumsschub durchmachen. Ein weiterer «negativer Erfolg» eines verfrühten Zwanges zum abstrahierenden Denken ist meist, daß die Menschen später im Leben gegen das Denken geradezu allergisch werden. Unverdaute Gedanken, verfrüht eingeträufelte Gedankenformen, die noch nicht voll verarbeitet werden können und dadurch fremd bleiben, rufen, ähnlich dem leiblichen Immunsystem, eine psychische Abwehrreaktion hervor. Man hat keine Lust mehr, sinnvoll zu denken, und so fällt einem das Denken dann auch eher schwer.

So ist es für die intellektuellen Fähigkeiten im Erwachsenenleben wichtig, daß in der Kindheit der Organismus gesund und lebenstüchtig heranwachsen kann. Denn dann stehen später die Lebenskräfte in einem gewissen Überschuß zur Verfügung, so daß man gern denkt und ein interessierter, sich Gedanken über die Welt machender Zeitgenosse wird. Nach Berufserfahrung in drei Jahrzehnten als Lehrer wage ich zu behaupten, daß 50 Prozent aller Lernschwierigkeiten ursächlich nicht auf der seelischen Ebene liegen, sondern in der leiblichen Gesundheitslage des betreffenden Kindes begründet sind. So ist oft gar nicht der erhobene Zeigefinger des Lehrers angebracht, sondern das Gespräch mit den Eltern oder auch dem Schularzt und Hausarzt über Maßnahmen für eine gesündere Befindlichkeit des Kindes. Oft führt erst die gesundheitliche Normalisierung zu einer Normalisierung der Lernfähigkeit.

Es gibt also eine unmittelbare Psychosomatik des Lernens, und sie gilt auch für den Sinnesorganismus. Der Gedankensinn hat als Voraussetzung eine gute Entwicklung des «Lebenssinnes». Auch diesen Sinn haben die Antike und das Mittelalter noch nicht benannt, aber wir kennen ihn alle, denn wir haben sehr wohl Wahrnehmungen von der Gesundheit des eigenen Organismus. Wir bemerken, ob wir müde sind oder ausgeschlafen, hungrig oder gesättigt, ob in uns Fieber aufsteigt und wir eine Grippe bekommen oder ob wir gesund sind; und erst recht merken wir, wenn wir uns in den Finger geschnitten haben – der Schmerzsinn gehört mit zum Spektrum des Lebenssinnes.

Der Lebenssinn bildet sich schon beim kleinen Kind aus. Es ist für den Erwachsenen nur schwer nachvollziehbar, wie ein kleines Kind seinen Leib und die Umwelt erlebt, denn wir können uns kaum an unsere ersten Lebensjahre erinnern. Aber einiges können wir doch aus der Beobachtung kleiner Kinder lernen.

Ein kleines Kind hat sich verletzt. Es ist die Treppe heruntergefallen oder an einem Stacheldraht hängengeblieben und läuft weinend zur Mutter: «Ich hab Weh, es tut so weh!» Die Tränen kullern, die Mutter tröstet und fragt: «Ja, wo hast du dir denn wehgetan?» Dann sagt das Kind vielleicht: «Ich hab' Bauchweh!» Es stellt sich zumeist heraus: Das Kind hat gar nichts am Bauch, sondern es hat sich den Ellenbogen angeschlagen. Kein erfahrener Kinderarzt gibt viel auf die Lokalisierung der Schmerzen durch ein Kleinkind, denn er weiß, daß das Kind in diesem frühen Alter noch nicht zwischen den verschiedenen Stellen seines Leibes differenzieren kann. Es fühlt den Leibesschmerz bei einer Verletzung, kann aber nicht genau sagen, wo es den Schmerz hat. Doch kann es auf die Frage, wo es sich wehgetan hat, sehr genau sagen: «An der Treppe, an der bin ich heruntergefallen» oder: «An dem Stacheldraht war's.» Und diese Stelle wird oft Wochen und Monate gemieden. Im kleinkindlichen Leben hängt der Schmerz gar nicht so sehr am eigenen Leibe, sondern er «klebt» am Ort des Unfalls. *Das* ist die schmerzende Stelle, nicht der Ellenbogen! So ist das Kind auch ganz leicht ablenkbar von körperlichem Schmerz. Eben war es noch untröstlich, aber wenn man etwas Schönes aus der Tasche zieht und sagt: «Schau, hier hab' ich etwas für dich!» – so lacht das Kind und vergißt seinen Schmerz, während eben die Unfallstelle lange Zeit nicht vergessen wird.

Aus solchen Beobachtungen können wir ersehen, wie das Leib- und Umwelterlebnis des Vorschulkindes beschaffen ist: Die Umwelt ist für das Kind eine Art erweiterte Leiblichkeit, an der das seelische Erleben viel stärker haftet als am eigenen Organismus. Das heißt, der

Lebenssinn ist noch wenig auf die Lebensprozesse im eigenen Leib bezogen; er richtet sich auf die Lebensverhältnisse im Umkreis, in die vertraute Umwelt. Zum eigenen Leib hat das kleine Kind ein – man möchte sagen – noch unpersönliches Verhältnis. Der Arzt, der an einem Kind die Herztöne abhörte, wurde von einem sechsjährigen Jungen auf schwäbisch gefragt: «Schwätzt da ebber?» Also, das ist nur «ebber», nur «irgend jemand».

Dies ändert sich deutlich etwa beim neun- bis zehnjährigen Kind, bei dem gerade das Herzgefühl als ein ganz persönliches Gefühl erwacht. Das Herzorgan wird nun mit einem individuellen Erlebnis des Eigenseelischen verbunden, und ein zehnjähriges Mädchen gesteht einmal in einem Brief: «Ich habe gar nicht gewußt, daß einem das Herz so weh tun kann» – womit ein seelischer Schmerz gemeint war, der aber mit dem Herzorgan ergriffen wird. Für viele Organe des Leibes lernen wir auf diese Weise, sie von innen her zu durchfühlen, und so wandelt sich der Lebenssinn allmählich zu einem Wahrnehmungsorgan für die Gesundheit des eigenen Leibes. – Wir entnehmen beide Berichte dem grundlegenden Buch von Hans Müller-Wiedemann.[33]

Beim heutigen Erwachsenen ist der Lebenssinn dann so stark auf die eigene körperliche Verfassung fixiert, daß er kaum mehr eine Wahrnehmung davon hat, ob die Umwelt gesund ist. Anders das kleine Kind. Es bemerkt hellfühlig genau, ob die Umgebung noch harmonisch ist und z.B. noch Schnecken und Regenwürmer herumkriechen. Einer der großen Pädagogen der Kleinkinderziehung im letzten Jahrhundert, Friedrich Fröbel, hat das wunderbare Wort «Kindergarten» gebildet. Ein Kind muß einen Garten haben. Denn indem es die verschiedensten Kräuter und Büsche, Würmer und Spinnen, Vögel und was da sonst fleucht und kreucht, erlebt, differenziert es den Lebenssinn. Dadurch wird der Lebenssinn überhaupt erst vielseitig, daß er auf die Fülle verschiedenartigen Lebens trifft. Auch wenn das Spielzeug in der lebendigen Natur gewachsen ist, ist es von sehr abwechslungsreichem Leben geprägt. Tannenzapfen fühlen sich anders an als Gänsefedern usw. Jeder Organismus bildet in der Natur wieder andere Substanzen in einem ungeheuren Reichtum; die Menge organischer Verbindungen übertrifft um ein Vielfaches die Menge der anorganischen mineralischen Verbindungen auf der Erde, und diese Fülle der gewachsenen Materialien ist es, die das Kleinkind auch für die Ausbildung seines Lebenssinnes braucht.

Wenn das gesamte Spielzeug aus gleich-glattem synthetischem Kunststoff hergestellt ist, mag es noch so hübsch gefärbt und geformt sein – es bietet dem Lebenssinn kein differenziertes Wahrnehmungsfeld. Er kann nicht reifen. Was ist später die Folge? Wenn der Lebenssinn sich dann zunehmend auf den eigenen Leib wendet und zum eigenen Gesundheitssinn wird, so kann er nicht mehr recht unterscheiden. Die Menschen wissen dann nicht mehr, ob sie gesund sind oder krank, ob sie zum Arzt gehen oder weiterarbeiten sollen, ob sie müde sind und ins Bett gehören oder ob sie ausgeschlafen sind, ob sie wirklich noch hungrig sind oder ausreichend gesättigt.

So entspringt die Forderung nach natürlichem Spielzeug und möglichst natürlicher Umgebung für das Vorschulkind nicht nostalgischen Romantizismen, sondern der Einsicht, daß das Kind in einer zunehmend technologisierten Welt nur gesund bleiben kann, wenn es in seinen ersten Lebensjahren reichliche Begegnungen mit dem Lebendigen hat. Darüber hinaus wird ein in solcher Weise aufgewachsenes Kind später auch einen stärkeren Sinn für alles Leben in seiner Umgebung haben – eine existentielle Voraussetzung für die Heranführung an die Natur durch den naturkundlichen und naturwissenschaftlichen Unterricht in der Schule später.

Die Umpolung des Lebenssinnes zum Gesundheitssinn ist nur ein Teil seiner Entwicklung. Ebenso wichtig ist seine Umwandlung in den Gedankensinn.

Wir haben bereits gesehen, wie die Kräfte, mit denen wir denken, sich aus denjenigen Kräften speisen, die den Leib aufbauen, beleben und regenerieren. In den ersten Lebensjahren sind diese Lebenskräfte «hauptamtlich» mit der Ausgestaltung der leiblichen Organe beschäftigt. Schrittweise werden sie dann von dieser Aufgabe frei und wandeln sich bereits im Vorschulalter in Kräfte der kindlichen Phantasie und des kindlichen Gedächtnisses, dann auch in solche eines ersten bildhaften Vorstellens und Planens um. Mit dem Ende der Vorschulzeit ist die Aufgabe der grundlegenden Organ-Ausgestaltung weitgehend abgeschlossen, und nun geschieht der entscheidende Schritt in der Umwandlung der Lebenskräfte: Sie werden zu Gedankenkräften in dem Sinne, daß das Kind nun frei beweglich über seine Vorstellungsbilder verfügen kann – eine wesentliche Bedingung für das sinnvolle schulische Lernen.

Entsprechend der Umwandlung von Lebenskräften in Gedankenkräfte vollzieht sich beim Kinde eine Teilumwandlung des Lebenssinnes in den Gedankensinn, mit dem wir ja die Gedanken anderer Menschen verstehen. Im Laufe des zweiten Lebensjahres erwacht in jedem Kinde erstmals die Fähigkeit, etwas verstehen zu können. Seine Verstehensfähigkeit hängt noch besonders eng mit dem Lebenssinn zusammen, und so ist die Ordnung, die im Organismus fortwährend von den Lebenskräften erzeugt wird, eng verwachsen mit der Ordnung, die wir im Verstehen der Menschen und der Weltverhältnisse um uns her suchen und herstellen. Es ist gelebte Ordnung. Daher ist jetzt noch jegliche Gesundheitspflege und sinnvolle Gesundheitsführung zugleich seelisch-geistige Förderung der ersten Gedankenfähigkeit des Kindes. Nur sehr langsam trennt sich während der Schulzeit der Gedankensinn vom Lebens- und Gesundheitssinn. Später als Erwachsene aber sollten wir selbst dann noch geordnet denken und Gedanken nachvollziehen können, wenn es uns gesundheitlich einmal nicht so gut geht; von den möglichen Beeinträchtigungen haben wir schon gesprochen.

Doch nicht nur gesundheitliche Pflege fördert die Denkfähigkeit und den Gedankensinn. Sondern eine reiche Ausbildung des Lebenssinnes durch den herzhaften Umgang mit einer reichen natürlichen Umgebung – wie geschildert – schafft die Grundlagen für einen *differenzierten* Gedankensinn. Ihn brauchen wir in der vielfältigsten Weise. Menschen ganz verschiedener Gedankenebenen, Denkanschauungen, Gedankenwelten begegnen uns heute mehr denn je. Betreten wir einen anderen Sprachraum, so kommen wir zugleich in einen anderen Gefühls- und Seelenraum, begegnen einem anderen Volkscharakter mit einer anderen Geistigkeit, haben uns vielleicht sogar in einen anderen Kulturkreis einzudenken. Für dies alles benötigen wir einen möglichst nuancenreichen Gedankensinn, um nicht an den mitgebrachten Klischees hängen zu bleiben – eine heute verbreitete Kulturkrankheit; man denke nur an die psychologischen Auswüchse des Tourismus. So bereitet gerade auch eine natürliche und vielseitige Umgebung beim kleinen Kinde den Boden für ein feineres geistiges Verstehen des ganz Anderen im späteren Lebensalter.

Der Ich-Sinn und seine Entfaltung in der frühen Kindheit am Tastsinn

Wenn wir einen Menschen als unser Gegenüber sprechen hören, so nehmen wir noch mehr wahr als nur den Klang der Stimme und die Melodie der Sätze, mehr als die Laute und die Worte, sogar noch mehr als den gedanklichen Inhalt des Gesprochenen. Zwei Menschen können von der gleichen Sache reden, und doch macht es einen großen Unterschied, *wer* es sagt. Was im Munde des einen belanglos klingt und mich kalt läßt, kann in der Darstellung des anderen für mich brennend wichtig werden. Es gibt einen hochindividuellen Anteil in der sozialen Kommunikation, und wir bemerken: Jeder Mensch, dem wir begegnen, ist wieder anders als der vorige; jeder hat etwas Unverwechselbares. Vielleicht bemerken wir das nicht sofort, aber dann haben wir den anderen eben noch nicht kennengelernt. Erst durch das Kennenlernen wird uns das Individuelle des anderen ganz deutlich, und wir gewinnen die Wahrnehmung, daß der andere nicht ein «Typ» ist, sondern ein unersetzbarer, unaustauschbarer Mensch. Voraussetzung für die Erfahrung seiner Andersartigkeit ist, daß ich vorübergehend meine Selbsterfahrung zurückstelle. Nur dann kann ich ihn als ein mir gegenüberstehendes Ich wahrnehmen. Rudolf Steiner nannte das Wahrnehmungsvermögen für das fremde Ich den «Ich-Sinn». Da es sich hierbei immer um den anderen Menschen, um das Du handelt, müßte man, um unmißverständlich zu sein, eigentlich vom «Du-Sinn» sprechen.

Weil der Ich-Sinn sogar noch über die Wahrnehmung des Gedanklichen hinausgeht, könnte man meinen, dieser hohe Sinn brauche sicherlich sehr lange, um sich zu entwickeln. Das Gegenteil ist der Fall. Längst bevor das Kind die Sprache versteht, die in der Familie gesprochen wird, betätigt es schon diesen Ich-Sinn. Er erwacht bei normaler Entwicklung bereits im 6./7. Monat nach der Geburt, also in der zweiten Hälfte des ersten Lebensjahres. Was spielt sich dabei ab?

In den allerersten Wochen und Monaten seines Lebens ist das Kind, wenn man sich ihm freundlich nähert, immer bereit, zu lächeln und sich über den lieben Menschen, der in die Wiege schaut, zu freuen. Etwa nach einem halben Jahr ändert sich das zumeist, denn das Kind unterscheidet nun offensichtlich von sich aus zwischen vertrauten und unbekannten Menschen. Es schenkt jetzt den unmittelbaren Lächelkontakt nur noch dem vertrauten Menschen, anderen gegenüber wird «gefremdelt», selbst wenn es die liebsten und wohlwollendsten Menschen sind. Das Kind möchte denjenigen Menschen haben, den es bisher kennengelernt hat; es «bindet sich eindeutig an die Bezugsperson», wie die heutige Kinderpsychologie sagt.

Wenn der Ich-Sinn nicht sein verläßliches Wahrnehmungsfeld bekommt, so tritt eine der schwersten kindlichen Entwicklungsstörungen auf. Ihre Ursache ist der Entzug der «Bezugsperson», zumeist also die Entbehrung der vertrauten Mutter. Das ist ja immer wieder einmal der Fall, wenn ein Kind zum Beispiel längere Zeit ins Krankenhaus (Hospital) muß und seine Mutter nicht mehr um sich hat. So wird diese Entwicklungsstörung als «Hospitalismus» bezeichnet.

Der Hospitalismus ist durch die amerikanische Psychologie reichlich erforscht worden. Das Kind erhält zwar normalerweise auf der Kinderstation beste Nahrung, saubere Kleidung, ist weitgehend vor Infekten geschützt, hat ein sonniges Zimmer, darf spazierengehen, wird von wirklich lieben Krankenschwestern betreut, die vielleicht mit ihm spielen, es auf den Schoß nehmen und herzen. Warum fallen die Kinder in ihrer Entwicklung trotzdem zurück? Warum wächst ein Kind sogar in irgendwelchen Hinterhöfen, hinter Mülltonnen, vielleicht sehr unhygienisch und äußerlich verwahrlost, besser auf, wenn es eine Mutter hat, zu der es immer hinkommen kann, die immer für es da ist? Alle anderen Erklärungsversuche und Maßnahmen haben versagt; es geht nur um eines: Das Kind will als «Bezugsperson» immer den gleichen Menschen haben, es möchte das unauswechselbare Du haben, an dem es den Ich-Sinn entwickelt. Die Beobachtung hat weiter gezeigt: Wenn eine Trennung von der Mutter etwa über drei Monate hinausreicht, dann kann sich ein solcher Entzug zu einer Entwicklungsschädigung auswachsen, die auch durch spätere Rückführung in die Familie nicht wieder voll auszugleichen ist. Während der Vorphase, der «anaklitischen Depression», kann die Entwicklungsverzögerung noch aufgeholt werden, wenn früh genug die Dauerbindung wieder hergestellt wird. Aber wenn die Trennungsphase länger als drei bis fünf Monate andauert, so ist mit Entwicklungsschäden sowohl im Körperlichen wie im Seelischen zu rechnen, weil sie gerade das Leib-Seele-Band betreffen.[34]

1988 trug der Psychologe G. Reister auf einem Kinderkongreß an der Universität Witten-Herdecke seine Forschungen vor.[35] Er hatte mehr als 100 ehemalige Patienten, die sich irgendwann in ihrem Leben einer psychiatrischen Behandlung unterzogen hatten und völlig geheilt waren, befragt, und zwar nach 30 Faktoren hinsichtlich der Lebensumstände in ihrer – vor allem frühen – Kindheit. Es stellte sich dabei heraus, daß es nur einen einzigen Faktor gibt, der primär vor psychischer Labilität schützt und dessen Fehlen vom Kinde selbst nicht ausgeglichen werden kann, während alle anderen 29 mehr oder weniger kompensiert werden können: Es ist die ständige Anwesenheit des betreuenden Menschen, meist der Mutter, zwischen dem halb- und dem zweieinhalbjährigen Alter. Dies ist die empfindlichste Zeit; wenn hier ein Wechsel des pflegenden, betreuenden, ins Leben helfenden Menschen statthat, wird das Kind mit einer erhöhten Labilität für das ganze Leben vorbelastet.

Auf meine Frage, welche Chance es für die Umsetzung dieses mit allen statistischen Mitteln gesicherten Ergebnisses in der heutigen Gesellschaft gibt, war die Antwort: Keine. – Muß das so sein? Gewiß ist das Streben der Frau, nach der Geburt der Kinder frühzeitig wieder ins Berufsleben zurückzukehren, verständlich. Aber der Staat könnte sich eine Menge an Krankenhauskosten und psychiatrischen Kliniken sparen, wenn er jede Mutter, die ein Kind vor dem dritten

Geburtstag hat, von der Berufsarbeit freistellte und sie trotzdem voll bezahlte. Es müßte nicht einmal unbedingt die Mutter sein, es kann auch der leibliche oder auch der nicht-leibliche Vater sein. Das Kind will nur eines: *einen* Menschen, der rund um die Uhr für es da ist und bei dem es Geborgenheit, Hilfe und innere Annahme findet. Denn dann kann es den Ich-Sinn (= Du-Sinn) entwickeln, der für das ganze weitere Leben die Sozialfähigkeit ermöglicht: die Fähigkeit, den anderen Menschen nicht als eine anonyme «Type» zu nehmen, der meinen Wunschvorstellungen entspricht oder nicht zu ihnen paßt, sondern als eine unverwechselbare Persönlichkeit wahrzunehmen und anzunehmen. Darüber entscheiden schon weitgehend die ersten Lebensjahre – wenn auch nie völlig. Die Selbsterziehung bleibt dem Menschen lebenslang offen.

Nun ist der Ich-Sinn beim kleinen Kind noch in anderer Weise tätig als beim Erwachsenen, ähnlich wie wir es beim Lebenssinn und seiner Umwandlung in den Gedankensinn gesehen haben. Der Ich-Sinn ist nämlich offensichtlich in den ersten Lebensjahren sehr stark an die leibliche Nähe und unmittelbare Betreuung gebunden. Das zeigt sich schon darin, daß das kleine Kind bei der Nahrungsaufnahme immer den Blick des Menschen sucht, der ihm die Nahrung gibt.

Der menschliche Blick ist etwas sehr Merkwürdiges. Wir können die Blicke eines Menschen, auf uns gerichtet, als unangenehm empfinden, vielleicht sogar als bedrohlich; man sagt geradezu: Blicke können töten. Umgekehrt können Blicke aufrichten und trösten; ein Blick genügt, und man hat sich verstanden. Und das alles, obwohl der Blick, naturwissenschaftlich betrachtet, ein Nichts ist; denn die Pupille ist die einzige Stelle im menschlichen Antlitz, von der kein Licht in das Auge des Gegenüber fällt.

Als Haith u.a.[36] untersuchen wollten, wie sich der Blickkontakt zwischen Säugling und Mutter entwickelt, benutzten sie Apparaturen mit Monitorscheiben, in die auch der Beobachter hineinsehen kann, rasterten das mütterliche Gesicht und maßen statistisch, wohin das kleine Kind im Antlitz der Mutter am liebsten hinsieht: auf ihre Nase, ihr Lippenspiel, die Augenbrauenbewegungen, die Wangenmimik, das Weiß des Auges? Das Ergebnis war: Das Kind interessiert sich am allerwenigsten für die «sichtbaren» Teile des mütterlichen Antlitzes, vielmehr für die dunklen Sehlöcher des Auges. Denn hier ist der seelisch-geistige Eindruck vom anderen Menschen am stärksten. Wo es sinnlich nichts zu sehen gibt, gibt es übersinnlich am meisten zu sehen.

So trägt der menschliche Blick tief zum Aufbau der seelischen Beziehung in der frühen Kindheit bei, und schon beim Stillen sucht der Säugling den Blick der Mutter. Das Wort «Stillen» gibt ganz angemessen nicht nur die Leibesbefriedigung, sondern auch die seelische Befriedung wieder.

Das Kind wird innerlich wie äußerlich, seelisch wie leiblich, still und friedlich. Es erlebt im leiblichen Vorgang zugleich die ganze Einmaligkeit dieser seiner Mutter. Und dabei wird diese engste Begegnung zugleich vom Ich-Sinn durchsetzt. So ist es auch später, wenn das Kind mit am Familientisch sitzt und noch mit dem Löffel gefüttert wird. Es schaut dabei gar nicht so sehr auf den Löffel, es blickt zumeist in die Augen der Mutter.

Bestimmte Psychologen meinen, dem Kind etwas Gutes zu tun, wenn sie ihm im Kinderwagen Fenster einbauen lassen, damit es möglichst früh in Bauchlage die Lastwagenreifen sieht, die in der Großstadt am Trottoir vorbeirollen, und nicht die Mutter – ein purer Unfug! Gewiß soll das Kind die Welt erleben, aber zuerst durch das Medium der mütterlichen Erlebniswelt (oder die des Vaters oder wer es eben ist, an den sich das Kind gebunden hat). Durch diese persönliche Nähe erhält es die Welt so vermittelt, daß es sich in ihr in jedem Augenblick geborgen weiß, so daß es diese Welt verkraften und «verdauen» kann. Kann es das nicht, ist es zu früh der nackten Welt der äußeren Tatsachen ausgesetzt worden, so wird es ein Mensch ohne Weltinteresse und Weltoffenheit werden. Dann wird hier eine durch zu hohe «Immunisierung» erzeugte seelische Allergie gegen den Weltkontakt beobachtbar.

Nicht nur die Nahrungsaufnahme gibt dem Ich-Sinn, recht vollzogen, «Nahrung», sondern überhaupt der Leibkontakt. Es gibt nichts Schöneres für das kleine Kind, als auf dem Arm zu sitzen und getragen zu werden. Wie oft quengeln Kinder noch später: «Nimm mich doch huckepack!»

Oft geht es gar nicht darum, daß das Kind mit den Beinchen schon müde ist, sondern um diesen engen Körperkontakt: gedrückt zu werden, «geherzt» zu werden, wie wir sagen. So ist der Tastsinn auch ein vermittelnder Sinn für den Du-Sinn. In der frühen Kindheit wird das viel gebraucht. Denn da ist jede körperliche Begegnung zugleich eine seelische Begegnung. In der Ich-Du-Begegnung lebt ja immer schon die geistige Sphäre selbst. Das Geistige, das Seelische und das Leibliche sind beim kleinen Kind in der unmittelbaren Berührung eins. So ist der Ich-Sinn anfangs noch engstens verschmolzen mit dem Tastsinn.

Im Laufe der Kindheitsjahre löst sich dann allmählich der Ich-Sinn vom Tastsinn. Der Tastsinn wird nun erst sozusagen profan. Er ist nun mehr darauf ausgerichtet, die Äußerlichkeit der Gegenstände zu tasten. Der Ich-Sinn wird dabei ein wenig von der Tastbedürftigkeit befreit. Von da an können wir den anderen Menschen in seiner Einmaligkeit auch erleben, ohne ihn gleich in den Arm zu nehmen, und dadurch haben wir die Möglichkeit, den Ich-Sinn mehr und mehr als einen freilassenden «Kultursinn» einzusetzen.

Einen besonderen Schritt tut in dieser Hinsicht das neun- bis zehnjährige Kind. Erstkläßler hängen sich noch gern an ihren Lehrer und schmiegen sich an ihn, haben es gern, wenn man ihnen über den Kopf fährt. Dritt- und Viertkläßler hingegen gehen auf eine deutliche Distanz und suchen nicht mehr von sich aus die körperliche Berührung. Das bedeutet nicht, daß der Lehrer abgelehnt würde, sondern die Wahrnehmung seines Ich geschieht jetzt viel unabhängiger vom leiblichen Kontakt. Da erwacht jene Selbständigkeit des Ich-Sinnes, die für die Sozialfähigkeit des späteren Lebens notwendig ist.

Insgesamt neigen wir in den «zivilisierten» Ländern heute noch dazu, den Zusammenhang des Ich-Sinns und des Tastsinns in der frühen Kindheit zu ignorieren. Noch vor wenigen Jahren war es allgemein üblich, das neugeborene Kind gleich von der Mutter zu trennen und während des Klinikaufenthalts nur sporadisch zu ihr zu bringen. Das Weinen eines Kindes, das gern bei der Mutter einschlafen würde, durfte nicht beachtet werden. Das Kinderzimmer und das elterliche Schlafzimmer waren streng getrennte Sphären.

Heute kann man in jedem Kaufhaus in den USA die Tonband-Kassette «Mother's Heartbeat» (Mutters Herztöne) kaufen. Den Recorder ins Kinderbettchen gegeben, «keeps baby feeling relaxed, sleeping peacefully to the sounds of Mother's Heartbeat». Die Mutter kann derweil für eine Stunde aus dem Haus. Eine schwere Täuschung des Du-Sinnes.

Das Gegenteil ist in Afrika der Fall. Die Mütter haben ihre Kinder immer bei sich, bis sie laufen können, und nehmen sie im Tragtuch überall hin mit. So befindet sich das Kind lange im Hautkontakt, und das heißt ja zugleich auch: in der Wärmehülle des mütterlichen Organismus und in der Seelenhülle der Mutter als Person. Es sei nicht verschwiegen, daß die Kinder auf diese Weise oft zu viel geschüttelt werden, und dies ist für die Gehirnentwicklung nicht gerade das Ideale. Hier muß man ein Mittelmaß finden, so daß das Kind auch einmal abgelegt wird und zur Ruhe kommt. Aber die Sozialentwicklung hängt davon ab, wie stark die leiblich-seelische Anbindung ist. Schwarzafrikanische Mütter haben sogar zumeist die physiologische Konstitution, das Kind oft zwei bis drei Jahre lang stillen zu können.

Nur so kann ich mir erklären, was ich in Tansania mit Afrikanern vielfach erlebt habe. Schon auf dem Flughafen dauerte es nicht lange, und ein Putzmann kam mit seinem Besen, sah mich sitzen, setzte sich zu mir, frug mich auf Englisch, woher ich komme und wohin ich wolle und ob ich denn schon Suaheli sprechen könne? Nein? Er brachte mir dann gleich die drei wichtigsten Worte bei: «Guten Tag», «Danke» und «Auf Wiedersehen». Und diese Worte übte er mit mir so lange in seiner Sprache, bis ich die richtige Aussprache hatte. Dann ging er weiter seiner Arbeit nach. Wiederum dauerte es nicht lange, und der Flughafenpolizist kam, setzte sich neben mich und vertrieb mir die Zeit. Welchem Afrikaner geschieht so etwas in Europa? – Wenn wir Europäer einen Zug besteigen, so setzen wir uns gerne in das Coupé, in dem noch niemand sitzt. Der Schwarzafrikaner setzt sich in das Abteil, in dem er Mitmenschen antreffen kann.

So findet sich in «Entwicklungsländern» eine hochentwickelte Sozialfähigkeit, von der wir viel lernen können. Die beiden Afrikaner auf dem Flughafen nahmen mich nicht als Weißen, nicht als «Typ», sondern so, wie ich war. Man kann sich in Ostafrika unglaublich rasch befreunden und geht in wenigen Tagen so miteinander um, als kenne man sich schon zehn Jahre lang. Dies ist in Europa kaum denkbar. Nun verstehen wir, daß schon die Art und Weise, wie die Kindheit durchlebt wurde, dabei maßgeblich ist.

Viele Sinne, die wir besitzen, sind so zunächst – im Keimzustand – eng verwoben und verwachsen und dadurch sich gegenseitig fördernd, wenn sie in der richtigen Weise gepflegt werden. Dann differenzieren sie sich, machen sich voneinander frei, verbinden sich aber teilweise und zeitweise auch wieder miteinander. Es gibt auch die «Synästhesien», die «Zusammenwahrnehmung», bei der sich verschiedene Sinnesordnungsbereiche wieder verknüpfen.

Ein Beispiel: Wenn wir als Erwachsene ein bebildertes Buch ansehen, halten wir es «richtig». Kleine Kinder können ihre Bilderbücher noch umgekehrt anschauen, ohne daß es ihnen etwas ausmacht. Denn der Gleichgewichtssinn und der Sehsinn sind eine gewisse Zeit, insbesondere im frühen Kindergartenalter, noch getrennt und verwachsen erst später. Doch auch wir Erwachsenen könnten ein Buch um 180° gedreht lesen – wir müssen nur zwei, drei Tage üben. Wir sehen: Es sind Konditionierungen, die auch wieder umgeprägt werden können. So gibt es im Verweben der Sinnesfelder manche, auch große individuelle, Freiheiten, die durch die Lebensumstände des einzelnen geprägt, gelernt oder durch Selbstschulung erübt werden.

Zwei in sozialer Hinsicht besonders wichtige Entwicklungen haben wir näher betrachtet: die Herausbildung des Gedankensinnes und des Ich-Sinnes aus dem Lebenssinn und dem Tastsinn. In früheren Zeiten war die Pflege des Lebenssinnes kein Problem, da die Kinder weitgehend in einer natürlichen, lebensreichen Umgebung aufwuchsen. Heute drohen die natürlichen Materialien, an denen das Kind seine Wahrnehmungsfähigkeit differenziert, durch Kunststoffe ersetzt zu werden, so daß dieses Wahrnehmungsfeld verödet. Die Folge ist mangelnde Fähigkeit zu differenzierter Gesundheitswahrnehmung und darüber hinaus zum Verstehen anderer Menschen und ihrer Gedanken.

In anderen Kulturen – wie z.B. in Schwarzafrika – ist der enge leibliche Kontakt der Mutter mit dem Säugling selbstverständlich, und über den Tastsinn bildet so das Kind den Sinn für die Einmaligkeit der anderen Persönlichkeit, des fremden Ich, hoch aus. Die Bücher von Tania Blixen[37] berichten eindrucksvoll davon. In Europa müssen wir erst wieder lernen, diese wichtige Entwicklungsbedingung herzustellen.

Bedroht wird der Ich-Sinn aber vor allem durch die Medien. Im Fernsehen erhalten wir optische Eindrücke, akustische Eindrücke, bekommen auch Gedanken vermittelt – aber den Menschen, der da spricht, kann man nicht mehr unmittelbar als Persönlichkeit, als Ich wahrnehmen.

Kleine Kinder fragen: «Sitzt der Onkel dort in dem Kasten drin?» – So ist es wichtig, daß man da hinten mal aufmacht – bei alten Radios ging das noch – und dem Kind zeigt: «Nein, da sitzt niemand drin.» – «Ja, wo sitzt der denn?» – «Im Haus des Süddeutschen Rundfunks in Stuttgart in der Neckarstraße.» Jetzt kommen natürlich weitere Fragen. Aber gerade vor den technischen Medien, die zwar als Informationsvermittler für den Erwachsenen ihren Wert haben, sollte die Kindheit möglichst geschützt werden, denn sonst entsteht eine Gesellschaft, wie sie der amerikanische Soziologe David Riesman unter dem Titel «The lonely crowd» – «Die einsame Masse» – beschrieb.[38] Hunderttausende von Menschen gehen in einer Stadt heute aneinander vorüber, aber es finden keine Begegnungen mehr statt, weil kein Mensch mehr so interessant ist, wie er auf der Fernsehscheibe auftritt – dort mit allen Reizmustern der Werbepsychologie ausgestattet.

Das ist der Gang der Ereignisse, und da sich diese Entwicklung voraussehbar steigern wird, muß ein Wissen um die Bedeutung des Ich-Sinnes verbreitet werden, denn nur dadurch können wir auch den ersten Satz unseres Grundgesetzes umsetzen: *Die Würde des Menschen ist unantastbar.* Pflegen wir den sich entwickelnden Ich-Sinn – eben den Du-Sinn – aus dem Wissen um seine Entwicklungsbedingungen heraus in der angemessenen Weise, so können wir auch in einer hochtechnologisierten Welt nicht nur human bleiben, sondern immer mehr werden.

Zahnwechsel und Schulreife

Erziehung kann nicht nur von tradierter Erfahrung ausgehen, auch wenn diese noch so bewährt ist. Erziehung ist auf Einsicht zu stellen, auch wenn diese für die praktische Erziehungskunst nur Vorbereitungswert hat. Anthroposophie als allgemeine, umfassende Menschenkunde kann diesen Wert haben. Rudolf Steiner übersetzte das Wort «Anthroposophie» für die von ihm vertretene Geisteswissenschaft zumeist mit «Menschenerkenntnis». Er sprach nie von einem «anthroposophischen Menschenbild», denn sie ist weder ein fertiges Bild noch ein in sich geschlossenes philosophisches System. Sie beruht auf einer immer zu erweiternden Erfahrung und Erkenntnis, wie bei den Naturwissenschaften. Nur weitet sie den Erfahrungsbereich auf die übersinnliche Wirklichkeit des Geistigen aus und ergänzt damit die Naturwissenschaften.

Heinrich Pestalozzi hat wohl als erster 1780 davon gesprochen, daß jegliche Pädagogik auf Menschenerkenntnis zu stellen sei. Mit seinem ersten Buch *Die Abendstunde eines Einsiedlers*, das sich bei ihm selbst biographisch als eine Morgenstunde erwies, zeigte er dieses Motiv bereits auf:

«Der Mensch, sowie er auf dem Throne und im Schatten des Laubdaches sich gleich ist; der Mensch in seinem Wesen, was ist er? Warum sagens die Weisen uns nicht, warum nehmen die erhabenen Geister nicht wahr, was ihr Geschlecht sei? Braucht auch ein Bauer seinen Ochsen und lernt ihn nicht kennen! Forschet ein Hirt nicht nach der Natur seiner Schafe! Und ihr, die ihr den Menschen brauchet und saget, daß ihr ihn hütet und weidet, nehmet auch ihr die Sorge des Hirten für seine Schafe? Ist eure Weisheit Kenntnis eures Geschlechtes?»[39]

Johann Friedrich Herbart, der Nachfolger Immanuel Kants in Königsberg, hat im 19. Jahrhundert ebenfalls versucht, die Pädagogik auf Menschenerkenntnis und insbesondere auf die Psychologie zu stellen.[40] Rudolf Steiner schließt an Herbart – nicht inhaltlich, aber im Ansatz[41] – in dem Sinne an, daß Methodik und Didaktik auf einer umfassenden Erkenntnis des Menschen aufzubauen sind. Das bedeutet für Steiner nach Leib, Seele und Geist, also auf Anthropologie, Psychologie und Pneumatologie. Nicht ein eingeengter Monismus, der behaviouristisch nur das äußere Verhalten des Kindes konditioniert, auch nicht ein Dualismus, der Leib und Seele getrennt nebeneinander versorgt, sondern ein umgreifender Monismus, der das reale unentwegte Zusammenwirken von somatischer, seelischer und geistig-moralischer Organisation zum Zentrum seiner Aufmerksamkeit macht, läßt die Waldorfpädagogik fruchtbar sein.

Es gibt wohl keinen unter den fast zweihundert pädagogischen Vorträgen Rudolf Steiners, der nicht außer eingehenden Beschreibungen der geistigen und seelischen Entwicklungsvorgänge im aufwachsenden Menschen auch organologische und physiologische Details einbezieht. Es erscheint heute noch vielfach paradox, daß eine Pädagogik, die bewußt von einem spirituellen Menschenverständnis ausgeht, die gesunde leibliche Entwicklung des Kindes nicht nur den Eltern und dem Arzt, sondern gerade auch dem Lehrer ans Herz legt. Damit steht die Waldorfschule noch etwas allein in der pädagogischen Landschaft. «Sie müssen ein guter Kamerad der Natur des Kindes werden. Aber wenn Sie diese Naturentwicklung gar nicht kennen, wie sollen Sie ein guter Kamerad der Naturentwicklung werden? Wenn Sie zum Beispiel gar nicht wissen, wodurch Sie seelisch im Unterricht oder in der Erziehung das Wachstum verlangsamen oder beschleunigen, wie können Sie gut erziehen und unterrichten?»[42]

Hier sollen nun einige Motive der Interdependenz zwischen Zahnwechsel und Schulreife berührt werden. Rudolf Steiner weist immer wieder auf einen solchen Zusammenhang hin und leitet die seelischen Lernkräfte des Kindes von einer Umwandlung der leiblichen Wachstumskräfte ab.

So ist die Zahnbildung eine besonders hohe Leistung des kindlichen Organismus. Diese härtesten Bildungen des Organismus werden mit einer solchen Feinstruktur versehen, daß sie auch nach ihrer Fertigstellung vom lebendigen Stoffaustausch durchzogen bleiben. Das sind Extremleistungen des organischen Wachstums überhaupt. Schon die Knochensubstanz ist temporär im kristallinen Zustand abgeschiedene Mineralsubstanz von erheblicher Härte. Noch härter ist das Zahnbein, also das Dentin des Zahnkörpers und der Zahnwurzeln. Am härtesten aber sind die Schmelzkappen der Zahnkronen. Sie sind auch embryonal anderer Herkunft als Knochen und Dentin und entstammen dem Ektoderm der Mundschleimhaut, das sich in Form von je zwei Gewebesträngen sowohl im Ober- wie im Unterkiefer-Randbereich hinter das Zahnfleisch eingesenkt hat. Aus dem ersten Strang (1. Zahnleiste) bilden sich die Zahnanlagen (Zahnglocken) des Milchgebisses, an der 2. Zahnleiste die Anlagen des Ersatzgebisses. Auch hier kann man noch zwischen Milch- und Dauergebiß differenzieren. Der Schmelz des zweiten Gebisses ist um 10 Prozent härter als der des ersten. So sind die Schmelzkappen speziell des Dauergebisses die härteste Substanz im menschlichen Organismus. Ihre besondere biologische Charakteristik kommt auch darin zum Vorschein, daß sie härter ausgebildet ist als bei den Menschenaffen.

Sieht man sich nun anhand des Diagrammes die Ausbildung der Hartsubstanz beider Zahngenerationen an, so läßt sich Aufschlußreiches daraus entnehmen. Dargestellt ist, von außen betrachtet, nur die Bezahnung im rechten Oberkiefer. Die Zahnbildung im linken Oberkiefer und im Unterkiefer verläuft mit nur geringer zeitlicher Variabilität ebenso, so daß die Abbildung nur eines Viertels des Gesamtgebisses für unseren Überblick ausreicht. Die harte Zahnsubstanz wird im Leben von einer «Zahnglocke» abgeschieden, die durch ihre Verformung als Negativ die Gestalt des Zahnpositivs vorgibt. Das Milchgebiß ist hell, das bleibende Gebiß dunkel belassen.

Man bemerkt als erstes, daß jeder Zahn zuerst mit seiner Krone gebildet wird; später erst kommt das Dentin des Zahnkorpus und der Wurzeln dazu. Das Milchgebiß (siehe 3. Lebensjahr) besteht von der Mitte her gesehen aus 1. und 2. Schneidezahn (Incisivi), einem

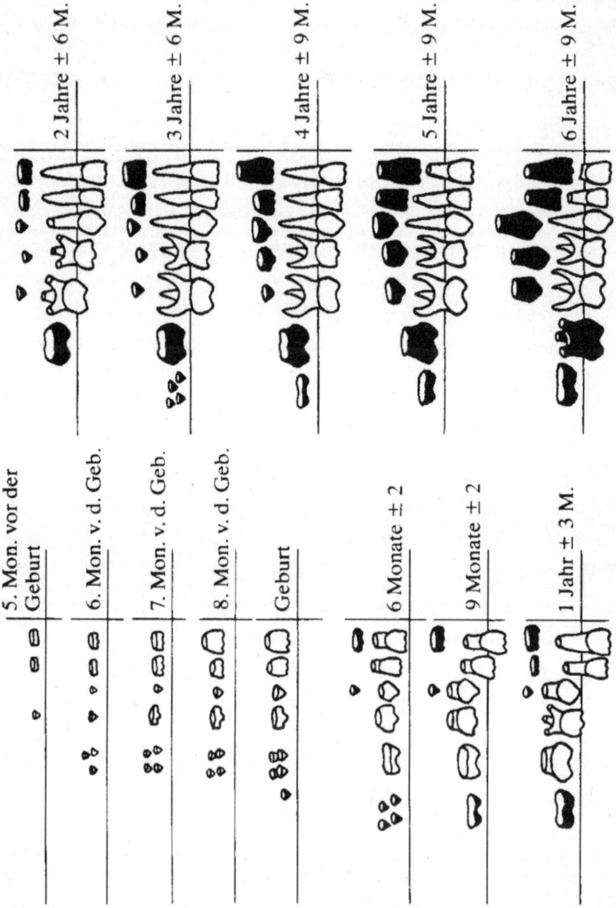

5. Mon. vor der Geburt
6. Mon. v. d. Geb.
7. Mon. v. d. Geb.
8. Mon. v. d. Geb.
Geburt
6 Monate ± 2
9 Monate ± 2
1 Jahr ± 3 M.
2 Jahre ± 6 M.
3 Jahre ± 6 M.
4 Jahre ± 9 M.
5 Jahre ± 9 M.
6 Jahre ± 9 M.

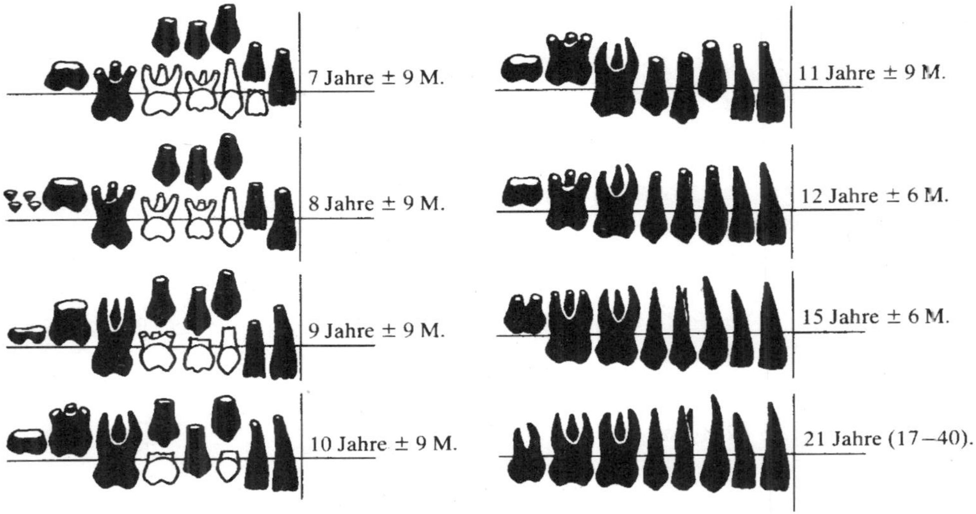

Gesamte Bildfolge der menschlichen Zähne anhand der oberen rechten Kieferhälfte. Milchzähne weiß. Dauerzähne schwarz; die waagerechte Linie bezeichnet die Zahnfleischebene, die senkrechte Linie die Symmetrieebene des gesamten Gebisses

Eckzahn (Caninus) und den nach außen anschließenden 1. und 2. Vorbackenzähnen (Prämolaren). Diese fünf Zähne je einer Kieferhälfte besagen für alle vier Kieferhälften insgesamt 20 Milchzähne. Das Dauergebiß (siehe 21. Lebensjahr) hat das Milchgebiß durch 20 «Ersatzzähne» ersetzt, zusätzlich aber noch drei hintere Backenzähne (Molaren) pro Kieferhälfte, also 12 davon als Zusatzzähne entwickelt. Das Dauergebiß umfaßt beim Erwachsenen 32 Zähne.

Die Zusatzzähne fallen durch ihre besondere Größe und auch ihre Herkunft aus dem einfachen Dualismus von erstem und zweitem Gebiß heraus: Räumlich und in ihrer Dauerfunktion gehören sie dem zweiten Gebiß an. In ihrer embryonalen Veranlagung aber entspringen sie der ersten Zahnleiste. So vereinigen sie in ihrer Herkunft einerseits und ihrer endgültigen Funktion andererseits die Gegensätze von Milch- und Ersatzgebiß.

Betrachtet man nun bei den Molaren die Zeitordnung ihrer Bildung und ihres Durchbruches, so findet sich im statistischen Mittel folgendes: Der erste Molar (M_1 wird von der Geburt an kalzifiziert, hat etwa mit 3 Jahren die Schmelzkrone fertig, bricht etwa im Alter von 6 Jahren und 3 Monaten im Durchschnitt durch und ist vielfach das erste äußere sichtbare Anzeichen des Zahnwechsels. Etwa mit dem vollendeten siebten Jahr steht er in Funktionsstellung. Der zweite Molar (M_2) beginnt ab 3 Jahren mit den ersten Verkalkungen, ist etwa im 7. Jahr mit der Krone fertig, bricht mit 13 Jahren durch und findet dann im Alter von 14 Jahren in die endgültige Funktionsstellung. Der dritte Molar (M_3 Weisheitszahn) beginnt statistisch mit 8 Jahren als letzter Zahn zu verkalken, nimmt aber schon darin und in seiner weiteren Entwicklung einen oft weit von der mittleren Norm abweichenden Werdegang. Und doch gibt es ein statistisches Häufigkeitsmaximum im Erreichen der endgültigen Stellung, das bei 21 Jahren liegt. Damit schält sich im Zahnwechsel aller drei Molaren ein Entwicklungsrhythmus heraus, der ein besonderes Interesse verdient. Etwa mit 7, 14 und 21 Jahren beginnen sie bei aller Abweichung im Mittel ihre Funktion.[43]

Nach diesem allgemeinen Überblick über den Gebißbau und Zahnwechsel beim Menschen wollen wir nun das Kind um die Zeit der Schulreife näher betrachten. Seit dem 5. Lebensjahr, also mit dem Beginn des ersten Gestaltwandels (siehe 3. Kapitel), beginnen die Ersatzzähne langsam nachzurücken, wobei die Milchzahnwurzeln aufgelöst werden. Mit 6 Jahren und 3 Monaten bricht im Mittel der erste Molar durch. Er steht mit etwa 7 Jahren in Kauebene, dann bricht der erste Schneidezahn durch (heute häufig auch in umgekehrter Reihenfolge). Dabei sahen wir schon, daß die Kronen aller Zähne des zweiten Gebisses nun fertig gebildet sind – ausgenommen die der Weisheitszähne. Für 28 der 32 endgültigen Zähne ist die Bildung der härtesten Substanz des Leibes, des Kronschmelzes, zu Ende. Damit ist diese physiologische Hochleistung kindlichen Wachstums weitgehend abgeschlossen. Obwohl erst etwa 7 Jahre später alle diese 28 Zähne der zweiten Zahngeneration in Funktionsstellung stehen, sind sie doch zur Schulreife schon in ihren Kronen fertig. Hiermit erreicht das Kind eine gewichtige Zäsur in seinem gesamten Wachstum. Man bekommt diesen Einschnitt aber nur dann in den Blick, wenn man nicht den nach außen sichtbaren Durchbruch der Zähne, sondern die Fertigstellung der Schmelzsubstanz, wie sie hinter dem Zahnfleisch abläuft, im Bewußtsein hat. Ein Kind kann völlig schulreif sein und doch noch keinen äußerlich sichtbaren Zahnwechsel vorweisen. Der Abbau der kleinkindlichen Gestalt in das schlanke, ranke Kind (erster Gestaltwandel), die gute motorische Körperkontrolle, aufrecht vor- und rückwärtsgehen zu können, die sichere Beurteilung konstanter Formen in veränderter Umgebung (Piaget[44]) und nicht zuletzt die lerneifrige Einstellung des Kindes, verbunden mit einer Reihe weiterer Kriterien, sind sichere Merkmale der Schulreife. Trotzdem bietet der Beginn des äußerlich sichtbaren Zahnwechsels ebenfalls gute Hinweise für die Gesamtbeurteilung der Einschulung, wie die Untersuchungen von Ilg und Ames sowie von Silvestro[45] gezeigt haben.

In den Darstellungen Rudolf Steiners zur Bedeutung des Zahnwechsels für die kindliche Entwicklung finden sich bei näherem Zusehen recht verschiedene, ja einander sich widersprechende Hinweise. Zum einen schildert er: «Wir sehen, wie diese Milchzähne ausfallen und vom siebenten Jahr an durch die bleibenden Zähne ersetzt werden.»[46] Zum anderen formuliert er: «Für denjenigen, der die menschliche Natur kennt, ist klar, daß für keinen werdenden Menschen diese Schulbildung in das menschliche Entwicklungssystem eher eingreifen sollte als ungefähr um die Zeit, wenn der Zahnwechsel vorüber ist.»[47] Manchmal kennzeichnet Rudolf Steiner die ganze Zeit zwischen der Schulreife und der Geschlechtsreife als die Zeit des Zahnwechsels. Meist jedoch versteht er unter «Zahnwechsel» einfach den Beginn des sichtbaren Zahnwechsels. Am interessantesten sind solche Formulierungen wie die, daß der Zahnwechsel vorüber sein müsse, wenn das Kind in die Schule kommt.

Von der Naturwissenschaft und der Medizin her sind wir es gewohnt, mit begrifflich definierten Worten umzugehen. Rudolf Steiner nimmt sich die Freiheit, nicht am üblichen Wortgebrauch zu hängen, sondern den Zuhörer mitdenken zu lassen, daß dieser den Wortbegriff aus dem Sinnzusammenhang entnimmt und sich selbst schult, Gleiches mit verschiedenen Ausdrücken und Verschiedenes mit gleichem Wort (aber nicht Begriffen!) zu erfassen, also Denken und Sprache voneinander unabhängiger zu machen als gewohnt.

«Zahnwechsel» vor der Schulreife kann dann nicht der sichtbare Zahnstellungswechsel sein, sondern meint offensichtlich den Wechsel in den Zahnbildungsprozessen. Was sich zwischen der Bildung der Milchzähne und der Dauerzähne während der ersten sieben Jahre tut, insbesondere wenn man die Schmelzkronenbildung beachtet, ist das Überwechseln der Kronenbildung des Milchgebisses zur Kronenbildung des zweiten Gebisses als der durchgängige Vorgang. Hier spricht Rudolf Steiner mit «Zahnwechsel» nicht den «Zahnstellungswechsel», sondern den «Zahnbildungswechsel» an. Wie auch immer er den Ausdruck «Zahnwechsel» verwendet, deutlich ist zumeist, daß es ihm nicht so sehr auf den äußeren sichtbaren Zahnwechsel ankommt, sondern auf die Bildevorgänge des Zahnbaues selber.

In ganz ähnlicher Weise machte Rudolf Steiner auf die Bildung des Milchgebisses aufmerksam: Rechnet man zur Dauer der menschlichen Embryonalentwicklung von neun Monaten noch das

Trimenon der ersten drei Monate nach der Geburt dazu, in welchem sich die Umstellung und Stabilisierung der Lebensprozesse auf das Leben außerhalb des Mutterleibes vollzieht, so tritt der natürliche Rhythmus des Jahres in Erscheinung. Nach einem weiteren Jahr, also zwei Jahre nach der Konzeption, ist eine nächste Entwicklungszäsur erreicht: «Wir schauen uns ein Jahr wiederum an, nachdem ein Jahr schon abgeflossen war seit der Konzeption, schauen uns das weitere Jahr an und finden in diesem weiteren Jahre die Entwicklung der ersten Zähne mit dem Jahreslauf im Mittel übereinstimmend.»[48]

Damit ist das Kind nach üblicher Altersangabe ein Jahr und drei Monate alt. Vom Milchgebiß sind dann drei Zähne pro Kieferhälfte, also erst zwölf von 20 Milchzähnen sichtbar. Sieht man auf die Ausbildung der Zahnkappen, also der Schmelzkronen, so sind diese jetzt gerade für alle Milchzähne fertig. Ihr Bildungsvorgang ist nun normalerweise abgeschlossen. Der Jahresrhythmus ist dabei der Entwicklungsrhythmus für die Ausbildung der menschlichen physischen Leibesorganisation in den ersten Lebensjahren.

In der ersten Hälfte des zweiten Lebensjahres, also um die Zeit der erstmals fertigen Milchzahnkronen, macht das Kind entscheidende, auffallend rasche Schritte im Aufnehmen der Muttersprache. Sinn und Bedeutung der Worte werden nicht nur durch die stimmungsvermittelte Einfühlung, sondern durch erste kräftige «Aha-Erlebnisse» gewonnen. Das erste Auftreten sinnvoll gebrauchter Substantive liegt nach den klassischen Untersuchungen von William und Clara Stern[49] bei etwa 15 Monaten. Sie behaupten das kindliche Wortfeld bis zum Alter von 17 Monaten. Dann holen die verwendeten Verben bis zum vollendeten zweiten Lebensjahr auf. Danach finden sich erst langsam die Adjektive, Adverbien, Präpositionen und Pronomen ein. Die Konjunktionen werden erst ab dem Alter von drei Jahren und zwei Monaten erobert und sind Ausdruck davon, daß das Kind nun auch Nebensätze anschließen kann. Die Koinzidenz des Lernens mit der Zahnbildung zeigt sich hierin deutlich.

Noch stärker wird ein Schub in der Entwicklung des kindlichen Lernens und Verstehens mit der Schulreife sichtbar. Natürlich liegt hier nicht nur eine bloße Koinzidenz leiblicher und seelischer Entwicklung vor, sondern ein echter Wechselbezug. Die biologischen Wachstumsvorgänge haben offensichtlich einen Zusammenhang mit der Lern- und Gedächtnisentwicklung, der darin besteht, daß jedesmal, wenn eine besondere Wachstumsleistung zu einem vorläufigen oder endgültigen Abschluß gekommen ist, die bisherige physiologische Anspannung als solche aufhört und sich in neue psychische Fähigkeiten umsetzt. Die gleichsam «arbeitslos» gewordenen Organbildekräfte wenden sich von der Leibzuwendung mehr und mehr ab und dem seelischen Vermögen zu, ja sie verwandeln sich in dasselbe. Die Kräfte, mit denen vorher der Organismus gewachsen ist, werden zu Lernkräften. Das Kind lernt mit demjenigen Kräftereservoir, mit dem es vorher unbewußt in seine Organbildung eingebunden war. Das ist die grundlegende Entdeckung Rudolf Steiners gewesen:

«Die ganze Zeit bis zum Zahnwechsel, während das Kind wächst, ist ein Ergebnis derselben Kräfte, die nach dem siebten Jahre als Verstandeskräfte, als intellektuelle Kräfte auftreten.»[50]

Die alte Frage des Leib-Seele-Zusammenhanges braucht also nicht nur als philosophisches Problem behandelt zu werden, sondern kann recht konkret dem heranwachsenden Kinde abgelesen werden. So wie *nach* einem Entwicklungsschub die Lernkräfte sich verstärken, so treten sie *während* des Entwicklungsschubes auffällig im seelischen Bereich zurück. Die Zeit des ersten Gestaltwandels zwischen fünf und sieben Jahren haben wir schon darin charakterisiert. Auch der zweite Gestaltwandel zwischen 13 und 15 Jahren ist ein Zeitraum, in dem das Lernvermögen zwar nicht unterbrochen wird, aber schwieriger wird und nicht mit der intentionalen Zuwendung geschieht wie etwa die Jahre direkt davor und wieder danach. Seine erste volle Urteilsreife steht dem Menschen im allgemeinen erst dann zur Verfügung, wenn er das Skelettwachstum endgültig beendet hat, und das ist nicht schon nach dem pubertären Streckungswachstum, sondern erst zwischen 20 und 25 Jahren der Fall. Dann ist der Mensch auch dem wörtlichen Sinne nach erwachsen: leiblich ausgewachsen.

Ein Vergleich mit nahe verwandten Tieren bietet interessante Einblicke in den geschilderten Zusammenhang. Bei der überwiegenden Mehrzahl der Säugetiere ist die Zeit der Lernfähigkeit die Tierkindheit. Der Satz «Was Hänschen nicht lernt, lernt Hans nimmermehr» gilt für den Menschen nicht so streng. Man müßte ihn für die Tiere umdichten: «Was Häschen nicht lernt, lernt der Hase nimmermehr», denn für die meisten Vögel und Säugetiere gilt er durchweg. Selbst alle Dressur- und Intelligenzversuche mit Menschenaffen gelingen bestenfalls nur noch mit halbwüchsigen Tieren, nicht mit ausgewachsenen Exemplaren.[51] Das Neugier- und Lernverhalten der höheren Tiere erlischt zumeist mit der Geschlechtsreife, mit der zugleich die Skelettreifung einhergeht, so daß mit der Ausreifung der Fortpflanzungsfähigkeit die Warmblütler auch fertig ausgewachsen sind.

Nun gibt es davon Ausnahmen. Das sind zum einen im Wasser lebende Säugetiere wie z.B. Robben und Delphine, zum anderen unter den Landsäugern die Elefanten. Diese sind besonders interessant, weil sie eine erstaunliche Fülle an Konvergenzen mit der menschlichen Organisation haben. Die Kopffront ist wie beim Menschen vertikalisiert, obwohl hinter den großen Stirnhöckern mehr Luft (gewaltig ausgeweitete Stirnhöhlen) als Gehirnmasse ist. Die Kieferregion bleibt so zurückgehalten, daß die Nahrung in der Regel nicht damit ergriffen wird, sondern mit dem Rüssel, der das Elefantenmaul bedient, wie den Menschenmund die Hand. Die Fünfstrahligkeit ist im Finger- und Zehenbereich besser bewahrt als bei allen Huftieren. Fast alle Landtiere können das Knie nicht strecken. «Alle Tiere erscheinen vor dem Menschen mit gebeugtem Knie», schrieb einmal der Begründer der Embryologie Carl Ernst von Baer. Und doch gibt es eine charakteristische Ausnahme: der Elefant. Er hat ebenso wie der Mensch ein lebenslanges Lernvermögen. Die Südasiaten züchten ihre Arbeits- und Reitelefanten nicht, sondern sie fangen erwachsene Wildlinge, die noch 40jährig zähmbar sind. Das Interessante ist nun, daß gerade dieses Tier lebenslang zahnt. Die riesigen Backenzähne, immer einer pro Kiefernhälfte, werden heruntergekaut, bis der Wurzelstumpf herausfällt, um von neuen, nachgewachsenen Zähnen, die in die Kaustellung rasch nach vorne rutschen, ersetzt zu werden. Und nicht nur das, diese werden auch lebenslang größer, wenn sie auch mit zunehmendem Alter immer weniger wachsen. Dieses Tier, das im permanenten Wachstum und permanenten Zahnwechsel steht, behält dies als lebenslangen Zustand bei, was beim Menschen die Konstitution besonders des zweiten Jahrsiebents bedeutet. Und wie die Kindheit in der Schule für das gedächtnismäßige Lernen eine besonders fruchtbare Zeit ist, so bleibt auch der ständig zahnende Elefant lernfähig. Er ist gleichsam ein lebenslanges Riesen-Schulkind.

Zur Geländegestaltung von Kindergärten und Schulen

Mit der Einschulung trifft das Kind endgültig auf die Welt der Experten. Für die Erziehung ist der Lehrer da, der in Gebäuden unterrichtet, welche Architekten entworfen, Bauarbeiter erstellt haben und ein Hausmeister in Ordnung hält. Die Freiflächen um die Gebäude hat ein Gärtner bepflanzt nach einem Plan, den Gartenarchitekten in ihren Büros entworfen haben. Das mag alles in der Erwachsenenwelt seine Ordnung haben. Für das Kind aber bleibt es ein Konglomerat nebeneinander herlaufender Vorgänge: Lehrer ist Lehrer und Gartenarchitekt ist Gartenarchitekt. Und so kommt es, daß die Bepflanzung auf dem Gelände einer Schule sich heute im wesentlichen nicht mehr unterscheidet von der um einen Wohnblock, um eine Kirche oder um ein Krankenhaus. Die Hauptgesichtspunkte sind jedesmal die gleichen: die Bepflanzung muß ästhetisch hübsch und pflegeleicht sein. Unkrautgefährdete Flächen werden mit chinesischer Contoneaster deckend bepflanzt. Gegen Industrierauch und Autoabgase sind die Latschenkiefer und die Omorikafichte genügend resistent, und einige ausländische Sträucher geben mit möglichst knallfarbenen Blüten oder Früchten die Kontrasttupfer dazwischen ab. Der intellektuelle und ästhetische Pragmatismus führte auch hier zur allgemeinen Uniformität. Natürlich ist die Omorikafichte aus den Gebirgsschluchten Serbiens in ihrer schlanken Gestalt ein sehenswerter Baum, aber als uniformes Einheitsgewächs um Bahnhöfe, Banken, Autobahnrastplätze und Schulen wird sie inzwischen zum Symbol der Einfallslosigkeit. Beim nur Hübschen und nur Pragmatischen sollten wir es nicht belassen, wenn es um die Gestaltung der pädagogischen Umwelt geht. Ein solcher Ansatz aber bedeutet die Absage an gebrauchsfertige Bepflanzungslisten und die Zusage an örtlich jeweils neue Lösungsfindungen. Dafür seien im folgenden einige Gesichtspunkte zusammengetragen.

Es lohnt sich, folgende Extreme zu vermeiden: Zum einen das vielfach übliche geographische Chaos, Bäume und Sträucher aller Kontinente gleichen Klimas wirr durcheinander zu pflanzen. Je kleiner das Kind ist, das heißt je empfindlicher es noch auf jeden Umwelteindruck reagiert, desto mehr sollten die einheimischen, bei uns also die europäischen Arten, bei der Auswahl im Vordergrund stehen; insbesondere bei der Bepflanzung von Kindergärten und im Bereich der unteren Schulklassen. Eine aufgewachsene Salweide blüht zur gleichen Zeit ebenso schön wie die Forsythie aus Japan. Zum anderen kann es aber auch kein Ziel mehr sein, jeden menschlichen Eingriff zu vermeiden und dem natürlichen Wildwuchs beliebigen Lauf zu lassen, um wieder in Germaniens Urwäldern hausen zu können. Zwischen chaotischem Kaleidoskop und bloßem Wildwuchs gibt es das ökologische Gleichgewicht der gesunden Kulturlandschaft, und ein miniaturartiges Modell dafür kann das Schulgelände sein.

Die Verteilung der Bäume bestimmt die großräumige Gliederung. Wo man die europäischen Bäume hinsetzt, wo die amerikanischen (Robinie, Roteiche, Mammutbaum, Riesenthuja usw.) und wo die Asiaten (Himalaya-Kiefer, Ginkgo, Metasequoia usw.), das sollte auf dem Gelände voneinander geschieden werden. Jeder Baum bringt etwas vom Charakter seines Kontinentes mit ein, und wo sich die zusammengehörigen Arten gruppieren, wird ihre Eigenart um so deutlicher.

Die Nadelbäume eignen sich mehr als Hintergrundgehölze, die Laubbäume mehr für die Vordergrund- und Innenhofgestaltung. Welcher Baum als Einzelexemplar im Freistand oder besser in der Gruppe gewachsen seinen gestalterischen Wert entwickelt, muß von Art zu Art abgetastet werden. Eine Esche oder Zeder wird erst im Freistand zu dem, was sie ist, eine Birke oder Hainbuche dagegen auch in der Gruppe.

Empfehlenswert ist es, kontrapunktisch vorzugehen, denn erst im sinnvollen Vergleich zum anderen Baum schält sich der jeweilige Eindruck einer Baumart heraus. Dazu kann man gerade Arten des gleichen Biotops verwenden. Die raumgreifendere Esche und der dichtlaubigere Bergahorn aus dem «Eschen-Ahorn-Schluchtwald», die einheimische Fichte und die gedrungenere Waldkiefer der Mittelgebirgslagen, die hellgrüne Lärche und die dunkelgrüne Bergkiefer (in der schlankwüchsigen Spirkenform) von der Waldgrenze des Hochgebirges usw.

Ausschlaggebend sollte immer das konkrete Gelände mit seinem lokalen geologischen Untergrund sein. Auf Kalk wird man eine andere Flora bevorzugen als auf saurem Boden (Sand, Sandstein, Tiefengestein). Natürlich kann durch die jeweilige Düngung die einseitige Bodenreaktion neutralisiert werden. Gerade aber das Schulgelände, das immer zugleich auch belehrend wirkt, sollte uns veranlassen, primär an die natürlich vorgegebenen Biotopverhältnisse anzuschließen, ohne – wie schon gesagt – reinliche Pflanzenassoziationen zu rekonstruieren. So zum Beispiel Fichte und Kiefer im Vergleich, aber auf Kalk mehr Kiefern (auch verschiedene Kiefernarten) als Fichten; auf Sandstein umgekehrt.

Das Schulgelände kann wie jeder Garten Zufluchtstätte für die Tierwelt, insbesondere für die Vögel und Insekten sein. Sinnvoll angebrachte Nisthöhlen für Meisen und Stare und ebenso Halbhöhlen für die Rotschwanzarten sind auch außerhalb der Reichweite der Kinder leicht zu installieren. Holunder und Eberesche (= Vogelbeere) bieten vielen Vögeln im Herbst und Frühwinter wertvolle Nahrung.

Besonders schwer haben es in den letzten Jahren die Fledermäuse. Durch die Renovierung alter Häuser und Kirchürme verlieren sie ihre Heimstätten, und durch die Insektizide, die ihnen die Nahrung vergiften, haben sie rapide abgenommen. Wie sich die Bienen heute deshalb in der Großstadt leichter halten lassen als auf den Dörfern, so sollten auch die Fledermäuse bei ihrer Überlebenschance in den Städten durch das Anbringen von Fledermauskästen unterstützt werden.

Schwierig ist es auch, die Insektenwelt noch ins Gelände zu bekommen. Hierzu muß man sich klarmachen, daß ein Großteil der Insekten sich mehr über den Geruch als das Auge orientiert und vieles erst dann möglich wird, wenn man bei der Bepflanzung die duftenden Arten vorzieht.[52]

Von den Bäumen sind das zum Beispiel die Lindenarten, wenn sie blühen, von den Sträuchern der Pfeifenstrauch (Philadelphus), die Tamariske (Tamarix) und viele der heckenbildenden Rosen, soweit sie noch nicht allein nur auf optische Schönheit gezüchtet wurden. Die Schottische Zaunrose (Rosa rubiginosa) und die Kleinblütige Rose (Rosa micrantha) duften sogar im Blattwerk und so das ganze Jahr. Ein starker Anziehungspunkt vor allem für Schmetterlinge ist der aus China stammende Sommerflieder (Buddleia). Eine Reihe von Lippenblütlern sind ebenfalls reich duftende, insektenanziehende Rabattenpflanzen: Katzenminze (Nepeta), Salbeiarten (Salvia), Lavendel (Lavendula) usw.

Schwieriger ist es mit den Obstgewächsen um Schulgebäude. Die Bäume werden zu früh geplündert und rasch beschädigt. Am ehesten empfehlen sich die selten werdende Quitte und Mispel, deren verhalten duftende Früchte erst durch die Zubereitung schmackhaft werden. Im Herbst faszinieren die Früchte der Roßkastanie alle Kinder. Das Problem der zu starken Beschädigung durch Stöcke und Steine löst sich zumeist, wenn viele Bäume da sind und mit der Menge der Früchte der Besitzwert fällt.

Beim Blütenschmuck des Geländes sollte man drauf sehen, daß durch das ganze Jahr möglichst immer etwas blüht. Christrose, Hamamelis und Schneeheide blühen auch im Winter, wenn einmal der Frost zurückgeht. Echter Jasmin, Salweide und Hasel blühen im Vorfrühling. Die reiche Auswahl für den Frühlings- und Sommerschmuck braucht hier nicht genannt zu werden. Zum Herbst gehören die Astern und Rudbeckien. Die Herbstzeitlose verbietet sich wegen ihrer Giftigkeit. Von Interesse ist, daß die Atlas-Zeder als einziger Baum im Herbst auch bei uns blüht, wenn auch unscheinbar. Dahlien haben nur Sinn, wenn sie jemand für die Wintermonate ausgräbt und frostsicher aufbewahrt.

Wo kaum Bepflanzungsflächen, dafür kahle Hauswände sind, helfen Kletterpflanzen: Kletterrosen, Wilder Wein (Cissus), Glyzine (Wistera) und die vielen Sorten der Waldrebe (Clematis) bilden heute ein vielfaches Angebot. Der Rankenknöterich allerdings kann durch seinen oft massenhaften Wuchs auch lästig werden. Alle diese Kletterer bieten beliebte Brutplätze für die Amseln.

Was sollte nicht gepflanzt werden? Ganz allgemein keine giftigen Arten. Zwar sollte jedes Kind im Unterricht die häufigsten Giftpflanzen kennenlernen, aber Seidelbast, Goldregen und Pfaffenhütchen gehören ebensowenig wie die Tollkirsche aufs Schulgelände. Auch solche für den Winter beliebten immergrünen Arten wie Eibe und Sadewacholder sind, weil giftig, wegzulassen.

Ebenso sind jeweils die natürlichen Wildformen jenen Zuchtformen vorzuziehen, die Verkrüppelungen darstellen: alle Arten mit panaschierten (weißfleckigen) Blättern, mit Schlitz- und Blutblättrigkeit, Zwerg- und Korkenzieherwuchs, die Hänge- oder Pyramiden-Mutanten. Allein der Wunsch nach Absonderlichkeiten hat solche Mutanten durch die gärtnerische Versorgung überleben lassen, so daß sie heute in allen Parks und Gärten stehen. In der natürlichen Flora wären sie längst überwachsen und erdrückt worden. Im Lebens- und Spielraum der Kinder sind sie so deplaziert wie überflüssig. Den Schülern der Oberklassen kann zwar daran demonstriert werden, daß der größte Anteil aller erblichen Änderungen rückschrittliche Mutationen sind, sie sollten aber nicht das Gelände bestimmen.

Zum Abschluß sei nochmals betont, daß die genannten Pflanzenarten keinen kanonischen, sondern allein hinweisenden Wert haben. Ein bepflanztes Gelände wird nur dann ein in sich ausgewogener Lebensraum, wenn er für die lokalen Gegebenheiten spezifisch konzipiert wird. Aber auch das reicht noch nicht aus. Jede Bepflanzung nimmt eine Entwicklung, die mit der Erstbepflanzung nicht abgesichert ist. Deshalb lohnt es, jährlich mit unterstützenden oder verändernden Maßnahmen einzugreifen. Erst in mehrjähriger Versorgung kann sich ein Lebensraum biologisch regenerieren und normalisieren.[53]

Damit tritt die Bepflanzung als miniaturisierte ökologische Aufgabenstellung nochmals in den Blick. Seit langem sind in allen Schulsystemen Natur- und Landschaftsschutz als Unterrichtsgegenstand verbal vertreten. Wird etwas davon auf dem Gelände selbst in die Praxis umgesetzt und tagtäglich realistisch für das Kind ansichtig, so ist die pädagogische Wirkung bei weitem langfristiger und geht nicht wie so vieles nach dem Ende der Schulzeit verloren. Ob betreut von einem oder mehreren Lehrern oder auch mit den Schülern zusammen, in jedem Fall ist die Bepflanzung ein Pädagogikum, das nicht allein in die Hand der außerschulischen Experten gehört.

Im Bereich der Waldorfschulen ist durch das obligate Fach Gartenbau von der 6. bis 10. Klasse die praktische Arbeit im Gelände institutionalisiert. Bei Schulneubauten läßt sich die Zusammenarbeit von Architekt, Gartenarchitekt, Biologie-Fachlehrer und Gartenbaulehrer rasch erreichen, wenn dafür Bewußtsein besteht, sind doch Architekt und Gartenarchitekt Beauftragte des Schulvorstandes und damit auch des Kollegiums. Dabei hat sich gezeigt, daß nach der Erstbepflanzung die weitere Versorgung des Bewuchses im allgemeinen Verkehrsbereich nur wenig zusätzlichen Aufwand gegenüber der Bearbeitung des Schulgartens macht. Ein ein- oder zweimaliger gezielter Einsatz im Jahre reicht.

Zum anthroposophischen Verständnis der kindlichen Temperamente

Es gibt nichts Lebenspraktischeres als die Einsicht in Geistiges. In der Anthroposophie ist Geist nicht die unerreichbare Transzendenz, sondern das Wirksame, das hier und jetzt Tätige. Ihm begegnen wir nicht mit den Sinnen, aber mit der Einsicht, denn die ist immer schon ein über die Sinne Hinausgehendes. Und wir betätigen ihn in jedem praktischen Vollzug, denn dann sind wir selbst aktiv.

Erziehung greift tiefer ein als nur in das Bewußtsein des Kindes. Erklärungen und Begründungen nimmt das Schulkind willig auf, und oft verspricht es Besserung. Aber die Lebenserfahrung mit Kindern und mit sich zeigt, daß das tägliche Leben doch anders verläuft als vorgenommen. Das Bewußtsein wirkt zwar auf die Richtung der Handlung, sichert sie aber nicht. Der Mensch ist ein mehrschichtiges Wesen; seine Gewohnheiten, seine Neigungen, sein Charakter und Gewissen und sein Temperament sind viel stabiler als die momentane Vornahme. Auf jene wird Erziehung wirken, wenn sie nicht nur ephemer, sondern eine Hilfe für das ganze Leben sein will.

Aus dem reichen Feld konstitutionswirksamer Erziehungsfelder sei die Temperamentenkunde herausgegriffen. Hier soll es erst einmal darum gehen, was das Temperament im allgemeinen und die Temperamente im besonderen sind.

Ein kurzer geschichtlicher Rückgriff sei vorausgeschickt. Die Bezeichnungen der Temperamente gehen auf den griechischen Arzt Hippokrates zurück (406 – 364 v.Chr.). Hippokrates gilt als der erste, der nicht mehr ein in die Mysterien eingeweihter Priesterarzt, sondern nur noch Arzt ist; mit ihm löst sich die Medizin aus der Theokratie etwa der Asklepioskulte heraus. Seine Krankheitslehre ist auf dieser historischen Schwelle ein Übergang der Mysterienweisheit zum ersten systematisierenden Verstandesdenken griechischen Geistes. Gesundheit und Krankheit sind darin nicht so sehr ein Ereignis einzelner Organe, sondern des Organsystems, das alle Organe durchzieht. Das ist in der hippokratischen Medizin das Flüssigkeitssystem.

Gesundheit und Krankheit sind durch die rechte oder unharmonische Mischung der Körpersäfte gegeben. Ist das Blut (sanguis) zu rasch, zu «leichtblütig», so besteht eine «sanguinische» Konstitution. Verschleimen die Körpersäfte, so daß alle Organfunktionen zu träge werden, so wird der Mensch von seinem «Phlegma» (= Schleim) bestimmt. Zu starker Gallenfluß ergibt den Choleriker (chole = Galle) und zu träge, eingedickte Galle den Melancholiker (melas = schwarz). Hygiene, Diätetik und Therapie hatten die Aufgabe, die Körpersäfte dadurch ins rechte Gleichgewicht zu bringen, daß ein Zuviel oder Zuwenig auszugleichen ist. Die vier griechischen Elemente des Festen, Flüssigen, Luftigen und Feurigen mit den Qualitäten trocken oder feucht, warm oder kalt spielen in dieser Ratio eine zentrale Rolle.

Diese hippokratische Humoralpathologie war durch alle Zeiten, bis in das letzte Jahrhundert hinein, die herrschende medizinische Richtung. So war auch in der medizinisch orientierten Seelenkunde der Barockzeit die Temperamentenlehre fester Bestandteil und gehörte zum Grundlagenwissen der praktischen Pädagogik, die fast jeder Lehrer auch noch im 19. Jahrhundert zu lernen hatte.

Inzwischen geschahen umwälzende Paradigmenwechsel in den Naturwissenschaften. Was sich davon in der Biologie abspielte, das tauchte fast alles als Fragestellung bei J. W. Goethe auf. Das 17. und 18. Jahrhundert hatte sich aufs Sammeln und Katalogisieren beschränkt. Nun erst suchte man das allen Pflanzen Gemeinsame. Goethe konzipierte die «Urpflanze» als eine Zeitgestalt im mehrfachen Ausdehnen und Zusammenziehen der Blattgestalten. Auch die Blüten- und Fruchtbildungen ließen sich damit verstehen. Was aber ist mit den niederen Pflanzen, die weder Stengel noch Blätter haben: Algen, Pilze, Flechten etc.?

Die Antwort glaubte man unter dem Mikroskop entdeckt zu haben (Matthias Schleiden, 1838). Alle Pflanzen haben Zellen. Also ist wohl die eigentliche Urpflanze die Zelle. Und nicht nur das: auch die Mikroben, alle Tiere und der Mensch bestehen aus Zellen. Nun verallgemeinerte man: Alle Organismen bestehen aus Zellen. Die Probleme der prokaryonten und plasmodialen Organismen sowie die Frage der Interzellularsubstanz als ebenso konstitutiv für jeden Organismus gerieten aus dem Blickfeld. Denn die «Allgemeine Zelltheorie der Organismen» hatte bald ihre durchschlagende Wirkung in der Medizin. Rudolf Virchow führte in seiner «Zellularpathologie» Krankheit und Gesundheit des ganzen Organismus auf Krankheit oder Gesundheit einzelner Zellen zurück. Der Siegeszug gegen Infektionskrankheiten mit Desinfektion, Impfung und Chemotherapie begann und hat uns von diesen Seuchen nahezu befreit. Integrale Funktionsbereiche des Organismus, wie das Herz-Kreislauf-System oder die Nervenorganisation, sind aber mit jenem vorwiegend analytischen Konzept nicht beherrschbar. Kreislaufversagen und Herzinfarkt sind häufige Todesursachen geworden, die Nervenkrankheiten nehmen zu. Zwar haben die Hormonforschung und Immunologie die Bedeutung der Säftelehre streckenweise rehabilitiert. Aber die Geschwulstkrankheiten stehen weiterhin im unentschiedenen wissenschaftlichen Diskussionsfeld, ob es sich um zelluläre oder gesamtorganische Ursachenkomplexe handelt.

Dieser Ausflug in die Medizin sollte historisch deutlich machen, daß mit der Verdrängung der alten Säftelehre durch die analytischen Methoden im letzten Jahrhundert die alte Temperamentenlehre auch in der Psychologie und Pädagogik unseres Jahrhunderts rasch über Bord geworfen wurde. Das hat seine historische Stringenz. Mag auch in der alten Temperamentenlehre manche Lebenserfahrung, ja die Beobachtung psychosomatischer Zusammenhänge stecken, nach über zweitausend Jahren ist sie in dieser Art an ihr Ende gekommen.

Wenn man heute mit etwas Neuem auffallen möchte, so schafft man ein neues Wortgewand, die Gedankenform aber bleibt die alte. In der anthroposophischen Menschenkunde liegt das Umgekehrte vor. Mag die Wortwahl öfter an alte Ausdrucksformen erinnern, der Erkenntnisinhalt ist neu gegriffen. So auch die Einführung der Temperamentenkunde in die Waldorfpädagogik durch Rudolf Steiner. Nirgends knüpft er dabei an die antike Säftelehre inhaltlich an; der Rückgriff auf Hippokrates findet bei ihm nicht statt. Sein Ansatz ist methodisch ein ganz anderer. Er besteht in unbeschnittener Menschenerkenntnis, nichts anderes will der Terminus *Anthroposophie* besagen. Es geht ihm um den Aufbau einer Menschenerkenntnis, die immer bereit ist, dann die Gedankenform zu ändern, wenn sie einer weiteren Schicht von Wirklichkeit nicht mehr gewachsen ist. Es ergab sich für Rudolf Steiner dasjenige, was die Temperamente sind, aus der Natur des Menschen selber.[54]

Achtet man beim Menschen auf das, was reinen Gegenstandscharakter hat, so ist es die stoffliche Zusammensetzung seines Leibes. Räumliche Ausdehnung chemischer Substanzen in gestalteter Anordnung machen seine Physis aus.

Aber die menschliche Organisation hat auch an der Zeitqualität teil. Schon im Stoff- und Energiewechsel bleibt nichts auf Dauer bestehen, sondern befindet sich fortwährend im Durchfluß, und das in einer geordneten Zeitgestalt mit beweglich eingehaltenen Entwicklungsstufen und artspezifischer Lebensdauer. Diese Zeitorganisation besitzt bei aller Variationsfähigkeit ihre eigene Autonomie. Rudolf Steiner nennt sie den *Zeitleib* oder *Ätherleib*, ein Ausdruck, den vor ihm schon der Philosoph Immanuel Hermann Fichte dafür verwandte.[55] Da dieser «Leib» das Vermögen alles organischen Lebens darstellt, können wir ihn auch *Lebensleib* nennen, ohne uns ein Räumliches darunter vorzustellen. Die Chronobiologie, ein junger, expandierender Wissenschaftszweig, widmet sich der Erfassung gerade der Zeitgestalt der biologischen Rhythmen.[56]

Physischer Leib und Lebensleib bilden die biologisch-kreatürliche Seite des Menschen. Sie allein sind beim im Tiefschlaf liegenden Menschen vorhanden. Nähert er sich dem Erwachen, tritt die subjektive Welt der Träume in Empfindungen, Gefühlen und Vorstellungen auf. Die seelische Welt läßt sich nicht gegenständlich im Raum und auch nicht chronobiologisch beschreiben, sondern sie ist innerseelisch evident. Bei näherem Zusehen ist diese erste seelische Schicht unserer Sympathie- und Antipathiefähigkeit, Lust und Unlust, Genuß und Ekel, Affekt und Emotion, so subjektiv sie erlebt werden, doch von naturhafter Anbindung. Einiges davon ist erbliche Mitgift und deutet unsere Verwandtschaft mit der Tierwelt an, wie der Lebensleib die «Pflanze Mensch» an uns ist. Diese sowohl nichträumliche wie nichtzeitliche Subjekthaftigkeit ist leibgebunden und stellt in ihrer eigenen Qualität eine dritte Art von Leiblichkeit dar, die Rudolf Steiner[57] *Empfindungsleib* oder auch *Astralleib* nennt, eine Bezeichnung, die schon Paracelsus verwandte.

Der unbeherrschte Mensch, der die Empfindsamkeit seines Empfindungsleibes auslebt, ist mehr als nur der Schläfer. Und doch erlebt er im Kern seines Innerseelischen sich davon überwältigt und unfrei. Nicht das Seelische, was wir als aufgeprägtes oder angeerbtes Verhalten bei einiger Selbsterkenntnis an uns entdecken, sondern dasjenige, was im eigenen Seelenmeer selbst zu entscheiden versucht, gibt uns die Erfahrung individuellster Freiheit. Es ist die Kraft zur Eigenverantwortung, zur Selbstwahrnehmung und Selbstkontrolle, zu eigenster Lebensgestaltung und freier Zuwendung an den Mitmenschen. Nicht daß das alles gelingt, ist das Charakteristische dieser vierten Wirklichkeitswelt in jedem Menschen, sondern daß etwas in ihm ist, was solches immerwährend sucht, um voll Mensch sein zu können. Rudolf Steiner nennt es einmal die *Seele in der Seele* oder mit dem Wort, mit dem jeder dieses Einmalige seiner selbst ab drei Jahren bezeichnet: das *Ich.* Dieses Ich unterscheidet den Menschen vom Tier, entscheidet über seine Existenz als Mensch.

In Kürze sollte damit auf die vierfache Vielschichtigkeit der menschlichen Existenz als Grundlage einer allgemeinen Menschenkunde eingegangen werden. Damit haben wir eine erste Voraussetzung für die weitere Betrachtung. Ohne in die zugehörige Wissenschaftsmethodik hier einzutreten, sei noch auf das Problem der Objektivierbarkeit eingegangen. Objektcharakter hat rein nur die physische Existenz. Das Empfindungsleben sagt oft mehr über den Empfindenden aus als über das Empfundene, ist also subjektiv, konstituiert aber gerade darin einen ersten eigenständigen Persönlichkeitsraum des Menschen, der alles andere außerhalb des Empfindungsleibes zu Objekten zu machen versucht.

Die Qualität des Lebensleibes hingegen erweist sich bei näherem Abtasten durch Erfahrung und Bedenken weder als objektiv noch als subjektiv. Er läßt sich nicht im Außenraum faktoriell vorfinden (die

Selbsttäuschung des Vitalismus) noch ungeschmälert subjektiv bewußt machen (die Selbsttäuschung der Tiefenpsychologie). Er ist jenseits der Spaltung von Subjekt und Objekt, weil er weder im Raume vorzufinden ist noch im Bewußtsein, sondern übersinnlich (vom Physischen her gesehen) und unbewußt (vom Seelischen her gesehen) ist. Das Philosophenproblem, wie Leib und Seele zusammenhängen, war deshalb weder von der Objektwelt noch aus dem Subjekt beantwortbar, weil die Brücke zwischen beiden die Lebensleiblichkeit ist. Sie ist jenseits der Subjekt-Objekt-Spaltung und kann gerade deshalb die Verbindung zwischen physischem Leib und Empfindungsleib bilden, weil sie mit keinem der beiden Seiten identisch, sondern mit beiden zu kommunizieren fähig ist. Die Erforschung des Lebensleibes bildet die Antwort auf das Leib-Seele-Problem. Mit ihm hat die Psychosomatik zu tun, wenn sie die psychogenen Erkrankungen physischer Organe therapiert. Und mit ihm muß es jede Pädagogik zu tun haben, die nicht nur ephemeres Wissen für wenige Jahre, sondern ein reiches seelisches Kennen und Können im physischen Leib so verankert, daß das Ich darüber in Freiheit verfügen kann.

Mit dem Lebensleib ist jener Bereich gekennzeichnet, welchem die Neigungen, Gewohnheiten, Charaktereigenschaften und all das innewohnen, was man die Temperamente nannte. Sie sind primär keine psychologischen Konstitutionen des *Empfindungsleibes*, sondern unbewußt das Verhalten färbende Eigentümlichkeiten des *Lebensleibes.* Die anthroposophische Menschenkunde beachtet mit den Temperamenten die Differenzierungen des Lebensleibes im einzelnen. Rudolf Steiner knüpft damit nicht an die antikisierende und auch nicht an die psychologisierende Temperamentenlehre des 19. Jahrhunderts an, sondern an seine eigene «Erfahrungserkenntnis» der Wesensglieder des Menschen. Sie finden sich im 20. Jahrhundert nicht nur bei Rudolf Steiner, sondern auch in der Ontologie Nicolai Hartmanns,[58] auf die sich manche Wissenschaftskreise, z.B. Morphologen wie Wilhelm Troll und Ethnologen wie Konrad Lorenz, berufen. Während aber das, was bei Nicolai Hartmann philosophisches System bleibt, an Grenzerfahrungen rein gedanklich gefolgert wird, gehen die Darstellungen Steiners von Erfahrung auch in den Bereichen aus, die nicht sinnesgebunden objektiviert werden können. Dadurch werden die Inhalte und die kulturellen Folgen der Anthroposophie viel konkreter und können in das Leben eingreifen.

Rudolf Steiners Ansatz für unser Thema ist nun der, daß es vier Temperamente gibt, weil der Mensch durch seine vier Wesensglieder realer Mensch ist. Die Temperamente sind damit keine krankhaften Konstitutionen mehr, sondern Ausprägung all dessen, was zum Menschsein gehört. Alle vier Temperamente sitzen zwar gleichsam im Lebensleib, aber dieser arbeitet je nach Temperament mit den anderen Wesensgliedern zusammen.

Ist ein Mensch nun so veranlagt, daß er einen besonders starken Lebensleib hat, der weitgehend mit sich selbst zu tun hat und in seinen vitalen Rhythmen stabil lebt, dann herrscht bei ihm das phlegmatische Temperament vor, das ein ausgesprochen lebensbejahendes ist.

Ist die Lebensleiblichkeit eines Menschen hingegen besonders für alle Einflüsse des emotionalen Seelenlebens offen, so ist er sehr viel stimmungsabhängiger, anpassungsfähiger, flexibler. Dieser Mensch ist leicht beeindruckbar, liebt die Abwechslung und zeichnet sich durch unbeschränkte mitmenschliche Kontaktfähigkeit und Versatilität aus. Der Gewohnheitsmensch wird stark vom rascheren Seelenvermögen beeinflußt. Das macht das sanguinische Temperament aus. Begrifflich gesprochen besteht es in einer engen Verwachsung des Lebensleibes mit dem Empfindungsleib.

Besteht eine starke Neigung, die Führungskraft des Ich unvermittelt durchschlagen zu lassen, sind Initiativkraft und Durchsetzungsvermögen für notwendig erkannte Ziele rasch bei der Hand, so besteht die temperamentsmäßige Haltung des Lebensleibes in einer besonders starken Beziehung zur Ichorganisation. Das bestimmt den echten Choleriker.

Der Melancholiker hat eine habituelle Neigung, mehr als andere Menschen den eigenen physischen Leib wahrzunehmen. Dieser ist das Naturgesetzlichste an uns. Er macht uns die Begrenztheit eigener Willkür deutlich. Positive Resignation, daß die physische Welt zu akzeptieren ist, auch wenn ihre Kausalität noch so weit weg vom Freiheitsraum des Ich abliegt, sind seine Tugenden. Die innere Ergebenheit in die nicht von Wunsch und Willkür zu ändernde Wahrheit kennzeichnen ihn. Ernst und Wahrheitsliebe ist der Grundzug des Lebensleibes, der sich vermehrt vom physischen Leib bestimmen läßt.

Damit sind die Temperamente auf eine dem Menschen immanente Differenzierung gestellt, die dem umfänglichen modernen Verständnis zugänglich ist. Das Wichtigste dieser Erkenntnis aber ist, daß die Temperamente nicht Entgleisungen sind, sondern daß sie das ausmachen, was den Menschen Mensch sein läßt. Sie sind keine Belastungen, sondern Chancen. Wie jedes Wesensglied seinen existentiellen Beitrag zum Menschsein hat, so hat jedes Temperament den seinen, gerade auch im Zwischenmenschlichen. Wir müssen aufhören, die Temperamente verbal als Deklassierungen einzusetzen: «Dieses Phlegma», «wutschnaubende Cholerik» oder «ach, ein Melancholiker». Temperamente können entgleisen, wie jede Stärke zur Schwäche werden kann.

Anthroposophisch gesehen liegt letztlich vor: Jeder Mensch trägt, weil er den physischen Leib, den Lebensleib, den Empfindungsleib und die Ichorganisation zu eigen hat, alle vier Temperamente in sich, wenn auch immer wieder von Mensch zu Mensch, von Lebensalter zu Lebensalter verschieden gewichtet. Das reine Einzeltemperament ist selten, Doppel- und Dreifachtemperamente häufiger, alle vier Temperamente sind immer da. Die Temperamente als Karikaturen zu illustrieren oder als Pathologien zu bemitleiden findet sich zwar immer noch; als Faschingsspaß und Clownerie ist das harmlos, denn hier soll man über sich selbst lachen. Aber als menschenkundliche Pathologie wird die Temperamentenkunde gemeingefährlich und das Gegenteil von dem, was Rudolf Steiner beabsichtigte.

Das Temperament ist *Chance* und Aufgabe. Um die Chance wahrzunehmen, muß man sich heute erst wieder üben, von jedem Temperament die positive Seite sehen zu lernen. Welche Ruhe und Lebenssicherheit, Verläßlichkeit und Optimismus bringt der Phlegmatiker ein. Aufgeschlossenheit und unbefangene Kontaktfähigkeit sind unersetzliche Qualitäten des Sanguinikers. Entscheidende Weichenstellungen in verhärtete Gewohnheiten sozialer Traditionen zum Durchbruch zu bringen und die frische geistige Luft wieder herzustellen, beruht auf der Initiativkraft der gesunden Cholerik in jedem Menschen. Und der Melancholiker ist nicht der wehleidige Griesgram (das ist nur seine Entartung), sondern der im äußeren Leben bescheidene, vielleicht etwas linkische, zurückhaltende Mensch mit mehr Tiefgang und Durchblick, als die anderen ahnen können. Seine Bescheidenheit verbietet es, sich gut zu «verkaufen», sondern sie legt ihm auf zu warten, bis er gebraucht wird.

Aber: Klingen mit diesen althergebrachten Termini nicht doch wieder Deklassierungen durch? Sollte man für die nicht zu verhindernden Fälle, daß die Leute nicht mitdenken, sondern sich doch nur wieder an ihre gewohnten Wortverwendungen halten, nicht besser die alten Bezeichnungen endlich abschaffen und unmißverständliche und damit bessere Termini kreieren? Rudolf Steiner entschloß sich zum Umgekehrten, wohl wissend, daß mit neuen Worten zwar das Lustgefühl, modern zu sein, steigt, aber die Menschen davon allein das Denken noch nicht lernen werden. Lieber mit alten Worten neue Begriffe beschreiben, als in neue Worte nur alte Begriffe einfüllen, die, wenn auch später erst, einen um so schaleren Geschmack hinterlassen.

Das Temperament ist Chance und *Aufgabe.* Talente taugen auf Dauer nur, wenn sie verändert und weiterentwickelt werden. Die Stärke kann mit der Zeit in die Schwäche umschlagen. Die Folgen eines unverwandelten Lehrertemperamentes bei dem ihm anvertrauten Schulkind hat Rudolf Steiner in seinen letzten Vorträgen für die Stuttgarter Waldorflehrer dargestellt; sie können dort nachgelesen werden.[59]

Wir gehen im weiteren von der Entdeckung Rudolf Steiners aus, daß die Temperamente im Lebensleib zu Hause sind und von dessen Zusammenspiel, Zusammenarbeit mit sich selbst oder den anderen Wesensgliedern herrühren. So hängen zusammen:

Ichorganisation	–	Cholerik
Empfindungsleib	–	Sanguinik
Lebensleib	–	Phlegmatik
physischer Leib	–	Melancholik

Rudolf Steiner bemerkte dazu, daß diese Entsprechungen sich so nicht beim Kinde beobachten lassen. Schon in der ersten Seminarbesprechung mit dem ersten Waldorfschulkollegium vom 21.8.1919 kommt er auf den anders gearteten Zusammenhang mit den kindlichen Wesensgliedern zu sprechen.[60] Ohne denselben gleich zu nennen, sei der Blick zuerst auf diese Andersartigkeit gelenkt, denn jeder kann sie bei einiger Aufmerksamkeit selbst entdecken. Die vier Wesensglieder sind beim Kinde eben noch in einem ganz anderen Zustand als beim Erwachsenen.

Schon für den physischen Leib stellt sich die Frage, worin er anders beschaffen ist als später. Solange er noch nicht erwachsen ist, befindet er sich eben im Wachstum. Er ist noch stark von den biologischen Aufbauprozessen durchzogen. Der physische Leib wirkt so, daß er mit den Qualitäten des Lebensleibes engstens verwachsen ist. Er erscheint physiognomisch so, als ob er zugleich der Lebensleib wäre. Das macht den besonderen Schimmer der kindlichen Gestalt aus. Dieses starke Durchsetztsein des Raumleibes vom Zeitleib bewirkt, daß eine Vorherrschaft des physischen Leibes nicht einen melancholischen, sondern einen ausgesprochen phlegmatisch-vitalen Grundzug des Kindes hervorkehrt.

Achten wir auf den kindlichen Lebensleib selbst, diesen Träger von Neigungen und Gewohnheiten, so ist er auffallend unstet. Wilhelm Hansen hat diese Seite kindlichen Verhaltens beschrieben.[61] Das Kind ist leicht ablenkbar, wechselt sofort seine Strebensrichtung, wenn neue Eindrücke auftauchen. So sehr es seelisch an Gewohntem geradezu zeremoniell festhält, so anpassungsfähig ist es unbewußt. Zieht eine Familie um, sind es die Kinder, die sich seelisch zuerst sträuben, am neuen Ort aber sich am raschesten zu Hause fühlen. Dialekte oder Fremdsprachen werden leicht übernommen, wozu der erwachsene Gewohnheitsleib sich oft nicht mehr bequemt, weil er zu stabil geworden ist. Der Lebensleib des Kindes ist offensichtlich von einer Flexibilität durchsetzt, die im Erwachsenenalter nur noch der Empfindungsleib besitzt. Jede seelische Veränderung wirkt beim Kinde sofort in das Lebensgefüge der Organe. Deren Krankheit und Gesundheit wird vom seelischen Befinden sogleich beeinflußt. Jede seelische Störung führt zu Appetitlosigkeit, Schlafstörung etc., und nur eine harmonische seelische Umgebung gibt dem kindlichen Lebensleib die Möglichkeit, den eigenen Organismus richtig gedeihen und wachsen zu lassen.

Das cholerische Temperament entspringt im Kindesalter noch nicht dem eigenen Ich. Selbstkontrolle ist dem Kinde noch wenig möglich. Die kindliche Cholerik ist viel reiner, ein unmittelbarer seelischer Affekt, hoch emotional geladen. Sie sitzt im Empfindungsleib. Nicht das Ich selbst, sondern eine Ichfarbe des kindlichen Empfindungslebens, eine viel konstitutioneller gebundene Leibhaftigkeit gerät im kindlichen Zorn in Erregung.

Blicken wir zurück, so finden sich beim Kind andere Bezüge zu seinen «Leibern». Verglichen mit dem Erwachsenen zeigt sich eine eigenartige Verschiebung der Temperamentsbezüge zu den Wesensgliedern. Das hängt mit deren Andersartigkeit im Kindesalter selbst zusammen. Sie sind noch deutlich durchgängig wie von dem jeweiligen nächsthöheren Wesensglied durchmischt und durchwoben: Der physische Leib wirkt noch viel lebendiger, der Lebensleib empfindungsoffener, der Empfindungsleib wie ein Quasi-Ich. In der ersten Form ihres Auftretens sind sie von den Qualitäten der jeweils höheren Existenz tangiert. Wirken deshalb Kinder so halb über-irdisch, noch nicht ganz von dieser Welt? Es klären sich von hier aus viele Probleme im Umgang mit den Temperamenten in der Erziehung. Wir dürfen nicht vom Verständnis unseres Erwachsenenzustandes auf das Andersartige des Kindes schließen. Es zeigt sich dann für das Kind:

Empfindungsleib	–	Cholerik
Lebensleib	–	Sanguinik
physischer Leib	–	Phlegmatik

Offen und besonders rätselhaft erscheint die temperamentsmäßige Wirkung eines starken Ich in der Kindheit. Es bleibt nur die Melancholie übrig. Auch wenn wir sie positiv auffassen, erscheint sie nicht ohne weiteres mit einer besonderen Affinität zur Ichfähigkeit ausgestaltet. Aber Rudolf Steiner spricht jedenfalls davon, und zwar in Hinsicht auf die ersten Kindheitsjahre:

«Waltet das Ich besonders vor, das heißt, ist das Ich beim Kind schon sehr stark entwickelt, dann tritt uns das Kind entgegen mit einem melancholischen Temperament. Man verkennt diese Tatsache leicht, weil man melancholische Kinder manchmal als bevorzugte Wesen ansieht. Eigentlich beruht die melancholische Anlage beim Kinde auf einem Vorherrschen des Ich in den allerersten Jahren.»[62]

Welcher Erfahrungsraum liegt hier vor? Hat man die frühe Kindheit schöpferisch bedeutender Menschen daraufhin einmal untersucht? Man erwartet aus dem Obigen eine Durchsetzung des Ich von noch höheren, über dem Menschen-Ich stehenden Wirkungen. Und nun trifft man in dem Hinweis von Rudolf Steiner auf das, was im Erwachsenenalter die verstärkte Erfahrung des physischen Leibes in der nur äußeren Gegenstandswelt ist. Was entspricht dem im Kinde? Wir treffen hier auf eine Diskrepanz, die offensichtlich mehr verlangt, als wir bisher verfolgen konnten.

Es ist bekannt, daß sich alte Menschen bis in die früheste Kindheit erinnern können. Der Schweizer Literat Carl Spitteler (1845 – 1924) hat im hohen Alter, als ihm die eigene Jugend und dann die Kindheit näherrückte, sich sogar bis in das erste Jahr zurückerinnern können.[63] Er schildert ergreifend das so völlig andere Daseinsgefühl: «Man kommt nicht jung auf die Welt und wird allmählich älter, sondern umgekehrt: anfänglich fühlt man sich uralt und erst viel später jung.»

Der französische Soziologe Philippe Ariès hat bei seinen Untersuchungen des Generationenverhältnisses beschrieben, daß in früheren Jahrhunderten das Kind viel ernster genommen wurde als heute.[64] Erst mit den Renaissancemalern, besonders durch Raffaels Madonnenbilder, wurde der kleinkindliche Charme, die spielerische Unbeschwertheit des Kindes entdeckt und hervorgehoben. In der mittelalterlichen Malerei der West- und Ostkirche aber wurden die Kinder vorwiegend ernst dargestellt. Das Jesuskind erscheint wie ein kleiner Erwachsener; die antike Kinderdarstellung des klassischen Griechenlands hielt es ebenso.[65] Das ernste Kind galt als ganz normal. Heute haben wohl nur mehr die Kinder den Eindruck, daß die Erwachsenen gar nicht wissen, wie ernst es ihnen in Wirklichkeit mit ihren Fragen, ihren Spielen, ihrem Leben ist. Das Spiel ist für das Kind angestrengte Arbeit und nicht «spielerisch». Sich völlig an einen Weltinhalt hingeben und wie selbstvergessen darin aufgehen, das ist die höchste Form der kindlichen Ichtätigkeit.

Es gibt zwei Wahrheitskriterien, die, wenn sie zusammentreffen, gemeinsam überzeugen können. Das eine ist die innere Stimmigkeit erkenntnismäßiger Einsichtnahme, das andere die Fruchtbarkeit und praxisvolle Bestätigung im Leben. Beides gehört zur Denk- und Lebenserfahrung mit dem anthroposophischen Temperamentenverständnis und ihrer Unterrichtsmethodik seit mehr als 60 Jahren in der Waldorfschulpraxis. Und doch blieb immer offen, was diese Verschiebung der kindlichen Temperamente zum Erwachsenentemperament bedeutet. Daß sie mit der Verwandlung der Wesensglieder selbst zu tun hat, haben wir beobachten können. Wieso sind aber die Wesensglieder des Kindes so anders? Und warum tragen sie noch etwas von dem nächsthöheren Wesensglied tatsächlich in sich? Erst wenn hier der Einblick möglich ist, können wir die Kinder in ihren Temperamenten besser einschätzen lernen und ihnen im pädagogischen Tun entgegenkommen.

Rudolf Steiner hat die Verschiebung zwischen dem Erwachsenen- und Kindertemperament nicht expressis verbis ausgeführt. Im Aufbau der ersten Waldorfschule ging es ihm in der methodischen Behandlung der Temperamente deutlich um Praxisnähe. Und doch finden sich in der Anthroposophie alle Voraussetzungen, um eine solche Frage weiterzubringen.

Der Mensch ist in seinen Erkenntnisorganen so beschaffen, daß er sich nach anfänglichen Gesamteindrücken erst einmal dadurch Klarheit verschaffen kann, daß er die Gegebenheiten in ihrer Vielfalt zu unterscheiden beginnt. So ist es auch notwendig, beim ersten anthroposophischen Studium der menschlichen Wesensglieder sich deren Unterschiede klarzumachen und herauszuarbeiten. Im lebendigen Menschen aber sind sie vielfach viel enger ineinander verwoben und im gegenseitigen Wechselbezug, als man sich das vorstellt. So ist eine nächste Verständnisstufe, das sie Verbindende, das «Übergängliche», ihre Verwandlung ineinander in den Blick zu bekommen. Das Denken gewinnt dann an weiterer Wirklichkeitsnähe. So tritt die Frage nach der Evolution der Wesensglieder hinzu. Der Mensch ist sowohl ein Gewordener wie ein fortwährend Werdender. Die Entwicklung seiner Wesensglieder schließt sich erst ganz durch die Entdeckung der Idee der Wiederverkörperung auf.

Das geschieht allerdings nur, wenn sie nicht im asiatischen Sinne als das ewig gleiche Rad der Wiederkehr aufgefaßt wird, sondern im abendländischen Sinne als echte Entwicklung. Der Marburger Religionsphilosoph Ernst Benz schreibt dazu: «Die ganze europäische Geistesgeschichte weist die Spuren immer neuer Einbrüche der Reinkarnationsidee auf.»[66] Kein Großer der neuzeitlichen Kulturgeschichte in Deutschland, der sie nicht als die zentrale Entwicklungsidee des Menschen und der Menschheit gedacht hat.[67] Von Erdenleben zu Erdenleben wächst und verwandelt sich das Ewigkeitswesen jedes Menschen und nimmt an der geschichtlichen Dimension der Menschheit fortwährend teil.

Rudolf Steiner konkretisierte die damit verbundenen Vorgänge. Nicht nur das Ich des Menschen gestaltet sich durch jede neue Erdenerfahrung und ihre Verarbeitung in der geistigen Welt neu, sondern ebenso verwandeln sich zugleich mit ihm die anderen Wesensglieder. Dieser Einblick macht den Zusammenhang zwischen der physischen, lebendigen, seelischen und geistigen Organisation des Menschen näher ansichtig und verstehbar.

Hier hilft eine geisteswissenschaftliche Schilderung[68] Rudolf Steiners weiter, die die individuelle Evolution der Wesensglieder anspricht. Vor den theosophischen Zuhörern verwandte er die ihnen gebräuchlicheren Ausdrücke *Ätherleib* für Lebensleib, und *Astralleib* für Empfindungsleib. Von einer näheren Beschreibung des physischen Dreibogengang-Organs im menschlichen Innenohr kommt

Rudolf Steiner auf den Zusammenhang des physischen Leibes mit den ihn bildenden und beeinflussenden anderen Wesensgliedern zu sprechen. Wir greifen die uns wichtigen Stellen heraus:

«So hängen zusammen die Bilder des Astralleibes mit den Kräften des Ätherleibes und den Organen des physischen Leibes. Der ganze physische Mensch in seinen plastischen Formen ist nichts anderes als ein Ergebnis, das entstanden ist aus den Bildern des Astralleibes und dem Kräftezusammenhang des Ätherleibes. Daher versteht niemand den physischen Leib, der nicht zuerst den astralen und den Ätherleib kennt. Der Astralleib ist der Vorgänger des Ätherleibes und der Ätherleib der Vorgänger des physischen Leibes. So kompliziert sich die Sache.»

Im 6. Vortrag wird der Zusammenhang offengelegt:

«Hat man sein Leben gut angewendet, sich viel angeschaut, reichliche Kenntnisse erworben, so ist die Folge davon, daß der Astralleib im nächsten Leben mit besonderen Begabungen nach diesen Richtungen hin geboren wird. Erlebnisse und Erfahrungen also prägen sich in der nächsten Verkörperung im Astralleib aus. [...]

Was man aber empfindet, fühlt, Lust und Leid, was inneres Erleben der Seele ist, das wirkt in der nächsten Verkörperung bis auf den Ätherleib und bewirkt eine bleibende Neigung in ihm. [...]

Das, wovon der Ätherleib der Träger ist in diesem Leben, der bleibende Charakter, die Anlagen usw., das tritt im nächsten Leben im physischen Leibe auf, und zwar so, daß zum Beispiel ein Mensch, der in einem Leben schlechte Neigungen und Leidenschaften entwickelt hat, im nächsten Leben mit einem ungesunden physischen Körper geboren wird. [...]

Sie sehen, wir leben von innen nach außen. Was im Astralleib lebt als Freude, Schmerz, Lust und Leid, erscheint wieder im Ätherleibe; was im Ätherleibe wurzelt an Trieben und Leidenschaften, erscheint im physischen Leibe als Disposition; was man aber hier tut, so daß man den physischen Leib dazu gebraucht, das erscheint als äußeres Schicksal in der nächsten Verkörperung. So wird das, was der Astralleib tut, zum Schicksal des Ätherleibes; der Ätherleib wird zum Schicksal des physischen Leibes, und was der physische Leib tut, das kommt als Wirkung von außen in der nächsten Verkörperung als eine physische Wirklichkeit zurück.»

So wird die Wesensgliedernatur des Menschen nicht nur in ihren unterschiedlichen Wirklichkeitsebenen aufgetrennt, sondern ihr Gewordensein und künftiges Werden verdeutlicht. Wie sie zusammenhängen, ineinander übergehen und genetisch auseinander hervorgehen, das führt uns an ein vertieftes Schicksalsverständnis der Menschenwesenheit heran. So trägt der Mensch in seinem Empfindungsleib nicht nur Vererbtes seiner Vorfahren und durch Erziehung Erworbenes in sich, sondern auch eine Grundqualität als Begabungen und Talente, die sich das Ich aus freiem Interesse im vorherigen Leben zugelegt hat. Die Güte seines Lebensleibes, wie stark er zu Krankheit und Gesundheit neigt, ist so auch nicht nur durch Vererbung und Milieu allein bestimmt, sondern durch das, was sich der Mensch im vorherigen Leben als Kultur seines Empfindungslebens aneignen konnte und was sein Ich im vorletzten Leben veranlagt hat.

Das vollkommenste der vier Wesensglieder ist der physische Leib. Seine Gestaltung, bis in den biochemischen Feinbau, ist von solcher leibgewordenen Weisheit und unbewußten Intelligenz durchsetzt, daß sämtliches menschliche Wissen ihn nicht konstituieren kann. Schon was in einer Leberzelle sich in jedem Augenblick abspielt, übertrifft alles Können der Laborchemie. Dreimal zwischen Tod und neuer Geburt hat die geistige Welt daran vorgearbeitet, und dreimal in den drei Erdenleben vorher hat das Ich an sich, an seinem Empfindungsleben und an seinem Lebensleib dazu mitvorbereitet. So trägt der Mensch in seinen drei Leibern die Ichtätigkeit aus drei früheren Inkarnationen mit sich. In seinem Empfindungsleib die Früchte aus dem letzten Leben, in seinem Ätherleib den Icheinsatz seines vorletzten Lebens und in seinem physischen Leib das, was das Ich im vorvorletzten Leben frei veranlagen konnte. So stammt seine leibliche Natur mit aus seinem Geistkern, jedesmal ichferner geworden, aber jedesmal auch stärker und weisheitsvoller metamorphosiert durch die ihn ordnenden, ihm beistehenden Geistmächte zwischen Tod und neuer Geburt. Damit fällt der Geheimnisschleier von dem

Konflikt des Ich mit seinen Leiblichkeiten, die ihm stufenweise fremd und doch zugleich schicksalsmäßig zugehörig vorkommen. Und in den von außen auf ihn treffenden Schicksalsschlägen oder unverdient erscheinenden Begünstigungen begegnet er nicht nur seinen früheren physischen Taten, seinen Trieben und Erlebnissen wieder, sondern sich selbst als Ich aus noch früheren Wirkungen.

Damit können sich nun auch die offenen Fragen um das Rätsel der kindlichen Temperamente lösen. Rudolf Steiner schilderte die Temperamente des Kindes so, daß sie dem jeweils höheren Wesensglied des ausgebildeten Erdenmenschen entsprechen. Diese Wesensgliederverschiebung erweist sich als die Auswirkung der Wiederverkörperung. Die kindlichen Wesensglieder erscheinen, wie sie im vorherigen Leben erwachsen betätigt wurden: Der Astralleib ichhaft, der Ätherleib seelenartig, der physische Leib lebensdurchpulst. Das vorherige Leben leuchtet mit seinem Abglanz in den Beginn dieses Lebens noch herein und gibt eine letzte Hilfestellung, die mitgeschenkte Hülle, aus der erst die diesmalige Eigenart der endgültigen Wesensglieder jeweils geboren werden kann. Wir dürfen das kindliche Temperament nur dann an unserem Erwachsenentemperament messen, wenn wir mit der Mitgift des vorherigen Erdenlebens im Kinde rechnen. Dann bemerken wir auch, daß darin die Kinder im Umwandlungsvorgang uns schon voraus sind.

Am rätselhaftesten ist die temperamentsmäßige Auswirkung des kindlichen Ich in der Melancholie. Für den Erwachsenen charakterisiert Rudolf Steiner die Melancholie darin, daß die Erfahrung des physischen Leibes die der anderen Wesensglieder übertönt. Was nun dieser physische Leib tut, hinterläßt seine Spuren in der Außenwelt. Diese Folgen werden im nächsten Leben karmisch gesucht und als äußeres Schicksal angetroffen. Die karmischen Folgen unserer physischen Taten gehen nicht wie bei den anderen Wesensgliedern in ein weiteres Wesensglied über, sondern in die äußere Welt und bleiben da als ein Teil derjenigen Kontinuität irdisch erhalten, die das Ich in der geistigen Welt von Erdenleben zu Erdenleben selbst darstellt.[69] In der Kindheit ist das Ich noch nicht im Leibe behaust, sondern im Umkreis seines werdenden Leibes anwesend. Die physische Umwelt ist ihm noch eine Art erweiterter physischer Leiblichkeit. Das in der Umwelt lebende Ich identifiziert sich geradezu karmisch mit ihr, und das heißt zugleich mit den Folgen der früheren physischen Tatwelt. Dadurch nimmt ein solches Vorwiegen des kindlichen Ich – und Rudolf Steiner spricht hierbei ja besonders von den «allerersten Jahren» – die melancholische Temperamentsfarbe an. Das Ich hat noch Außenweltcharakter (siehe dazu die Übersicht am Kapitelende).

Vieles, was das Kind aus- und darlebt, bringt es schon mit. So wie im Kindheitszustand das vorherige Leben in dieses Leben noch stark hineinwirkt, so wandelt sich das Temperament mit dem Ausreifen der Wesensglieder in der Kindheit und Jugend. – Für die Gesamtheit des Lebenslaufes kann man so auch fragen, ob es dem Lebensende zu nicht auch ein neuerliches Greisentemperament gibt. Das dominierende Wesensglied dürfte dann schon seine künftige Verwandlung in aller Zartheit andeuten. Jede neue Frage schließt uns für neue Wahrnehmungen auf. Auch dabei vom eigenen Erwachsenentemperament abzusehen, dazu können uns die Kinder helfen.

Erwachsener	Wesensglieder	Kind
Cholerik	Ich im Leibe / Ich in der Welt	Melancholik
Sanguinik	Astralleib	Cholerik
Phlegmatik	Ätherleib	Sanguinik
Melancholik	physischer Leib	Phlegmatik

Zu den Begriffen von Gesundheit und Krankheit und ihrem Wert für die Pädagogik

Jeder kennt in seinem Leben den Wechsel von Zeiten der Gesundheit mit solchen der Krankheit. Um so verblüffender war es, als sich bei der in der Öffentlichkeit geführten Diskussion über die Neufassung der Arzneimittelgesetzgebung herausstellte, daß es in der modernen Medizin keine gesicherten Begriffe von Gesundheit und Krankheit gibt. Gerhard Kienle schreibt in seinem Buch zu diesem Thema:

«Krankheit wird verschiedentlich als Negativbegriff der Gesundheit verwendet. Die Gesundheitsdefinition ist nun viel seltener als die Krankheitsdefinition, weil der Gesunde seinen Zustand zunächst als selbstverständlich empfindet und sich die Krankheit von der Gesundheit deutlich abhebt. Die World Health Organization (WHO) der UNESCO sagt, Gesundheit sei der ‹Zustand völligen körperlichen, seelischen und sozialen Wohlbefindens›, auf die jedermann ein Recht habe. Wäre die Definition der WHO unbeschränkt gültig, so wären u. a. schwere Arbeit, Erkenntnisringen, aber auch das Vertreten nichtopportunistischer Auffassungen Krankheiten. Parson knüpft den Gesundheitsbegriff an den Wertbegriff an: ‹Somatisch gesund ist, soziologisch definiert, der Zustand optimaler Fähigkeit zur wirksamen Erfüllung von für wertvoll gehaltenen Aufgaben.› Er geht damit über den Bereich des naturwissenschaftlich Erfaßbaren hinaus. Er läßt offen, wer den Wert festsetzt und wie es zu beurteilen ist, wenn jemand in seiner Wertsetzung von seiner Umwelt stark abweicht. Die speziellen Wertsetzungen stark asozialer Personen können eine Unanpaßbarkeit an die Erfordernisse der Existenzerhaltung knüpfen. Noch problematischer wird Parsons Definition im Hinblick auf Drogenabhängige, wenn der Drogenverbrauch der Lebenskonzeption entspricht.»[70]

Krankheit läßt sich auch nicht dadurch bestimmen, daß man sie als Abweichung vom statistischen Durchschnitt, der anerkannten Norm, definiert. Weder eine objektive noch subjektive Krankheitsbestimmung ist also möglich. Karl Jaspers[71] stimmt dem Nietzsche-Ausspruch zu: «Eine Gesundheit an sich gibt es nicht.» Es kann sich ein Mensch völlig gesund fühlen und doch schon objektiv den Beginn einer Krankheit in sich tragen. Und es kann sich ein Mensch somatisch unwohl fühlen, und doch aktiviert diese Befindlichkeit gerade seinen Lebenswillen, der ihn gesund sein läßt. Wir können nur feststellen, daß Krankheit oder Gesundheit als ein jeweils momentaner Zustand, als Status quo, nicht eindeutig ermittelbar sind.

Wir wollen uns aber auch nicht damit zufriedengeben, Gesundheit als Abwesenheit von Krankheit und Krankheit als Abwesenheit von Gesundheit zu bezeichnen, weil sonst diese Begriffe zu Verlegenheitsworten entarten. Versuchen wir einen neuen Ansatz, und zwar aus dem sinnvollen Umgang, den wir im realen Menschenleben mit den Ausdrücken «gesund» und «krank» letztlich verbinden. Was drücken wir damit aus, ohne es schon begrifflich fassen zu können? Was meinen wir, wenn wir von einem gesunden Kinde oder von einer Krankheitsneigung eines Kindes sprechen? Hebt man sich ins Bewußtsein, was wir damit aussprechen wollen, so wird deutlich, daß nicht der augenblickliche Status gemeint ist, sondern was im Augenblick an Zukunft antizipiert werden kann. Mit dem Wort «Gesundheit» bezeichnen wir unreflektiert die Zukunftsoffenheit, die wir in der Gegenwart wahrnehmen.

Krankheit ist dann die wahrgenommene Einschränkung an Zukunftsmöglichkeit. Gesundheit und Krankheit sind also im Kern antizipatorische Begriffe. Weil die weite oder verengte Zukunftsoffenheit der eigentliche Inhalt von Gesundheit und Krankheit ist, lassen sich beide Begriffe nicht als die Beschreibung eines nur gegenwärtigen Status quo auffassen. Sowohl der Kliniker wie der Psychiater kennen die Erfahrung, daß man erst nach gewissen Krankheiten sagen kann, was für Krankheiten es waren. Genaugenommen können wir über Gesundheit und Krankheit ganz sicher erst im nachhinein befinden. Und doch bezeichnen wir im täglichen Sprachgebrauch einen konkreten Menschen als krank oder gesund. Kann denn in der Gegenwart schon die Zukunftsmöglichkeit erfaßt werden? Damit ist das besondere Verhältnis des Organismus zum Zeitgeschehen angefragt.

Auf der physikalischen Ebene hat man die Zeitqualität zur vierten Achse im Raum-Zeit-Kontinuum reduziert. Zeit ist danach ein lineares, monotropes Geschehen, das im Nacheinander abläuft. Hierbei sind Vergangenheit und Zukunft klar zu trennen.

Im Lebendigen finden wir individualisierte, artspezifische und ökologische Zeitabläufe jedoch nicht nur von linearer, sondern von zyklischer Qualität: Anfang und Ende schließen sich immer wieder aufs neue zusammen. Während der Kristall in vollendeter Ruhe von vornherein seine endgültige Form besitzt und nur quantitativ wächst, kann ein Organismus nicht alle ihm möglichen Gestalten zugleich vorweisen. Was er realisiert, sind immer nur Ausschnitte einer viel größeren Potenz, und diese können erst im insgesamt durchlaufenen Gestaltspektrum des Lebenszyklus ein Ganzes ausmachen. Darin zeigt sich, daß in seiner Gegenwart der Organismus immer zugleich auch das Vergangenheitserbe und die Zukunftsbereitschaft organisch in sich trägt. Was in ihm bei aller Verwandlung vergangenheitsbedingte Konstanz bleibt, ist sein Erbgut. Was als Zukunftspotenz in ihm latent besteht, nämlich bei Schädigung wenigstens ein Minimum an Ganzheit wiederherstellen zu können, nennt die Physiologie Regenerationsfähigkeit oder restitutive Potenz. Die Tatsache der Vererbung und die Möglichkeit der Restitution kennzeichnen die Fähigkeit des Organismus, in seiner momentanen Gegenwart seine Vergangenheit und Zukunft gleichzeitig in sich zu tragen.

Auch auf der psychischen Ebene können wir diesen Sachverhalt vorfinden. Schon Augustinus bemerkte, daß man von Vergangenheit, Gegenwart und Zukunft genaugenommen gar nicht reden kann, weil weder die Vergangenheit noch die Zukunft anwesend, also vorfindbar sind und die Gegenwart ja das unendlich kleine Nichts ist:

«Weder das Zukünftige ist, noch das Vergangene; man kann auch von Rechts wegen nicht sagen, es gebe drei Zeiten, Vergangenheit, Gegenwart und Zukunft. Vielleicht sollte man vorsichtiger sagen: Es gibt drei Zeiten, Gegenwart des Vergangenen, Gegenwart des Gegenwärtigen und Gegenwart des Zukünftigen. Denn diese drei sind in der Seele, und anderswo sehe ich sie nicht. Gegenwart des Vergangenen ist die Erinnerung, Gegenwart des Gegenwärtigen die Anschauung, Gegenwart des Zukünftigen die Erwartung.»[72]

In der bewahrenden Gedächtnisfähigkeit, im wahrnehmenden Erleben und in der vorausnehmenden Hoffnung sind alle drei Zeiten faktisch immer in der gegenwärtigen menschlichen Seele vorhanden.

Die geistige Dimension führt uns endgültig aus der Linearität einer abstrakten Zeit heraus. Für das Geistige schildert Rudolf Steiner, daß während des Erdenlebens das höhere Wesen des Menschen keine im Nacheinander erfolgende Entwicklung durchmacht, sondern schicksaltragend und schicksalgestaltend aus dem Zeitlosen in die Biographie eingreift. Hier ist der Mensch einerseits mit den Ergebnissen einer früheren Existenz begabt, gestaltet das jetzige Leben und bereitet andererseits zugleich künftige Daseinsformen vor. Das Gleichzeitige von Vergangenheit, Gegenwart und Zukunft gehört hier zur vollkommenen Überzeitlichkeit.[73]

Zeit erscheint also nur in der physischen Welt als eine eindimensionale Richtung, das heißt wie eine räumlich gedachte Achse. Im Bereich des Lebendigen, des Beseelten und des Geistigen aber entpuppt sie sich erst in ihrem wahren Wesen: als strömendes Werden, das den Zusammenhang mit dem Vergangenen und Kommenden nie verliert. Sie ist viel mehr als nur der lineare Faden, an dem sich die Geschehnisse aufzureihen scheinen. Und das vollziehen wir in unserem gesunden Menschenverständnis, wenn wir von *gesund* und *krank* sprechen. Hier bringen wir in das Urteil die Realität der Vergangenheit und besonders der Zukunft in die Gegenwartswahrnehmung ein.

Daraus ergibt sich für den Arzt wie für den Pädagogen und Heilpädagogen ein eminent wichtiger Bewußtseinsschritt. Es wird nämlich erkenntnismäßig deutlich, was es damit auf sich hat, daß die leibliche Konstitution des Menschen, so leistungsfähig sie auch sein mag, eine eingeschränkte Zukunft hat. Das einzige Sichere, was man von ihr sagen kann, ist, daß sie einmal sterben wird.

Hier lohnt sich eine nähere biologische Betrachtung, denn nicht alle Lebewesen sterben. In der nicht eigenbeseelten Pflanzenwelt finden wir vielfach unbegrenzte Lebensfähigkeit. Fast von jedem Baum und Strauch kann man Stecklinge ziehen und ihn beliebig lange vegetativ weiter vermehren. Viele unserer Obst- und Rosensorten werden durch Pfropfen und Okulieren, also durch unbeschränktes Weiterwachstum ihrer Teile auf neuen Unterlagen, erhalten. Das älteste heute lebende Wesen ist mit 4600 Jahren eine kalifornische Bürstenkiefer (Pinus aristata).[74]

Die heutige Experimentalbiologie kann ganze Pflanzen aus einzelnen entnommenen Zellen vollständig regenerieren.[75] Diese potentiell unbeschränkte Lebenskraft macht die Pflanze zu urgesunden Wesen: Die Fortsetzung ihrer Lebensprozesse ist prinzipiell offen. Rudolf Steiner sagte einmal zu Ehrenfried Pfeiffer, einem Pionier der biologisch-dynamischen Wirtschaftsweise, daß es im Grunde gar keine Pflanzenkrankheiten gebe; die Pflanze sei immer gesund; wenn sie krank erscheine, liege das nicht an ihr, sondern am Boden oder an der Umwelt, die krank seien.

Beim Tier, insbesondere dem höheren Tier, liegen die Verhältnisse anders. Es trägt in der sogenannten Somatisierung seines Leibes die Lebensbeschränkung in sich. Die Zellteilungsrate ist auch bei optimalem Nährmilieu in Gewebekulturen eindeutig begrenzt.[76] Es gehört zu dem existentiellen Zusammenhang von leiblichem und seelischem Leben, daß mit der Ausbildung des eigenempfindenden Seelenvermögens beim höheren Tier die leibliche Existenz von sich aus ihr Ende hat. Das Tier ist nicht mehr das urgesunde Wesen. Mit neuen Begriffen verstehen wir, was Rudolf Steiner in einer umfassenden Weise vom Tier sagte:

«Es stimmt nicht zusammen seine Organisation mit der Erdenentwicklung. Wer das durchschaut – es haben es in der neueren Zeit eben wenige instinktiv durchschaut, Hegel unter anderem –, wer das durchschaut, der beantwortet sich die Frage: Was ist denn eigentlich das Tier in bezug auf seine Organisationsform? Die Natur wird krank, und die Krankheit der Natur ist das Tier, namentlich das höhere Tier. In der tierischen Organisation waltet die Krankheit der Natur, die Krankheit der ganzen Erde.»[77]

Diese gegenüber der Pflanze besondere Organisationsform des höheren Tieres betrifft nicht nur seine leibliche, sondern auch seine seelische Ebene. Es ist artspezifisch in seinen Empfindungen fixiert. Es ist dadurch kein geschichtliches Wesen und bleibt, allein gelassen, ohne Zukunft.

Der Mensch hat die Begrenzung seiner leiblichen Lebenszeit mit dem höheren Tier gemeinsam. In diesem Sinne ist seine Verleiblichung immer eine Kränkung seines Geistwesens. Er muß sich an unüberwindbare Beschränkungen durch die Annahme seiner leiblich festgelegten Konstitution, seines Geschlechtes und seines Rassenkreises ketten. Aber indem er die Leiblichkeit erfährt, tauchen nicht verdrängbare Fragen nach diesen Einschränkungen auf. Sie gipfeln in der nur dem Menschen möglichen Frage nach Geburt und Tod, nach dem Woher und Wohin, nach Präexistenz und Postexistenz. Die Tatsache, so fragen zu können und mit solchen Fragen sein Leben anders durchleben zu können, ist der erste Hinweis darauf, daß er ein sich dauernd weiterentwickelndes Ewigkeitswesen ist, das einen individuellen Geistkern in sich trägt. Indem er mit der Leibesorganisation und den Seelenattributen nicht identisch ist, besitzt er als Geistwesen unbeschränkte Zukunft. Und so auch verstehen wir erst Rudolf Steiner, als er den ersten Heilpädagogen davon sprach, daß der Geist des Menschen nicht krank werden kann, daß er immer gesund ist. Geisteskrankheiten gibt es nicht; nur Leib und Seele können erkranken.

Das aber gibt dem Erziehenden den rechten Enthusiasmus, die tätige Begeisterung, daß er sich sagen muß: Das Kind erfährt in seiner Leibwerdung immer irgendwo eine Erkrankung seines Daseins. Es ist immer ein zu heilendes Wesen. Erziehung kann nicht von beliebig vorhandener Gesundheit von Leib und Seele ausgehen, sie muß immer Therapie sein. Die Seele ist der gesundende Krankheitsverlauf für den Geist, an dem er mehr gewinnt, als es ihm in der geistigen Welt allein möglich ist.

Vor dem Geistkern des Kindes aber gilt das Wort des Dichters Carl Spitteler: «Kinder gibt es gar nicht, sie sind eine Erfindung der Erwachsenen.»[78] Hieran hat der Erzieher nichts zu erziehen, hierin ist ihm das Kind ebenbürtig, und wir können die Ehrfurcht vor dem Geiste am Kinde üben und dankbar zu jedem bekennen: Wie gut, daß es auch Dich gibt.

Zur Hygiene des Unterrichts

Die wohl provokanteste Äußerung Rudolf Steiners zum Ungenügen des Materialismus für das Menschen- und Weltverständnis ist: «Das ist die Tragik des Materialismus, daß er seine Blicke auf die Materie hinrichtet, aber von der Materie nichts mehr versteht, sondern gerade den Zusammenhang mit dem materiellen Dasein verliert.»[79] Man kann diese Äußerung begrifflich untersuchen und feststellen, daß diese scheinbare Paradoxie darauf beruht, daß zwar im Materialismus versucht wird, alle für immateriell gehaltenen Gegebenheiten aus der Gesetzlichkeit der Materie zu erklären, daß aber die Existenz der Materie selber damit als unerklärbar vorausgesetzt werden muß. Eine Ableitung aus geistiger Tätigkeit braucht nicht von Unverstandenem auszugehen, weil das Verstehen-Können als geistiger Vorgang die Durchschaubarkeit der eigenen Tätigkeit besitzt.

Es soll die obige Aussage Rudolf Steiners im Folgenden jedoch auf die Lebenspraxis hin behandelt werden. So gehört es zu den Lebensverhältnissen anthroposophisch orientierter Pädagogik, daß die Leibesnatur des Kindes weitaus stärker beachtet wird als in allen anderen heutigen Erziehungssystemen. Es gibt kaum einen der etwa 200 pädagogischen Vorträge Rudolf Steiners, in welchem nicht zu den Beschreibungen der seelisch-geistigen Organisation des Kindes seine physisch-leibliche Existenz bewußt hinzugezogen wurde: «Sie müssen bedenken, daß ja das Kind, während Sie es unterrichten und erziehen, auch noch etwas anderes zu tun hat als dasjenige, was Sie mit ihm machen: Das Kind muß wachsen. Was heißt das aber? Das heißt: Sie dürfen durch Ihren Unterricht und Ihr Erziehen das Wachstum nicht stören. Sie dürfen nur so erziehen und unterrichten, daß Sie mit diesem Erziehen und Unterrichten neben dem Bedürfnis des Wachstums einhergehen.»[80] Der Lehrer müsse ein guter Kamerad der Naturentwicklung des Kindes werden. Das könne er aber nicht, wenn er nicht wisse, wie er durch das Erziehen und Unterrichten einen gewissen Einfluß auf das Wachstum des Kindes nehmen kann.

Jede Pädagogik, welche diesen Zusammenhang nicht kennt, wirkt gesundheitsschädlich. Das Thema «Schule macht krank» ist in den letzten Jahren zum öffentlichen Thema geworden, wenn es auch zumeist nur bei der berechtigten Kritik stehenblieb.[81]

Es gehört zur Stärke der Waldorfpädagogik, die physiologische Seite des Kindes im Unterricht selbst zu berücksichtigen.[82] Das rechte Atmen- und Schlafenkönnen, die feinere Ausbildung der Sprachorgane durch den Fremdsprachenunterricht schon in den ersten Klassen, die beseelte Bewegung der Eurythmie als konstitutionswirksame Hygiene, der bewußte Wechsel zwischen Humor und Ernst in jeder Unterrichtsstunde in seiner Wirkung auf den kindlichen Organismus sind die Erziehungsaufgaben, welche in ihrer Auswirkung zeigen: Ein geistig orientiertes Menschenverständnis macht auch die Leibesnatur verstehbar und leitbar. Herkömmliche Erziehungsformen kümmern sich um die Leiblichkeit des Kindes pädagogisch wenig.

Als Anfang der siebziger Jahre eine baden-württembergische Waldorfschule ihre Baupläne der zuständigen Schulbehörde unterbreitete, war die Antwort, daß die Baukonzeption nicht auf dem neuesten Stand der Schulbauarchitektur sei: Um unabhängig von den wechselnden Tageslichtverhältnissen zu sein, wären Gebäude ohne Fenster mit ausschließlich künstlichem Licht vorzuziehen, wie es in den großen Kaufhäusern längst der Fall sei. Nun erschien zur gleichen Zeit eine medizinische Arbeit über «Die Wirkung von Tages- und Kunstlicht auf den tierischen und menschlichen Organismus»,[83] in welcher die physiologische Auswirkung des Kunstlichtes auf die hormonale Regulation besonders durch den Verlust des natürlichen Tag-Nacht-Rhythmus beschrieben wurde. Die vegetativen Störungen bei Kaufhausbediensteten sind schon lange bekannt. Das Schulamt zog daraufhin seine Einwände zurück.

Gerade der rhythmisch regelmäßige Wechsel in der physiologischen Beanspruchung ist eines der stärksten Erziehungsmittel. Die Organrhythmen sind dem Kinde nicht angeboren, sondern es ist nur die Veranlagung dazu vorgegeben. Zur Ausbildung einer «endogenen» Rhythmik ist die passende Umwelt während der Entwicklung als sogenannter Zeitgeber unabdingbar. Das Kind baut sich durch die gesamte Kindheit hindurch seine endogene Organrhythmik überhaupt erst auf, die besonders stabil auszubilden ist, weil das Berufsleben im Erwachsenenalter inmitten unserer technologischen Zivilisation unvermeidlich zur Unrhythmik zwingt. Um unsere Kinder auf die weiterhin zunehmende technische Welt vorzubereiten, ist zur Absicherung der leiblichen Gesundheit die rhythmische Gestaltung des kindlichen Lebens von bestimmender Auswirkung.

Vier Zeitrhythmen fallen besonders ins Gewicht: der Tag, die Woche, der Monat, das Jahr. Während auf den Tageslauf und ebenso auf die Jahresgestaltung neben der Schule auch das Elternhaus mitwirkt, kommt für den Wochen- und Monatsrhythmus überwiegend das Schulleben in Betracht. Für die Woche ist es der Stundenplan, welcher seine eigene pädagogische Wirkung für die leiblich-seelische Hygiene besitzt. Jeder Lehrer weiß, wie erschwert seine Arbeit ist, wenn sich etwa seine Sprachstunden in einer Ecke der Woche häufen, Religion kann man schlecht nach Turnen geben, Mathematik jedoch gut nach Eurythmie. Die äußeren Bedingungen schränken in jeder Schule die Hygiene des Stundenplanes ein. Wo sie aber zum Zuge kommt, kann die Pädagogik nur gewinnen.

Das gilt in noch höherem Maße für den Monatszeitraum. Es ist der geniale Griff Rudolf Steiners, diejenigen Fächer, welche eine intensive geistige Beschäftigung verlangen, nicht zersplittert über das ganze Jahr zu verteilen, sondern konzentriert auf mehrere Wochen als Epochenunterricht durchzuführen. Wer Erfahrung in geistig-schöpferischer Tätigkeit hat, wird bemerkt haben, daß man sich mit einem Inhalt engagiert nicht nur an zwei, drei auseinandergerissenen Tagen in der Woche beschäftigen kann, sondern über einige Wochen hin die Konzentration allein darauf sucht. Der epochale Unterricht regt den Schüler an, geistige Arbeit nach den Gesetzen geistiger Arbeit zu tun. Dazu gehört, daß das Erarbeitete ins Langzeit-Gedächtnis zurücksinken darf, denn es ist ein physiologischer und psychologischer Unsinn, vom Schüler zu verlangen, alles, was er weiß, jederzeit im

Bewußtsein reproduzieren zu können. Aktives Lernen und aktives Vergessen auf Zeit im obigen Sinne gehören zur geistigen Hygiene, um das Gelernte biographisch zu verarbeiten.

In einem Vortrag über «Die Rhythmen der menschlichen Leiber»[84] führte Rudolf Steiner die verschiedenartigen Zeitrhythmen der menschlichen Wesensglieder aus. Das *Jahr* ist der Rhythmus des physischen Leibes. In diesem Zeitraum entwickelt dieser sich zur ersten Selbständigkeit. Zwar verläuft die Embryonalentwicklung schon in neun Monaten, doch hat die perinatale Medizin längst herausgefunden, daß die ersten drei Lebensmonate nach der Geburt, das «Trimenon», letztlich mit dazuzurechnen sind. Zum Beispiel ist das Kind bis drei Monate nach der Geburt noch durch im Blut mitgegebene Antikörper der Mutter gegen Infektionen weitgehend immunisiert. Erst nach einem Gesamt-Jahr ist der physische Leib funktionell selbständig geworden.

Der Lebens- oder Ätherleib, also das unbewußte Beziehungsgefüge der Vitalvorgänge, die den physischen Leib zu einem lebendigen Organismus machen, arbeitet vorherrschend im *Monatsrhythmus.* Das zeigt sich nicht nur in dem regenerativen Rhythmus der Regel der Frau, sondern auch in vielen anderen unbewußten Lebensvorgängen, die unsere Grundbefindlichkeit ausmachen. Zum Beispiel ist die Umstellung des Tag-Nacht-Rhythmus bei starker Verschiebung der Zeitzone, etwa durch einen Flug in Ost- oder Westrichtung, auf die neue Ortszeit zumeist erst nach vier Wochen vollzogen.

Unser Bewußtseinsfeld umfaßt im allgemeinen mehr als einen Tag, aber häufig weniger als einen Monat, wenn wir einmal auf das achten, was wir nicht willentlich ins Bewußtsein heben, sondern wie selbstverständlich überblicken können. Das ist in etwa die Woche. In *Wochenrhythmen* lebt der Empfindungsleib des Menschen, wie Rudolf Steiner das uns zum Bewußtsein kommende Seelenleben nennt.

Mit unserem Persönlichkeitskern, dem Ich, sind wir auf den *24-Stunden-Rhythmus* angewiesen. Im rechten Wechsel von Schlafen und Wachen, von Tag und Nacht bleiben wir als Ichwesen gesund.

Damit haben wir eine menschenkundliche Grundlage für die Unterrichtshygiene von bedeutsamem Ausmaß. In der Tagesgestaltung durch den Unterricht sorgen wir, soweit möglich, für die Beheimatung des kindlichen Ich. Mit dem wöchentlich sich wiederholenden Stundenplan wirken wir auf die Empfindungsorganisation des Kindes ein. Anfang, Mitte, Ausklang der Woche und die Wochenendgestaltung werden vom Kinde so stark stimmungsmäßig erlebt, daß eine rechte Wochenkultur das Seelenleben der Kinder harmonisiert.

Der Epochenunterricht wiederum ist in etwa die Anleitung zum Monatsrhythmus. Er ermöglicht, daß der Schüler die Unterrichtsinhalte tiefer in seine Organisation als nur ins Tagbewußtsein aufnimmt, nämlich bis in den Lebensleib. So ist der epochale Unterricht der entscheidende Griff, um die übliche schulische Insuffizienz zu vermeiden, kurzzeitig sein Wissen hersagen zu können, nach der Schulzeit aber den weitaus größten Teil für den Rest des Lebens zu vergessen. Erst durch den Hauptunterricht betreibt die Waldorfschule Langzeitpädagogik und läßt nicht nur für die Schule, sondern das Leben lernen.

Nun bereitet die Ausarbeitung und Festlegung nicht nur des Stundenplanes, sondern auch des Epochenplanes Schwierigkeiten. Während der Klassenlehrer von der ersten bis zur achten Klasse die Dauer jeder Epoche und auch die passende Reihenfolge dem Bedürfnis und Vermögen seiner Klasse abspüren kann, weil er in der Waldorfschule sämtliche Hauptunterrichtsepochen das Jahr hindurch selbst gibt, ist dieser Vorgang für die Oberstufenklassen erschwert. Das Fachlehrerprinzip verlangt vorweg eine Jahresplanung aller Epochen, weil die Kollegen im Epochenwechsel zeitlich voneinander abhängig sind. Dazu kommt, daß de facto mehr Epochen im Jahr unterzubringen sind, als möglich sind, wenn sie vierwöchig sein sollen. Das hat dazu geführt, daß viele Epochen dreiwöchig verlaufen, manche auch nur zweiwöchig. Sehen wir vom individuellen Temperament einmal ab, daß der eine Lehrer sich glücklicher in einer Kurzepoche, der andere sich am liebsten in einer Fünf-Wochen-Epoche sieht, so läßt sich von der Klasse her gesehen, der folgende Ablauf immer wieder bemerken:

Mit dem Beginn einer neuen Epoche taucht der Schüler in ein

über längere Zeit «schlafendes», aber dadurch vermehrt anstehendes Fach wieder ein. Mehrere Monate oder gar ein Jahr war es her, daß er z.B. Chemie betrieben hat. Die zeitweise unbewußt gewordene Kontinuität tritt nun stufenweise wieder ins Bewußtsein. Es braucht mehrere Tage, bis er sich in das Weltgebiet erneut eingelebt hat. Er ist inzwischen älter geworden, und neue Horizonte, neue Fragen brechen auf. So ist es zuerst einmal die Aufgabe des Lehrers, in einer sorgfältigen Einführung der gesamten Begabungsstreuung der Klasse gerecht zu werden und damit sichere Unterlagen für den anstehenden Durchgang aufzubauen. In der zweiten Woche kann man feststellen, daß die Klasse intensiver zur Durcharbeitung der Themen disponiert ist. In der dritten Woche läßt sich gemeinsam sehr viel erarbeiten, und das Arbeitstempo kann beschleunigt werden, so daß die Schüler positiv bemerken, welche Fülle an neuen Inhalten ihnen jetzt zugänglich wird. Die vierte Woche regt dann zur Überschau an; die Epoche rundet sich, das Tempo darf sich etwas verlangsamen, und man wird versuchen, einen Schlußakkord zum Ausklang zu finden. Man kann nach der Exposition, dem Crescendo und Accelerando dieses Ritardando menschenkundlich auch so beschreiben, daß dann eine Epoche ihr rechtes Ende gefunden hat, wenn die Inhalte diejenige innere Form für die Schüler gewonnen haben, daß sie in das Unbewußte der Lebensorganisation wiederum für längere Zeit absinken können, ohne zu unverdaubaren Wackersteinen im Seelenmagen zu werden.

Gelegentlich wird darüber geklagt, daß die jungen Leute weniger an Initiative und Unternehmungslust zeigen als erwartet. Mögen diese Müdigkeitserscheinungen auf das Konto vieler Einflüsse gehen, so ist auch die Möglichkeit zu erwägen, daß viele Oberstufenepochen nicht im gemäßen Rhythmus verlaufen. Häufig, wenn eine solche Epoche so weit gediehen ist, daß sie greift und mit Schwung läuft, muß sie beendet werden. «Was könnten wir jetzt noch alles besprechen, wenn wir noch ein paar Tage Zeit hätten!» Ungewollt erziehen wir dadurch nicht zu dem Maß an Willenskraft, das an sich möglich wäre. Es ist eine durchgängige Lebensweisheit, daß es den Willen stärkt, eine angefangene Sache auch gut zu Ende zu bringen.

Das Problem stellt sich weniger für diejenigen Fachgebiete, welche im Hauptunterricht zweimal jährlich gegeben werden. Was in einer Epoche nicht ganz fertig wird, kann in der zweiten Epoche ergänzt werden. Für diese Fächer ist der Dreiwochen-Rhythmus gut vertretbar, wenn dabei die vorgegebenen Möglichkeiten benutzt werden, solche Epochen z.B. an einwöchige Ferien, wie Pfingsten oder im Herbst, anzugliedern, so daß für den neuen Epochenbeginn die physiologische Bereitschaft zum Vierwochen-Rhythmus nicht ganz versäumt wird. Für die nur einmal im Jahr auftretenden Fachgebiete, welche durch ihre Einmaligkeit ein besonderes Gewicht gerade auch dem Jahresablauf geben, ist die vierwöchige Dauer der Epoche empfehlenswert. Geht man pro Jahr von 37 Wochen Schulzeit aus, so sind bei elf oder gar zwölf Epochen im Jahr die Mehrzahl derselben unter vier Wochen lang. Um im Jahresdurchgang mehr als die Hälfte der Epochen vierwöchig zu haben, kann man sich auf zehn Epochen insgesamt beschränken. Abgesehen von den Klassenspielen, Klassenfahrten und Praktika verlangt der Lehrplan von der 9. bis 11. Klasse elf Epochen, in der 12. Klasse sogar zwölf pro Jahr. Damit wird die Schwierigkeit in der Praxis deutlich.

Eine formale Lösung kann nicht befriedigen, weil sie zwanghaft auf Kosten aller Beteiligten geht. Doch kann von einem Vorgehen, das sich über eine Reihe von Jahren bewährt hat, berichtet werden: Jedes Jahr findet zur Vorplanung des nächsten Schuljahres eine Konferenz aller Hauptunterrichtslehrer der Oberstufe statt, in welcher der Epochenplan miteinander entworfen wird, so daß in jeder Klasse, und zwar je nach deren individueller Situation, auf eine Epoche verzichtet wird. So ist der Geschichtslehrer, der zugleich zumeist Deutschlehrer in der gleichen Klasse ist und so insgesamt vier Epochen in der gleichen Klasse pro Jahr unterrichtet, im einen oder anderen Jahr aus der konkreten Arbeitserfahrung bereit, auf eine Kurzepoche zu verzichten, um zwei oder drei Normalepochen anderer Fächer zu ermöglichen. So kann im Einzelfall die Poetikepoche in die Deutschepoche miteinbezogen werden, die Geographieepoche mit der Botanik vereinigt werden. Die Einbeziehung der Praktika z.B. in fachlich nahestehende Epochen, wie etwa das Feldmessen in eine Mathematikepoche, das Sozialpraktikum in eine Sozialkundeepoche, wird dadurch auch besser möglich.

Die gemeinsame Urteilsfindung aus der jedes Jahr neu vollzogenen Anschauung der Klassenbiographien und der Lehrermöglichkeiten führt dann durchaus zu gemeinsam getragenen, für die pädagogische Phantasie offenen Epochenplänen. Die Zersplitterung des Jahres in zu viele Einzelfragmente wird dadurch aufgehoben. Der Schüler kann bei der Sache bleiben und sich gründlicher mit dem verbinden, was geboten wird. Das Wissen trägt dadurch weniger den Stempel der Vielzahl, sondern verstärkt die Qualität, für das bevorstehende Leben als Fähigkeit wirksam zu werden.

Kehren wir zum Schluß noch einmal zum Wochenrhythmus zurück. Hier schlagen zur Zeit die Arbeitszeitveränderungen in der Berufswelt der Erwachsenen in die schulischen Stundenpläne durch. Der freie Samstag wird auch in den Schulen zunehmend eingeführt. Abgesehen davon, daß die Unterrichtsstunden in die übrigen Wochentage zusätzlich eingebracht werden müssen, ist die Fünftagewoche ein *Unrhythmus*.[85] Die Chronobiologie der präventiven Medizin hat reiche Erfahrung gesammelt, daß das verlängerte Wochenende den Erholungseffekt nicht verbessert.[86] Das verlängerte Wochenende erzeugt eine unbewußte, physiologische Erwartungshaltung zu längerer, ferienmäßiger Erholung und verursacht am dritten Tag gerade die besondere Verringerung der Leistungsbereitschaft. Zusätzlich freie Tage erbringen viel mehr, wenn sie den Ferien zugeschlagen werden; sonst zerstören sie den Wochenrhythmus. Die Arrhythmik zwischen den freien und arbeitsbelegten Samstagen vergrößert noch zusätzlich das Problem. So besteht auch für den Wochenrhythmus die Aufgabe, dem pädagogisch engagierten Urteil für das Leben in der Schule die Vorhand zu geben.[87]

Was können Eltern und Lehrer für die künftige Umwelt tun?

Drei große Mächte haben die Geschichte unseres Jahrhunderts bestimmt: Marxismus, Kapitalismus und Nationalismus.[88] Aber ihnen allen gehört nicht die Zukunft. Der Marxismus hat sich überlebt. Auch der Kapitalismus wird die Probleme der Menschheit nicht lösen können, und erst recht ist der Nationalismus nicht in der Lage dazu. Denn alle diese Ismen sind nicht fähig, die Umweltkatastrophe abzuwenden.

Die Umweltfrage ist nicht mehr ein Problem eines einzelnen Staates. Vielmehr wird hier eine Lösung nur möglich sein, wenn sich ein solidarisches Bewußtsein aller Menschen über die Erde hin entwikkelt. Tatsächlich sind alle betroffen. Wenn es Reisebüros gibt, die noch schnell Abenteuerreisen anbieten, um ihren Kunden die letzten unberührten Stellen der Erde vorführen zu können, so stimmt auch das nicht mehr. Es gibt keine Stelle der Erde, selbst wenn man zum Südpol reiste, wo sich nicht doch der radioaktive Fallout niederschlägt. Und gerade dort ist neuerdings das größte Ozonloch. Es findet sich keine Stelle mehr auf der Erde, die nicht durch die Menschen dieses Jahrhunderts beeinträchtigt worden ist. Das zentrale Thema um die kommende Jahrhundertwende und im bevorstehenden Jahrtausend wird die Frage der Therapie, der Heilung der Erde sein. Was können Eltern und Lehrer, was können wir für die künftige Umwelt tun?

Wenn die Kinder noch klein sind und man möchte, daß sie im Garten einmal mithelfen, so hat man zwei Möglichkeiten, sie dahin zu bringen. Die eine ist, daß man sagt: «Machst du mit? Wir gehen beide in den Garten; das wäre doch schön. Du hilfst mir jetzt einmal, die Stachelbeeren zu pflücken.» Oder: Man geht mit diesem Anliegen gar nicht direkt auf das Kind zu, will es ihm gar nicht extra schmackhaft machen, sondern man tut es wortlos selber. Man zieht sich die alte Schürze an, die alten Schuhe und holt sich einen Korb. Das Kind fragt: «Was machst du jetzt?» «Stachelbeeren pflücken.» «Darf ich da mit?» Und es tut dann nichts lieber als mitzuhelfen.

Auch im Blick auf die Schule ist es mir sehr fraglich ob das Problem wirksam behandelt werden kann, indem man den Kindern den Umweltschutz schmackhaft macht. Man hofft dabei doch nur: Sie mögen künftig die Probleme lösen, wenn wir nicht mehr da sind. So will sich die ältere Generation gern per Schule aus der Verantwortung stehlen.

Im Regelschulwesen ist der belehrende Umweltunterricht schon in vielen Stundenplänen eingerichtet. Die Curricula sind da. Es sind auch die Lernkontrollen da, die nachweisen sollen, ob der Unterricht greift oder nicht. Kürzlich fanden Untersuchungen statt, in denen man ermittelte, in welchen verschiedenen Klassenstufen der Regelschulen der Umweltunterricht eine Veränderung des Verhaltens bei den Schülern bewirkte (Langheine/Lehmann).[89] Ein Ergebnis ist, daß die Schule, auch wenn die Schüler bis zur neunten Klasse über die Umwelt unterrichtet worden sind, weder auf die Handlungsweisen der Schüler noch auf ihr Bewußtsein einen effektiven Einfluß hat. Dann untersuchte man, ob der Umweltunterricht wenigstens in den obersten Klassen vom neunten bis zum dreizehnten Schuljahr etwas Sinnvolles bei den Schülern bewirkt. Es ließ sich nachweisen, daß diese ein wacheres Bewußtsein für Umweltfragen haben, aber ebenfalls keine Änderungen ihrer Handlungsbereitschaft zeigen. Das Resultat, zu dem diese Studie des Umweltunterrichtes kam, ist: «emotionale Wirkungslosigkeit». Mit ein wenig pädagogischer Erfahrung hätte man schon vorher absehen können, daß der Unterricht so nicht greift; denn was spielt sich ab?

Jede solche Stunde fängt im allgemeinen damit an, daß man das Thema aktualisieren möchte. Das geschieht gewöhnlich anhand der neusten Umweltkatastrophe: Waldsterben, Seveso, danach Tschernobyl, dann Sandoz, Robbensterben, Algenverseuchung, Ölteppiche zuerst vor Alaska, dann im Persischen Golf, Ozonloch, Regenwaldvernichtung – jedes halbe Jahr kommt die nächste Horrormeldung. Wie kann sich ein Kind gegenüber einem Unterricht verhalten, der jedesmal mit einer beklemmenden Katastrophenmeldung beginnt? Wir konnten als Kinder noch aus jedem Bach in Wald und Wiesen trinken, wenn wir Durst hatten. Das kann man heute keinem Kind mehr erlauben. Was aber bewirkt schon eine solche Tatsache bei den Kindern heute? Es allergisiert sie psychisch. Sie können sich nur noch dadurch seelisch gesund halten, daß sie es nicht mehr hören wollen. Umweltunterricht gehört weitgehend zu den unbeliebten, innerlich abgelehnten Unterrichtsstunden. Sie sind in der Form ineffektiv, weil der Schüler sich nur noch dadurch helfen kann, daß er er die entmutigende Wirklichkeit empfindungsmäßig nicht mehr realisiert.

Aber ist das nicht für uns Erwachsene genau so? Im Jahre 1986 füllte sich noch jeder Vortragssaal, wenn das Thema «Tschernobyl» angekündigt wurde. Ein Jahr später hingegen schon nicht mehr. So ist es mit jedem dieser Themen, die heute auf dem «Katastrophenmarkt» auftauchen.

Warum ist dem so? Wenn ein Tierarzt gerufen wird, weil eine Kuh an zu stark getriebenem Futter Blähungen bekam, muß er das Übermaß von Luft aus dem Pansen entfernen. Dazu nimmt er eine ziemlich dicke Kanüle und sticht kräftig durch Haut und Bauchwand durch bis in den Pansen, woraufhin die Pansengase entweichen können; das Tier ist den Magendruck erst einmal los. Fügt dieser Eingriff ohne Narkose dem Tier Schmerzen zu? Das läßt sich leicht verhindern, denn ein guter Tierdoktor schlägt, bevor er einsticht, mit geballter Faust mehrmals kräftig auf die beabsichtigte Einstichstelle. Der Einstich tut dem Tier dann nicht mehr weh. Das gilt für jede Sinneswahrnehmung: Indem ich das empfindliche Organ überreize, erhöht sich dessen Reizschwelle, und es verringert sich dadurch die Wahrnehmung. Eben das ist offensichtlich bei der Behandlung der Umweltfrage z. B. durch die Massenmedien der Fall. Wir sind so überreizt von den Katastrophenmeldungen, daß wir, wenn uns dann wirklich «die Kanüle unter die Haut gestochen wird», es gar nicht mehr merken: Es schmerzt uns nicht mehr. Die Informationstechnik in Ehren, aber wenn sie massenpsychologisch dazu gebraucht wird, uns durch Überinformation zur seelischen Immunität, zur Bildung geradezu von «seelischen Antikörpern» anzuregen, dann realisieren wir nicht mehr die Gefahr, in der wir stehen.

So ist die erste Aufgabe in der Schule zu erkennen, daß die säkularen Probleme der Umweltkatastrophe nicht gelöst werden, indem man sie auf die nächste Generation weiterwälzt, also den Kindern und Jugendlichen nur gut zuredet. Es zeitigt nur Wirkung, wenn man sich selbst «die Gartenschürze umbindet und die entsprechenden Stiefel anzieht», d. h. selber zupackt. Denn dann werden auch die Schüler gerne mitmachen.

Was können wir praktisch tun? Man kann schon mit dem Kleinsten anfangen. – Früher konnte man im Ruhrgebiet die Wäsche nicht draußen aufhängen, so sehr rußte dort einst die Industrie. Viele Menschen sind davon lungenkrank geworden. Inzwischen ist dort und anderswo die Luft sehr viel besser geworden und die dortige Landschaft wieder erstaunlich grün. Die Menschen machen sich aber trotzdem unreine Luft. Achttausend Menschen sterben auf der Welt täglich den Rauchertod. Fragt man die Schüler: Wieso seid ihr für die Umweltverbesserung und sorgt nicht in euren Lungen für reine Luft? – so kommt rasch der Hinweis auf das Vorbild der Erwachsenen. Jeder kann für reine Innenluft, giftfreie Ernährung und einen einigermaßen geordneten Tag-Nacht-Rhythmus sorgen. Frägt man in einer 9. oder 10. Klasse, wer morgens vor dem Unterricht gefrühstückt hat, so kommen im Durchschnitt erstaunliche Verhältnisse zutage: Ein Drittel gar nicht, ein Drittel hat nur etwas getrunken und höchstens ein Drittel gegessen und getrunken. Man möchte im Pubertätsalter die Grenze des Möglichen ausprobiert haben und lebt dazu gegen die Gesundheitsfähigkeit des Körpers an. Um so mehr muß man sich verdeutlichen, daß die eigene Gesundheit immer schon die erste Möglichkeit der Übung an sich selbst ist, um zu lernen, welche sehr viel größere Aufgabe erst die Umweltnormalisierung sein wird. Der Leib selbst ist unsere erste, nächste Umwelt.

Es war ein Anliegen Rudolf Steiners, daß die Sorge für den eigenen Leib nicht in der falschen Weise veranlagt wird. So empfahl er die Gesundheitslehre als Unterrichtsinhalt für die letzte Zeit vor der seelischen Pubertät, nämlich für die siebte Klasse, da sie dann noch selbstlos angenommen wird. Wenn die Kinder durch die Pubertät zu Jugendlichen werden, wird ein selbstischer Bezug zum eigenen Leibe entwickelt, und dann bekommt jede Gesundheitslehre leicht einen egoistischen Einschlag. Hält man sich nur dazu gesund, daß es einem selbst möglichst gut geht, dann wird Gesundheitspflege im Grunde nur eine besonders sublime Form des Materialismus. Das im falschen Sinn Reförmlerische – mit besonders reiner Nahrung sich den Geist doch wohl sicher «anessen» zu können – sollten wir ablehnen. Der Oberstufenschüler tut es ohnehin.

Natürlich sollten wir uns alle für gute und reine Nahrung einsetzen, aber eben um unsere Aufgaben für die Welt besser erfüllen zu können. Nur ist auch dies erst dadurch möglich, daß die Umwelt, in der die Pflanze wächst, wieder in Ordnung gebracht wird. Viele Landwirte haben aus dem anthroposophischen Naturverständnis gelernt, daß es eigentliche Pflanzenkrankheiten, genau besehen, gar nicht gibt. Wenn die Pflanze krank erscheint, so ist die Umwelt der Pflanze krank. Ist z. B. der Boden krank, dann wird auch die Pflanze krank. Wenn Luft, Wasser und Boden wieder gesunden werden, dann werden auch die Pflanzen nicht mehr krank sein. So gehört es zur jetzigen Aufgabe, die sinnvolle persönliche Hygiene zur sinnvollen Hygiene unserer Umwelt auszuweiten. Und das gerade wäre das schönste Mittel, um auch den Egoismus, der sich so leicht mit dem selbstzufriedenen persönlichen Wohlbefinden verbindet, zu überwinden. Eßkultur, Kleidung und Wohnung, die Hausgestaltung, der nähere Garten, der gesamte Privatraum bieten eine Überfülle konkreter Möglichkeiten, wo man in seinem Bereich zufassen und üben kann.

Unsere Aufgabe aber ist nicht allein der Privatbereich – dieser ist nur ein «Übungsfeld» –, sondern darüber hinausgehend der gesamte soziale Bereich, den eine Schulgemeinschaft darstellt; ebenso ein Kindergarten, ein Krankenhaus, eine Kirche, die öffentlichen Gebäude und Anlagen. Wie werden diese Lebensräume des Miteinanders von Menschen so gestaltet, daß das jeweilige Gelände wenigstens anfänglich biologisch geheilt wird?

Beachten wir, mit welchem Realismus Rudolf Steiner den Gartenbau in die Waldorfschulen eingeführt hat. Lehrer der Kasseler Waldorfschule haben einmal alle authentischen Angaben Rudolf Steiners zum Gartenbauunterricht gesammelt und dabei festgestellt, daß sie sich auf die konkreten Bedürfnisse des betreffenden Geländes bezogen. Und es kam Steiner darauf an, nicht einzelne Minigärtchen, etwa Klassengärtchen einzurichten, denn das wäre doch nur Anleitung zum Gruppenegoismus, sondern die Arbeit im Blick auf das gesamte vorhandene Anwesen anzugehen: Wie wird z. B. das Gelände der ganzen Schule bepflanzt? Wie werden die Beete so bearbeitet, daß die nächsten Klassen die gleichen Beete weiterführen können? Schon für die Kinder der sechsten Klasse, in der der Gartenbauunterricht beginnt, wird sogleich klar: Für andere mache ich das, für die Schulgemeinschaft – bis dahin, daß von den Produkten etwas in der Schulküche landen kann. Nicht Trockenschwimmen sollte der Gartenbauunterricht sein, sondern ein In-die-Hand-Nehmen der konkreten Bedürfnisse.

Nun taucht die Frage auf, ob ein solches Vorgehen denn überhaupt für die Schulen, die in Großstädten liegen – und die Mehrzahl der Waldorfschulen liegt in Großstädten – praktisch möglich ist. Müßte man nicht alle Waldorfschulen zuerst zu Landerziehungsheimen machen und in die noch einigermaßen intakte Natur verlegen? Die Vertreter der Landschulheimbewegung haben Rudolf Steiner bei der Begründung der Waldorfschule solches dringend geraten. Er sagte da (dem Sinn nach): Dort, wo die Not am größten ist, in den Städten, da gehören die neuen Schulen hin. Und wer meint, man müsse jetzt als Städter aufs Land, um dort das wahre Leben zu finden, der irrt sich, denn er nimmt ja innerlich doch nur sein Städtertum mit. Dadurch ist nur die äußere Schale gewechselt, aber nichts gelöst.[90]

Heute stellt sich das Problem verschärft, denn inzwischen ist die schleichende Vergiftung der Naturzerstörung in den Dörfern bereits weiter fortgeschritten als in den Städten. Gerade die Großstädte sind zum Teil schon zu Oasen für viele Pflanzen und Tiere geworden, denn die dörfliche Landschaft ist tatsächlich heute mehr von Umweltgiften durchsetzt als die der Städte.[91] Imker können ihre Bienen besser in Großstädten – z. B. mitten in Stuttgart oder in Frankfurt –

halten als wenige Kilometer außerhalb auf den Dörfern. Die chemisch-technisierte Landwirtschaft ist zum Hauptvergifter der Umwelt geworden: durch Insektizide, Fungizide, Bakterizide, Molluskizide und nicht zuletzt durch die Herbizide selbst. Durch die Überdüngungen haben wir zwar Ertragssteigerungen, aber Qualitätsminderungen, und es werden zusätzliche Krankheiten erzeugt, die wieder aufs öffentliche Gesundheitswesen zurückschlagen. Wir dürfen nicht mehr nur betriebswirtschaftlich denken, sondern müssen mindestens volkswirtschaftlich denken und realisieren, daß ein erheblicher Teil der gewinnmaximierenden Industrie – und darunter kann man die Landwirtschaft heute ebenso rechnen – auf Kosten anderer Gewinne erbeutet, und zwar auf Kosten von Mitmenschen und noch mehr auf Kosten der wenigen noch intakten Naturräume. Die landwirtschaftlichen Überproduktionen zu lagern und zu vernichten kostet bekanntlich inzwischen mehr, als sie herzustellen.

Artenvielfalt durch Ackerbaukultur

Aber hat der Mensch nicht *schon immer* die Natur geschädigt? Dieser allzu bequemen Meinung, die zwar das reuige Sündenbewußtsein stärkt, aber in nichts weiterhilft, müssen wir die geschichtlichen Tatsachen gegenüberstellen.[92] Vor einigen tausend Jahren bestand die hiesige mitteleuropäische Landschaft zum größten Teil aus Urwäldern und Sümpfen. In der Jungsteinzeit, um 5000 v. Chr., wanderte die erste ackerbauliche Kultur von Südosten her aus Vorderasien über den Balkan die Donau entlang zu uns ein. Die «Bandkeramiker» begannen, die Sümpfe trockenzulegen, den Wald streckenweise zu roden und die Erde zu pflegen. Agricola = der Bauer heißt wörtlich «der Ackerpfleger». Und von «colere» = pflegen kommt das Wort «Kultur». Jene erste Ackerbaukultur brachte eine große Bereicherung an neuen Arten sowohl von Pflanzen wie auch von Tieren mit sich. Die ursprüngliche Waldlandschaft Mitteleuropas war nachweislich viel artenärmer als die vom Ackerbau durchzogene Landschaft. Man denke nur an Vögel wie die Schwalben, Stare, Hausrotschwänzchen, Mauersegler, Schleiereulen etc. Sie sind Kulturfolger. Ebenso ist es mit der Fülle der Beikräuter: Klatschmohn und Kornblume, Kamille und Beifuß, Ringelblume, Kornrade und Dutzende weiterer Arten – von den Kulturpflanzen wie z. B. dem Getreide und den Obstarten noch ganz abgesehen – sind als Begleiter des Ackerbaus aus dem Vorderen Orient zu uns gekommen. Ähnliches gilt für die Insektenwelt. Die noch nicht überdüngten artenreichen Wiesen, vom Menschen gemacht, gaben einer reichen Fülle z. B. von Schmetterlingen und Heuschrecken erst den Entwicklungs- und Lebensraum. Bis in die 50er Jahre gab es noch überall Wiesen, auf denen im Sommer bei jedem Schritt die Schmetterlinge scharenweise aufstoben.

Der Mensch hat über Jahrtausende hin durch die Dorf- und Stadtkultur die Naturvielfalt echt bereichert. So bedeutet heute sogar jedes Grüngelände in der Großstadt, recht gepflegt, eine Chance, eine Oase für viele Pflanzen und Tiere zu werden. Mit Vogelnistkästen, Fledermauskästen, gebohrten Holzlöchern für Mauerbienen etc. kann man mit wenig Aufwand viel bewirken. Davon sollten auch die Architekten der Waldorfschulen kräftig Gebrauch machen, z.B. durch Einbau von Niststeinen, aber auch durch eine sinnvollere Planung der Geländebepflanzung.[93] Der größte Teil der Tiere orientiert sich nicht über das Auge, sondern über den Geruch. So sind gerade alle duftenden Pflanzen ein wirksames Mittel, die Insektenwelt in das Schulgelände einzubeziehen, um ihr die Überlebensmöglichkeiten z.B. auch durch den Anbau ihrer Nahrungspflanzen zu bieten.[94]

Sind die Städte in der Zukunft wirklich Oasen für die am Rande ihrer Existenz stehende Natur? Ist das nicht verkehrte Welt? Durchaus nicht. Sinnvolle heutige Städteplanung beginnt diesen Gedanken auch vermehrt einzubeziehen.[95] Wir aber dürfen aus dem Geschilderten heraus sagen: Es ist nur ein Gerücht, das unsinnigerweise heute noch immer verbreitet wird, daß der schlimmste Krankheitserreger auf der Erde der Mensch sei. Ebenso viele Beispiele wie für die zerstörerische Seite des Menschen gibt es für seine aufhelfende, bereichernde Wirksamkeit. Treffend sagte schon Angelus Silesius:

Das größte Wunderding
Ist doch der Mensch allein:
Er kann, ganz wie er will,
Gott oder Teufel sein.

Die ökologische Frage steht in der Freiheit des Menschen. Zur Qualität der Freiheit gehört das Risiko zu scheitern ebenso wie die Möglichkeit, die Welt schöpferisch zu bereichern. Eine bloße Kriminalisierung des Menschenbildes aber ist unsinnig und inhuman, weil natürlich immer der andere als der Schlimme gilt; denn derjenige, welcher es sagt, nimmt sich dabei in der Regel aus. Damit aber hebt sich die Aussage schon selbst auf, und sie stimmt, wie wir sahen, auch historisch und pflanzengeographisch nicht. In allen Kulturen ist durch den Menschen der Natur eine Bereicherung zugekommen.

Die Menschheit war lange eine nomadisierende, eine wandernde. Dadurch hat sie viele Kulturpflanzen, Haustiere und die sie begleitenden natürlichen Kulturfolger in die verschiedensten neuen Landschaften gebracht. Die bäuerliche Kultur Mitteleuropas ist z. B. von den Mönchsorden mitgebildet worden, die unseren Raum christianisiert haben. Im besonderen war es die irisch-schottische Mission, die von der Reichenau aus in die Umgebung des Bodensees eine neue dörfliche Kultur pflanzte, welche sich von dort ausbreitete. Zum andern waren es die Benediktiner, die durch ihre Lebensweise des «ora et labora» ein Gleichgewicht zwischen der Arbeit nach innen und der Arbeit draußen in der umgebenden Landschaft pflegten. Der Mensch verantwortete so sein Tun zugleich in der religiösen Anbindung. Das gilt ebenso für die schwarzafrikanischen und die indianischen Pflanzer-Kulturen und in einer ganz besonders reichen Weise für die buddhistischen Kulturen Süd- und Ostasiens.[96] Auf allen Kontinenten konnte sich eine Bereicherung der Natur durch den Menschen oft über Jahrtausende hin einstellen.

Was uns den Blick verblendete, sind die Zustände des 20. Jahrhunderts. Denn erst jetzt ist die Natur durch den Menschen in ernstliche Gefahr geraten. Es sind zwar auch schon in der Antike die Mittelmeerländer entwaldet worden. Italien, Sizilien, Spanien, Griechenland, die Türkei, Syrien, Libanon, Israel und auch die Küstenländer Nordafrikas waren vor etwa dreitausend Jahren reich bewaldet. Die griechischen, phönizischen, etruskischen, römischen Kulturen haben gewiß Raubbau betrieben. Doch konnte sich dort inzwischen durch Eigenregulation eine neue Vegetation bilden: die Macchie, jener Hartlaub-Buschwuchs, der ein eigenes biologisches Gleichgewicht darstellt. Die verbliebenen Erosionen beschränkten sich damit noch auf den relativ kleinen Bereich des Mittelmeerraumes. Während des 20. Jahrhunderts aber ist erstmalig die völlig neue Situation entstanden, daß die Störungen global geworden sind. Alle Meere, die gesamte Atmosphäre, die ganze Erde sind in Mitleidenschaft gezogen. Sie kann sich sicherlich nicht mehr ohne den Menschen regenerieren. Den radioaktiven Müll, der allein schon vor der Küste Spaniens im Atlantik deponiert liegt, kann die Natur selbst nicht unschädlich machen, wenn die Fässer in wenigen hundert Jahren durchgerostet sein werden. Die Biosphäre der Erde ist darauf angewiesen, von der Menschheit selbst geheilt zu werden. Der Speer, der die Wunde schlug, ist es allein auch, der sie wieder schließen kann.

Dieser Speer ist das erwachte Bewußtsein des Menschen. Wir haben dieses Bewußtsein bisher gegen die Natur gerichtet, indem wir versucht haben – und weiter versuchen –, sie nur für unsere eigenen Zwecke nutzbar zu machen. Nun müssen wir feststellen, daß sie sich nicht mehr durch eigenen Ausgleich dagegen wehren kann.

Gegen Ende des letzten Jahrhunderts, man denke an die Bismarckschen Sozialreformen, begannen die sozialen Gesetzgebungen, die der Staat einrichtete, um den sozial Schwachen in der Gesellschaft, eben den Arbeitnehmer, gegenüber dem Arbeitgeber zu schützen. Wir haben heute die Arbeitslosenunterstützung, das Krankenversicherungswesen, die gesetzliche Altersversorgung, die den einzelnen gegenüber den Verhältnissen von vor hundert Jahren erheblich absichern. Es gibt aber heute einen Sozialpartner, der neuerlichen gesetzlichen Schutz braucht, um als der eindeutig Schwächere überhaupt noch weiterexistieren zu können. Das ist das natürliche Leben auf der Erde, diese unwiderrufliche Einmaligkeit im ganzen planetarischen Kosmos. Wir müssen unsere Sozialgesetzgebung über den menschlichen Bereich in den außermenschlichen Bereich auf die uns ja doch letztlich mittragende Natur erweitern. Das aber nicht nur aus egoistischen Gründen der Selbsterhaltung, sondern aus einem echten Teilnehmen an unserer Mit-Natur als einem neuen Partner der Menschlichkeit. Der ehemalige Hamburger Wissenschafts-Senator Klaus Meyer-Abich[97] z.B. tritt heute in Wort und Schrift dafür ein, daß in die Gesetzgebungsverfahren, ja in das Grundgesetz das Überlebensrecht der Natur in ihrer Artenvielfalt aufgenommen wird. Das wird nur gelingen, wenn es nicht ausschließlich deshalb geschieht, weil uns sonst letztlich der Sauerstoff in der Luft ausgeht, sondern aus redlicher Solidarität mit der Natur.

Wenige konkrete Beispiele: Die Waldorfschule Göttingen hat ihre Geländeplanung mit den räumlich anschließenden staatlich-pädagogischen Einrichtungen über die Besitzzäune hinweg ökologisch abgestimmt. Das Regenwasser der Dächer kommt nicht sogleich in die Abwasserrohre, sondern wird zuerst oberirdisch abgeleitet. Es fließt in einen dazu geschaffenen Feuchtbiotop und von dort aus als ein lebendiger Bach nicht nur durch das eigene Gelände, sondern auch mit durch die Nachbargrundstücke. Der Bachverlauf wird gemeinsam so gestaltet und bepflanzt, daß er einen Anziehungsraum für die Menschen wie für Tiere und Pflanzen darstellt. – Die Wuppertaler Christian-Morgenstern-Schule hat auf dem Gelände der ehemaligen Waldorfschule einen Bach, der schon Jahrzehnte verdohlt und dadurch lange nicht mehr sichtbar war, wieder an die Oberfläche geholt und ihn offen über das Pausengelände geführt. Neue Möglichkeiten zur primären Weltbegegnung können die Kinder dadurch haben. Es läßt sich also vieles entwerfen, und man braucht dabei nicht auf teure Experten zu setzen, sondern wir könnten so, wie wir unsere Innenräume geschmackvoll und künstlerisch gestalten, auch die Außenräume selbst einfühlsam und lebensvoll einrichten und pflegen.

Dazu gehört eine weitere Tugend. Rudolf Steiner hat für den Umgang mit den Kindern den Waldorflehrern nahegelegt, sie möchten immer wieder ihre Klasse «Revue passieren» lassen: Wie sind im letzten Jahr die mir anvertrauten Kinder nicht nur seelisch, sondern auch leiblich gewachsen?[98] So sagte Rudolf Steiner (sinngemäß) zu den ersten Lehrern: Sie müssen ein guter Kamerad der Natur des Kindes werden. Aber wie können Sie das, wenn Sie nicht wissen, wie Sie durch ihr Unterrichten auch einen Einfluß auf das Wachstum der Kinder haben? Dann wird geschildert, wodurch der Unterricht das Wachstum ein wenig mehr anregen oder sogar auch zurückhalten kann – sicherlich nur in einem gewissen Maße. Welches Kind ist zu rasch gewachsen, welches zu langsam? Muß ich den Unterricht nun in der nächsten Zeit und im nächsten Jahr individuell anders einrichten? Das ist ein fruchtbares Thema gerade für die Klassenlehrer im Austausch mit den Schulärzten.

Wir sollten etwas Ähnliches auch regelmäßig mit dem Schulgelände tun: es eben nicht nur einmal bepflanzen und dann irgendwie wachsen lassen, sondern nach wenigen Jahren wieder «Revue passieren» lassen. Sitzt jener Busch an der richtigen Stelle, passen diese Bäume zusammen? Was ist schlecht gewachsen? Was müßte man vielleicht doch anders einrichten? Das sollten der Gartenbau- und der Biologielehrer jeder Schule gemeinsam voranbringen und bei Gelegenheit das ganze Kollegium in der Konferenz mit Ortstermin daran beteiligen. Warum nicht auch interessierte Eltern? Jedes Schulgelände kann so eine kleine, aber eben dadurch auch vorbildliche Oase ökologischer Ersterfahrung sein. Wenn nun die Schüler bemerken, was Eltern und Lehrer darin gemeinsam unternehmen, dann ist es wie beim «Stachelbeerenpflücken». Ein langfristig tragendes Interesse wird bei den Kindern entstehen: Wir möchten mitmachen! Können wir mit zusehen und ebenso Vorschläge machen? – Dann liegt die Umwelterziehung richtig.

Der Weg vom Ganzen zum Einzelnen

Nun wäre es eine Verkennung sinnvoller Umweltpädagogik, wenn sie sich nur auf Gartenbau, auf Geländegestaltung und vielleicht noch auf Forst- und Landwirtschaftspraktika beschränken würde. Vielmehr ist die Frage zu stellen, was in der gesamten Waldorfschulpraxis schon immer für die ökologische Befähigung der nachwachsenden Generation geschehen ist.[99] Das ist der durchgängige methodische Ansatz der Waldorfpädagogik, nicht vom Einzelnen zum Ganzen zu finden, sondern bewußt den umgekehrten Weg zu wählen: Zuerst ist das Ganze in den Blick zu nehmen und von daher das Einzelne zu verstehen und zu behandeln. Das ist das Gegenteil eines additiven Weltverständnisses, das atomistisch aus den Bruchstücken sich die Wirklichkeit zusammensetzt, etwa von der Zelle her den Organismus denkt, aus den einzelnen Pflanzen die Pflanzengemeinschaft zu finden sucht, aus diesen die Landschaft beschreibt. Auf den umgekehrten Weg kommt es an. Er beginnt schon in der ersten Klasse damit, in welcher Art und Weise die Zahlen eingeführt werden. Es ist entscheidend, ob der Lehrer ein Bewußtsein davon hat, was er bewirkt, wenn er die Zahlen additiv einführte: «Eins und eins sind zwei, und noch mal eins sind drei». So kann man die Zahlen unentwegt hochaddieren und zu immer größeren Zahlen kommen. Wenn die Zahlen so eingeführt werden, erzeugt man tiefprägend für das ganze Leben ein Immer-mehr-Habenwollen, die Besitzgier, dieses «Noch etwas und noch etwas und noch etwas». Geht man umgekehrt vor, so daß die Zahlen eigentlich die Untergliederungen eines Ganzen sind, so ist die Eins eigentlich noch gar keine Zahl, sondern die Bezeichnung der alles umfassenden Einheit der Welt. Jeder Mathematiker weiß, daß die erste echte Zahl erst die Zwei ist, denn erst mit ihr beginnt das Zählen. Was aber ist wiederum die Zwei? Das «Zwie», der Zwiespalt. Mit ihr beginnt die Trennung in die Teile. Indem die Welt gespalten wird, fallen wir in die Zweiheit, in die Zählbarkeit. Und wir spalten sie weiter in die Drei, in die Vier usw. Wenn so die Zahlen aus der Eins als der größten Ganzheit entwickelt werden bis hinein in die Einzelheiten, so veranlagen wir in den Kindern jene Fähigkeit fürs Leben, in sozialer Weise immer das Ganze im Auge zu behalten und mit den anderen Menschen zu teilen, abzugeben. So sprach Rudolf Steiner zum Erstaunen der ersten Waldorflehrer davon, daß der erste Rechenunterricht, methodisch recht vollzogen, einen tiefgreifenden Einfluß auf die moralische Veranlagung in der kindlichen Entwicklung hat.

Ebenso geschieht mit besonderem Bedacht die Einführung der Buchstaben. Es wird nicht ein Zeichen an das andere gehängt, so daß daraus ein Wort entsteht, dessen Bedeutung danach vermittelt wird, sondern umgekehrt: Erst wird ein Bild aus einer Geschichte heraus lebhaft und anschaulich entwickelt. In diesem Bild wird dann der Buchstabe entdeckt – so wie auch in der Menschheitsgeschichte die Schrift zuerst eine Bilderschrift war, die dem Bildbewußtsein entsprang. Ein Kind erzählt staunend zu Hause: «Komisch, immer wenn mein Lehrer eine Geschichte erzählt, kommt zum Schluß ein Buchstabe raus.» Das Staunen hört nicht auf.

Erst sollte das Bild kommen, dann der Buchstabe. Im Rechnen erst das Ganze, dann das Teilen. In der Gesteinskunde erst das Gebirge, dann das einzelne Gestein und dann erst das spezielle Mineral. Erst die Landschaft, dann die Pflanze; erst die feuchte Waldstimmung im Herbst schildern, dann kann der Pilz ins Bewußtsein gerückt werden. Es gilt: erst kennen, dann erkennen; erst tun, dann betrachten; erst schreiben lernen, dann lesen lernen; erst voll wahrnehmen, dann differenzieren. So kann man diesen Ansatz in allen Fächern durchführen. Im Fremdsprachenunterricht sollte so der Lehrer durch sich selbst «Englandstimmung» in die Klasse bringen – und dann spricht er eben englisch.

Die Waldorfschulbewegung entdeckt nun gerade, daß sie selber diesen Vorgang ebenso durchmacht. In den letzten Jahren haben im Institut für Waldorfpädagogik in Witten-Annen und in der Dortmunder Waldorfschule mehrere Treffen zu den Fragen der Umwelterziehung an den Waldorfschulen stattgefunden. Was dabei als gemeinsames Ergebnis entstand, war die Entdeckung, wie «ökologisch» schon der gesamte Waldorflehrplan angelegt ist. Wir haben längst im Ganzen ökologische Erziehung gemacht, ohne daß wir es im einzelnen immer wußten. Jetzt aber erkennen wir erst in vollem Umfang, weshalb wir es so tun. Wir entdecken, daß in den methodischen Ansätzen der Waldorfpädagogik von Anfang an etwas veranlagt worden ist, was für die nächsten Jahrhunderte lebensnotwendig sein wird: immer erst das Ganze in den Blick zu nehmen. Und was ist das denn anderes als der ökologische Blick? Dann erst kann man das

Einzelne in der rechten Weise finden und gestalten: Wir müssen die Verhältnisse global anschauen und dann lokal handeln.

So kann jede Schulgemeinschaft ihre soziale Kraft auch dem größten Sozialpartner, der Natur, gegenüber auf dem eigenen Grund und Boden zu üben beginnen. Das fängt im Alltag schon damit an, daß man im Schulhaus die scharfen chemischen Putzmittel mit ihrer werbepsychologischen Parfümierung wegläßt und mit organischen Reinigungsmitteln saubermacht. Vom Mikrosozialen der Familie über das Makrosoziale einer Schule muß jetzt der Impetus ins Megasoziale gehen, nämlich immer mehr im Zusammenhang mit der gesamtgesellschaftlich uns umgebenden natürlichen und kulturellen Landschaft stehen. Niemand sollte sich in den Pessimismus hineindrängen lassen, es sei sowieso schon die bekannten fünf Minuten nach Zwölf. Denn dann würde der Natur durch niemanden mehr geholfen. Wenn wir, ohne in diesen Pessimismus zu geraten, den rechten Wechsel zwischen ernster Betroffenheit und der Freude an jedem kleinen Schritt finden, dann ist weiterzukommen.

Wir haben die besondere Schicksalsgunst der pädagogischen Tätigkeit: Eltern und Lehrer ohnehin schon, aber auch schon die älteren Geschwister gegenüber ihren jüngeren Geschwistern, die Paten gegenüber ihren Patenkindern, die Großeltern gegenüber den Enkeln. Wo sich pädagogisches Leben abspielt, werden im Mitmenschen Kräfte frei, nicht für sich selbst, sondern für den Schwächeren, für den Nachwachsenden selbstlos tätig zu werden. Diese Kräfte, die die hilfsbedürftige Kindheit in der Welt der Erwachsenen entbindet, über die Kinder hinaus nun auch auf die hilfsbedürftige Umwelt als unsere Mitwelt zu richten, diese besondere Chance und Aufgabe haben wir als pädagogische Bewegung. Denken wir durchaus so global, und handeln wir dann lokal.

Die Selbsterfahrung des Jugendalters in der Weltbegegnung

Das Jugendalter ist ein Ausnahmezustand zwischen Kindheit und Erwachsenenleben.[100] Die Kindheit ist im wesentlichen abgeschlossen, das Erwachsen-Sein dagegen hat noch nicht begonnen. Unter Erwachsen-Sein kann hier zunächst eine rein biologische Tatsache verstanden werden, denn es ist das Besondere der menschlichen Biologie, daß der Mensch mit der Pubertät noch nicht leiblich ausgewachsen ist.

Im Unterschied dazu haben die uns am nächsten verwandten Tierbrüder, die Säugetiere, mit dem Erreichen der Geschlechtsreife zumeist auch ihr Körperwachstum beendet und ihre endgültige Körperhöhe erreicht. Das ist beim Menschen nicht der Fall; er wächst noch das ganze dritte Lebensjahrsiebent hindurch weiter. Naturwissenschaftlich gesehen zeigt sich das an den Wachstumsfugen der Gliedmaßenknochen. Erst wenn alle Wachstumsfugen, die Epiphysenfugen zwischen der Knochenröhre und den Gelenkknochen, verknöchert sind, ist die Körpergestalt ausgewachsen. Dieser Epiphysenfugenschluß ist etwa zwischen dem 20. und 25. Lebensjahr erreicht. So ist es ein eigenartiges Kennzeichen der menschlichen Pubertät, daß zwar die prinzipielle biologische Möglichkeit der Fortpflanzung bereits gegeben ist, der Körper sein Wachstum aber noch nicht ganz beendet hat. Seine leibliche Konstitution bleibt im Gegensatz zu den meisten höheren Tieren auch nach der Geschlechtsreifung noch plastisch.

Betrachten wir nun die seelische Ebene des Jugendalters, so erweist sich der Unterschied zwischen Mensch und Tier als ein noch viel größerer. Reizend und bezaubernd erscheinen uns die Säugetierkinder, die in ihrem Gebaren menschenähnlich erscheinen. Die Verhaltensforscher bezeichnen diesen Zustand mit «Neugierverhalten». Das Jungtier zeigt Entdeckungsfreude, Unternehmungslust, sogar die Fähigkeit, lernen und spielen zu können. Um so erschreckender ist es, wenn diese uns ähnlichen Fähigkeiten mit der Geschlechtsreife zu Ende gehen; zu dem Zeitpunkt, in welchem der Leib sich fertig ausbildet, ist die seelische Entwicklung nicht nur beendet, sondern schrumpft sogar zur bloßen Befriedigung der biologischen Existenz, der Nahrungssuche und der Artsicherung in der Fortpflanzung zusammen – fast alles übrige geht verloren.

Gerade das ist das Menschliche des menschlichen Jugendalters, daß der Heranwachsende nicht dieser Regression ausgesetzt ist. Jetzt entsteht eine neue Stimmung im Menschen: Es muß gerade von jetzt an alles anders werden, als es die Älteren bisher gemacht haben. Der Aufbruch zu neuen Ufern ist das Spezifische der menschlichen Pubertät. Hier offenbart sich etwas Besonderes, das Inhalt einer Menschenkunde des Jugendalters werden muß, damit die Kräfte des Lernvermögens, der Erkundungsfreude, des Staunens und der Weltoffenheit nicht erlöschen. Denn auch beim Menschen erlöschen diese Fähigkeiten des kindlichen Staunens, der kindlichen Neugierde und der kindlichen Weltoffenheit. Es tritt aber auf der anderen Seite eine neue Form der Weltoffenheit auf, die an das Kind-Sein nicht mehr anknüpfen möchte. Im Jugendalter vergessen wir vieles aus unserem eigensten Kind-Sein und haben es später als Erwachsene schwer, die Welt des Kindes neu zu verstehen. Weil wir das Kind-Sein seelisch abstreifen und neue Formen der Erkundungsfreude und des Lernvermögens uns aneignen können, benötigen wir deshalb später gerade als Erziehende eine Menschenkunde des Kindes.

Welche neuen Seelenkräfte sind es nun aber, die im Jugendalter auftauchen? Oft glaubt der Lehrer, er habe über viele Jahre hin die Kinder aufwachsen sehen und sie mit der Zeit sehr genau kennengelernt. Dann begegnet er nach einem längeren Zeitraum, wie z.B. nach den großen Ferien, den Vierzehn- bis Fünfzehnjährigen wieder und bemerkt plötzlich, daß ihm ein im Kern unbekannter Mensch gegenübersteht. Behandelt man den Schüler wie das altvertraute Kind, so trifft das nicht mehr, denn das ist es nicht mehr. Welche neuen Kräfte sind es, die in diesem Zeitraum wirksam werden?

Ich möchte diese neuen Kräfte mit einem Chiffre-Wort bezeichnen. Es sind gewissermaßen auch «Kindheitskräfte», aber im Gegensatz zu denjenigen vor der Geschlechtsreife, die sich bei dem Kind unmittelbar und spontan präsentieren, sind sie nun ganz anderer, unsichtbarer Art. Nicht sichtbar nach außen in der leiblichen Gestik und Mimik tun sie sich kund, sondern sie sind unsichtbar irgendwo im Seelischen. «Kindheitskräfte» können sie deshalb genannt werden, weil es sich auch um Kräfte des ganz Neuen, des Werdenden, des Keimhaften handelt. Es ist eine Kraft des Werdens, die mit ihrer Entwicklung in diesem begonnenen Leben allein nicht fertig werden wird. Die früheren Kindheitskräfte flossen in die sichtbare Leibwerdung, in die Organausbildung, in die leibliche Organik ein und sind damit räumliche Konstitution geworden, die wir als Hülle nun weiter mit uns durchs Leben tragen.

Was aber nun im Jugendalter als eine andere «Kindheitskraft des Werdens» auftaucht, geht nicht in die weitere Leibbildung des Menschen ein. Nur der letzte Nachklang der ersten Kindheitskräfte ist es, der etwa bis Mitte Zwanzig hinein den Rest des körperlichen Wachstums leistet. Währenddessen aber setzt schon der «neue Kindheits-Kraftstrom» ein, der das ganze Leben über die Entwicklungsbereitschaft des Erwachsenenlebens ausmachen wird, der sogar so keimhaft ist, daß er nicht mit dem Tod sein Ende findet.[101] Diese Kraft ist es, die im Jugendalter erstmals auftritt.

Es handelt sich dabei um eine Kraft, die Rudolf Steiner die «Kraft des eigenen Schicksals» genannt hat. Das Kind lebt auch ein Schicksal, aber es lebt in erster Linie das Schicksal der Familie mit, es erlebt seinen Lebensverlauf eingebunden innerhalb der Familiengruppe. Im Jugendalter taucht dagegen das unmittelbare Empfinden auf: Von jetzt ab lebe ich nicht nur als Anhängsel das Schicksal meiner Familie mit, denn ich lebe jetzt mein eigenes. Mit diesem Erleben des eigenen Schicksals beginnen auch zugleich die Fragen: Wie will ich mein künftiges Leben gestalten? Es kommen die Fragen nach dem Sinn des Lebens auf, nicht nach dem Sinn des Lebens überhaupt, sondern ganz konkret nach dem Sinn *meines* Lebens. Diese Fragen sind es, die das Mündigwerden des Erwachsenen geistig vorbereiten.

Dieses Bild des «verborgenen Kindes», das in seiner Entwicklung jedem Menschen gegeben ist, kann – weil es das Erneuerungsfähigste im Menschen ist – auch seine geistige Organisation genannt werden. Wie steht es nun um dieses «Geisteskind»? Es ist zunächst viel intensiver tätig als die ersten Kindheitskräfte zu ihrer Zeit. Nicht die Raumgestalt des Leibes wird ausgestaltet, sondern es wird an der Zeitgestalt der Biographie gearbeitet und an die schon gebildete Gestalt angeschlossen. So ist für das Jugendalter all das eine große Hilfe, was wir an «Zeitkünsten» möglich machen. Neben den Raumkünsten wie z.B. dem Malen, dem Plastizieren, der Architektur gibt es ja auch die «Zeitkünste». So wie die ersten Kindheitskräfte körperraumbildend waren, so ist jetzt alles, was wir im Sprachlichen, in der Poetik, in der Literatur, im Musikalischen, in der Bewegungskunst der Eurythmie treiben, dahin gerichtet, die strömende Zeit zu greifen, das Werdende zur Zeitgestalt umzuformen. Es sind dies Künste, in denen wir das Vermögen zur eigenen Veränderungsbereitschaft ausbilden können, um mit der eigenen Biographie fertig zu werden; das heißt, sie in soziale Künste überführen zu können.[102]

Das ist aber nur in individueller Freiheit möglich, deshalb entsteht in diesem Alter auch unmittelbar das Bedürfnis nach diesem Freiheitssinn. Obgleich das Erwachsenen-Sein noch nicht erreicht ist, kommt es jetzt darauf an, dem Jugendlichen Möglichkeiten zu schaffen, sich im Grenzland zwischen abflauenden ersten Kindheitskräften und dem Aufgang der unsichtbaren neuen Quellkräfte im Fortgang zeitlicher Biographik zu üben und zu erproben.

Aber jene Freiheit, die der Mensch nun erhält, ist – sonst wäre er nicht frei, sondern abgesichert – voller Risiken. Das Risiko im Jugendalter besteht darin, daß anstelle der Entwicklung dieser unsichtbaren, noch keimhaften neuen Kräfte in Infantilismen zurückgefallen wird, in Dinge, die nur in der Kindheit angemessen waren. Die Aufmerksamkeit des jungen Menschen bindet sich gern viel zu sehr an das Räumliche, an das Leibliche. Die Schwere der eigenen Leiblichkeit hemmt das Hineinfinden in dieses Zeitliche, das neue keimhafte Werden des individuellen Lebens. Nichts ist in diesem Alter so gefährlich wie die leibliche und seelische Selbstbetrachtung. Rudolf Steiner[103] riet dazu, daß man den Jugendlichen über diese Gefahr der

Selbstbetrachtung hinweghelfen sollte, wo man es nur könne: durch Weltinteresse.

Deutlich ist, daß der junge Mensch im dritten Lebensjahrsiebent sehr viel besser den anderen Menschen analysieren kann als sich selber. Was die Erwachsenen dann als Fremdanalyse erleben, ist immer noch besser als die auf sich selbst gerichtete Betrachtung des jungen Menschen. Jugendliche in diesem Alter besitzen nahezu Röntgenaugen, und oft wird gerade der Vertrauteste genau betrachtet. Die Selbstanalyse und die Selbsterkenntnis, sie gehören in das Erwachsenenalter. Für den *jugendlichen* Menschen mögen an die Stelle mehr die Erfahrung anderer Menschen und die Kultur treten. Die Schule muß in dieser Zeit gleichsam nach außen durchsichtige Wände bekommen. So sehr vorher das *Kind* in der Waldorfschule berechtigt abgeschirmt wird vor zu frühem Zugriff von Kräften und Einflüssen, die erst der Herangewachsene eigenständig verarbeiten kann, so sehr muß sich in den Oberklassen die Schule für die Umwelt im weitesten Sinne öffnen. Das ist gerade auch das Großartige des Jugendalters, daß der Jugendliche den Probelauf noch ohne den Verantwortungsdruck der Mündigkeit machen darf. Auch der Gesetzgeber hat das durchaus bei der Vorverlegung vieler Mündigkeitsrechte auf das 18. Lebensjahr berücksichtigt, indem der eigentliche Verantwortungsdruck im Strafgesetz erst ab dem 21. Jahr geltend gemacht wird.

So ist alles, was im Unterricht und im Elternhaus an Hilfestellung dem dritten Lebensjahrsiebent mitgegeben werden muß: *Weltvermittlung*. Die Hinweise beispielsweise auf die Geschichte ermöglichen viel, denn gerade die Geschichte ist eines der wichtigen Mittel, um zu verstehen, was heute noch wenig geschichtlich betrachtet wird, nämlich die Naturwissenschaft. Erst dann kann deutlich werden, daß die Naturwissenschaft mit ihren Gesetzen auch nur historischen Charakter hat. Wir brauchen gerade für das Verständnis unserer naturwissenschaftlich-technologischen Welt den geschichtlichen Aspekt. Und umgekehrt: Geschichte ist in vielen Dingen nicht zu verstehen, wenn wir nicht aus neuen Formen der Naturwissenschaft die heute gesellschaftlich wirksamen Mächte sehen und orten lernen.

Was sich an Ideologien auf den heutigen politischen Feldern etabliert hat, wird dem jungen Menschen um einiges verständlicher, wenn er ihre Ursprünge aus den biologischen Theorien (der Mensch sei nur das Produkt seines Milieus oder seiner Erbmasse) bemerkt. Eine umfassendere Erkenntnis des Lebens, das sich nicht in dialektischer, sondern in dreigliedriger Vielfalt und Zusammengehörigkeit darstellt, macht erst die Dreigliederung des sozialen Organismus denkbar.

Wo wir können, ist dem jugendlichen Menschen anhand der naturgewachsenen und geschichtlich gewordenen *Welt* zu zeigen, daß *um ihn herum* alle Probleme, und chiffriert auch die Problemlösungen, anstehen, die er in sich fühlt und sucht. Ein Vers von Herbert Hahn, dem ersten Waldorflehrer, deutet das an:

Des Menschen Bild zerfällt,
Wenn er's an sich ermißt;
Geh in die weite Welt,
Zu suchen, wer du bist.

Die Scham als Entwicklungsraum des Menschen

Der Mensch ist ein Gleichgewichtsproblem. Von jeder Tugend gibt es Abwege nach zwei Seiten. Tapfer steht zwischen feige und tollkühn, sparsam zwischen geizig und verschwenderisch und die Scham zwischen Prüderie und Exhibition. Schon Aristoteles schrieb in der *Nikomachischen Ethik:* «Zur Mitte steht manchmal das Zuwenig, manchmal das Zuviel in schärferem Gegensatz. So ist nicht das sinnlose Draufgängertum, das heißt ein Übermaß, der größere Gegensatz zur Tapferkeit, sondern die Feigheit, das heißt die Unzulänglichkeit.»[104] Von Reinhold Maier, dem ersten baden-württembergischen Ministerpräsidenten nach dem Kriege, berichtete Thaddäus Troll,[105] daß er auf dessen Schreibtisch eine ausgeschnittene, ungestempelte Drei-Pfennig-Briefmarke entdeckte. Reinhold Maier schenkte ihm die Marke, «damit Sie sehen, daß ich wohl sparsam, aber nicht geizig bin». Nur der Verbohrte denkt in lauter Gegensätzen, spielt sie gegeneinander aus, lebt vom Feindbild, das die eigene Festung rechtfertigen muß, und macht die lebendige Idee statt zum Ideal zur Ideologie, also statt zur Anregung für das Leben zur Vergewaltigung des Lebens.

Die Ende der sechziger Jahre wirksam gewordene Mischung von Marxismus, Freudianismus und Behaviorismus hat so die Scham mit der herrschaftsstabilisierenden Prüderie verkrusteter Werttraditionen gleichgesetzt. Die verquälte Leibfremdheit und Weltverneinung, die sonntags über die Schlechtigkeit der Menschen und das Jammertal dieser Welt geistlos einherpredigte, um sich im Werktag davon sattsam zu erholen, ist zwar zur Seite geschoben worden. Aber die große Emanzipation blieb aus. Es blieb bei der leeren Floskel «Freiheit von»; es folgte ihr keine inhaltliche «Freiheit für»: für eine lebenspraktische Kultur in Erziehung, Bildung, Gesundheitswesen, Fürsorge oder gar für eine praktische, menschlich fruchtbare Politik.

Und die Verantwortung durch die neuerwachte ökologische Ethik kam auch nicht aus dieser Ecke.[106]

Sie konnte aus ihr nicht kommen, weil der gutgemeinte Wille allein heute nirgends mehr hinreicht, sondern nur hilft, wenn er der unabdingbaren Quelle eines einsichtsvollen Erkenntnisvermögens entspringt. Um eine menschlichere Gesellschaft zu schaffen, muß man den Menschen erkennen. Und zur Menschenerkenntnis gehört auch das rechte Verständnis der Scham.

Scham ist keine erzwungene Konvention, wie linkslastige Ideologien behaupten. Sie ist auch kein erblich abgesichertes Verhalten. Zu dieser Feststellung genügt schon ein offener Blick in das Verhalten aller (noch) nicht technologisierten Kulturen. Die darwinistische Brille des letzten Jahrhunderts hat uns das Unwort «Naturvölker» beschert. Als ob es je irgendein Volk ohne Kultur gegeben hätte. Die filmkamera-behangenen Touristenmassen sind heute menschlich weniger intakt als die mit «unterentwickelt» deklarierten «Naturvölker», und diese sind, auch wenn sie unbekleidet sind, sexuell schamhafter.

Die sexuelle Scham ist nur eine von vielen Äußerungen der menschlichen Schamhaftigkeit. Auf diese wird man immer stoßen, wenn man Menschenerkenntnis zu treiben beginnt. Menschenerkenntnis ist immer zuerst Selbsterkenntnis. Es ist ein von jedem Vorwurf freizuhaltender Tatbestand des menschlichen Erkenntnisvermögens, daß die Beurteilung des anderen Menschen leichter fällt als die des eigenen Menschseins. Denn Erkenntnis ist immer an den Vorlauf der Objektivierung gebunden. Wir müssen den Inhalt unseres Erkenntnisvorhabens versachlichen, im Sinne der Neutralisation von gewohnten oder bevorzugten Einstellungen. Subjektive Selbstlosigkeit ist dabei vonnöten. Wie will man dann aber das eigene Subjekt erkennen, wenn man es zugleich hintansetzen soll? Diesen Konflikt vermeiden wir gewöhnlich dadurch, daß wir den Splitter im Auge des anderen leichter bemerken als den Balken im eigenen Auge. Diese Lebenstatsache gilt es nicht auszubeuten, sondern zu beschreiben und zu verstehen. Und hier gibt uns die anthroposophische Menschenkunde eine Fülle nachvollziehbarer Erkenntnisse an die Hand. Es seien die herausgezogen, die unserem Thema aufhelfen.

Zum Menschen gehört seine mit physikalisch-chemischen Methoden untersuchbare, wägbare und analysierbare Leiblichkeit. Doch weder Physik noch Chemie können diese originär erzeugen. Der physische Leib existiert durch seine Lebensfähigkeit. Wie der physische Leib allein nur Leiche ist, so befindet sich der physische Leib während des bloßen Lebenszustandes vorerst nur im Tiefschlaf. Im Aufwachen treten die Empfindungsfähigkeiten hinzu. Aber diese drei konstituieren auch noch nicht alle menschlichen Fähigkeiten. Eine weitere, wesentliche ist der persönlich verantwortete Umgang mit den kollektiv durch Vererbung oder Prägung erworbenen Empfindungsmustern. Erst diese vierte Existenzweise, zu der der Mensch bewußtseinsmäßig in der Selbstidentifikation erwacht, hebt ihn über den mineralischen Zustand des physischen Leibes, den Pflanzenzustand des vegetativen Lebens und den tierischen Zustand der naturhaft ablaufenden Empfindungsweisen hinaus. Rudolf Steiner bezeichnet diese Glieder der Menschennatur in seinem Buch *Theosophie* als

Ich
Empfindungsleib (Astralleib)
Lebensleib (Ätherleib)
Physischer Leib.

Im Kapitel über die Temperamente haben wir diese schon näher skizziert. Wenden wir uns der besonderen Eigenart des Ich zu.

Versucht sich das wache Tages-Ichbewußtsein Rechenschaft von der Qualität der eigenen personalen Individualität zu geben, so treten viele Schwierigkeiten schon im Vorfeld auf: Selbstbespiegelung, Selbsttäuschung, Selbstüberschätzung oder auch selbstzerstörerische Minderwertigkeitserlebnisse, Nihilismus, lähmende Resignation. Hier fällt der Mensch leicht von einem Extrem ins andere. Nichts scheint ihm zuerst leichter, weil er hierbei nur mit sich selbst zu tun hat, denn nichts meint man besser zu kennen als sich selbst, und nichts ist schwerer – ein merkwürdiger Vorgang. Auch die verschiedensten Techniken von Gruppendynamik helfen nicht zentral, weil das Problem der Gruppe überlassen wird, die einen bestenfalls anzustoßen vermag. Hier hilft uns vielmehr eine Beobachtung Rudolf Steiners weiter, die im ersten Kennenlernen geradezu paradox erscheint:

«Heute ist der physische Leib der vollkommenste, weniger vollkommen ist der Äther- und noch weniger der Astralleib, und das Baby unter den Leibern ist das Ich.»[107]

Der niedrigste Leib soll der am weitesten entwickelte sein?

Aber schon anfängliche Selbsterkenntnis trifft auf diesen Sachverhalt. Wir wären in unserem Ichvermögen völlig überfordert, die bewunderungswürdige Gestaltung unseres physischen Leibes in allen Einzelheiten bewußt abzusichern; wir ahnen bei aller naturwissenschaftlicher Kenntnis bestenfalls etwas davon. Die Weisheit des Leibes ist so vollkommen, daß die individuelle Seele und der individuelle Geist dagegen nur stottern können. Auch die Lebensorganisation des Ätherleibes ist voller unbewußt funktionierender Meisterschaft, wenn auch anfälliger und erblich schon nicht mehr abgesichert. Die Emotionalsphäre des Empfindungsleibes ist in ihrer krisengeladenen Problematik zwischen Anspruch und Wirklichkeit bekannt genug. Sie muß zeitweise im Schlaf aufgegeben werden, um das harmonische Miteinander von physischem und Lebens-Leib nicht ganz zu chaotisieren. Permanentes Wachen zerstört deshalb die Naturgrundlage des Menschen.

Und das Ich? Es ist so unvollkommen und ungenügend gegenüber dem sich spiegelnden Selbstbewußtsein, daß es sich vor sich selbst versteckt. Und diese erst einmal notwendige, als Selbstschutz heilsame Verdrängung ergibt die in jedem Menschen tief unbewußt schlummernde Scham. Nimmt man ihm die Scham, so zerstört man sein Ich.

Zahllose gesellschaftliche Einrichtungen mißtrauen dem Ich des einzelnen Menschen. Die Kirchen stellten die Frage: Wo kommen wir hin, wenn jeder selbst über Gut und Böse befinden will? Hier bedürfte es der Normierung vorzugebender Werte. Der Marxismus besagt, wenn auch in anderen Worten, das gleiche und entpuppt sich darin als die säkularisierte Form einer zur Abwechslung materialistischen Kirche. In den faschistischen Systemen heißt es statt «Du bist nichts, die Gesellschaft ist alles» wiederum «Du bist nichts, dein Volk ist alles»; hier wird der Mensch auf seinen Biologismus politisch reduziert. Das naturwissenschaftliche Weltbild, ebenfalls eine eminent zivilisationswirksame Macht, beruht inzwischen auf dem einzig zugelassenen Wahrheitskriterium der Reproduzierbarkeit jeder Aussage. Da aber der Ichcharakter jedes Menschen unersetzlich, also unwiederholbar ist, hat sie, wenn sie sich den Menschen als Untersuchungsobjekt vornahm, notwendigerweise immer nur Typologien von ihm geliefert und nie die Ichartigkeit beschreiben können. Was wunder, daß sie mit ihren Denkmustern nur bei den anonymen Instanzen von Vererbung und Umwelt ankam, also auch nicht über den «Blut und Boden»-Mythos hinausführte. Die Anwendung der Lorenzschen Verhaltensforschung (angeborene Auslösermechanismen) und des Skinnerschen Behaviorismus («conditioning training») in der heutigen Werbepsychologie von Wirtschaft und Politik zeigt damit gleichfalls Inhumanität. Damit wurden zwar gelegentlich manche Verhaltensreaktionen der Massengesellschaft vorhersehbar, aber den weltweiten Jugendaufstand gegen die etablierte Gesellschaft Ende der sechziger Jahre hat keine der sich als zuständig betrachtenden Institutionen vorhersagen können. Da herrschte nur unverhohlene Verblüffung.

Alle Gesellschaftsmächte bedauern es, daß der Einzelmensch im Prinzip anders kann als sie. Dabei gesteht man diesen Einrichtungen ihren jeweils guten Willen und Glauben zu. Denn ihr Mißtrauen in jedes menschliche Ich nährt sich ja aus der objektiven Erkenntnis von der Unzulänglichkeit all dieser Iche. Es weiß jeder von sich selbst, wieviel Fähigkeiten erst durch Talent, Konditionierung und dann durch Titel und Amt gegeben werden. Aber man spürt, daß das alles nur Akzidentien sind, nie das geistige Baby in uns selbst.

Und doch macht gerade das Unvollkommenste in uns die Vollkommenheit des Menschen aus: den Keim zu allem Neuen, zum Schöpferischen, zum Werden. Was fertig ist, kann sich nicht mehr entwickeln. Das Unentwickelte ist das Entwicklungsfähigste. In jedem Ich steckt die Keimkraft der wahren zukünftigen Evolution. Dadurch ist der Mensch Geschichtswesen, Kulturwesen. Wissenschaft, Kunst und Religion leben von der Erfassung des so bisher nicht Dagewesenen. Gerade weil das Ich nicht fertig ist, ist es zwar nicht der unsichtbare Zufluß selber, aber der sichtbare Quellort aller Erneuerung.

Anthroposophie begründet aus Menschenerkenntnis heraus, daß dem unantastbaren Innersten jedes Mitmenschen, sei er wie er sei, ein unbeschränktes Vertrauen entgegengebracht werden kann. Von Rudolf Steiner haben wir erfahren, was es heißt, dem Unzulänglichsten im Menschen freilassend Mut zu machen. Denn in jedem schlummern die Fähigkeiten, sich weiter zu entwickeln. Das geschieht nicht mehr von selbst, als ob man bürgerlich darauf warten könne. Sondern er muß sich dabei mit seiner eigenen geistigen Scham-Barriere auseinandersetzen. Auf was hierbei der Mensch in dem verborgenen, okkulten Geheimnisraum seines geistigen Wesens trifft, beschreibt Rudolf Steiner in der *Geheimwissenschaft im Umriß* in dem Kapitel «Die Erkenntnis der höheren Welten»:

«Im physisch-sinnlichen Leben nimmt sich der Mensch nur insofern selbst wahr, als er sich in seinem Denken, Fühlen und Wollen innerlich erlebt. Diese Wahrnehmung ist aber eine innerliche; sie stellt sich nicht vor den Menschen hin, wie sich Steine, Pflanzen und Tiere vor ihn hinstellen. Auch lernt sich durch innerliche Wahrnehmung der Mensch nur zum Teil kennen. Er hat nämlich etwas in sich, was ihn an einer tiefergehenden Selbsterkenntnis hindert. Es ist dies ein Trieb, sogleich, wenn er durch Selbsterkenntnis sich eine Eigenschaft gestehen muß und sich keiner Täuschung über sich hingeben will, diese Eigenschaft umzuarbeiten. [...]

Dringt der Mensch in sich selbst und hält er sich ohne Täuschung diese oder jene seiner Eigenschaften vor, so wird er entweder in der Lage sein, sie an sich zu verbessern, oder aber er wird dies in der gegenwärtigen Lage seines Lebens nicht können. In dem letzteren Falle wird seine Seele ein Gefühl beschleichen, das man als Gefühl des Schämens bezeichnen muß. So wirkt in der Tat des Menschen gesunde Natur: Sie empfiehlt durch die Selbsterkenntnis mancherlei Arten des Schämens. [...]

Wenn man dies gehörig bedenkt, so wird man begreiflich finden, daß die Geistesforschung einem inneren Seelenerlebnis, das mit dem Gefühl des Schämens ganz nahe verwandt ist, noch viel weitergehende Wirkungen zuschreibt. Sie findet, daß es in den verborgenen Tiefen der Seele eine Art verborgenes Schämen gibt, dessen sich der Mensch im physisch-sinnlichen Leben nicht bewußt wird. [...]

Nun ist die Sache so, daß jenes verborgene Gefühl wie ein großer Wohltäter des Menschen wirkt. Denn durch alles das, was man sich ohne geisteswissenschaftliche (anthroposophische) Schulung an Urteilskraft, Gefühlsleben und Charakter erwirbt, ist man nicht imstande, die Wahrnehmung der eigenen Wesenheit in ihrer wahren Gestalt ohne weiteres zu ertragen. Man würde durch diese Wahrnehmung alles Selbstgefühl, Selbstvertrauen und Selbstbewußtsein verlieren.»[108]

Die Scham ist nicht nur ein Selbstschutz den Mitmenschen gegenüber, sondern der eigenen Bewußtseinslage gegenüber. Wir brauchen sie, solange wir nicht reif sind, auf jede klare Selbsterkenntnis der eigenen Unzulänglichkeit mit der sofortigen Arbeit ihrer Überwindung zu antworten. Ein tiefes Verständnis, ohne Vorwurf und ohne erhobenen moralisierenden Zeigefinger, spricht aus dieser Darstellung Rudolf Steiners. Dem suchenden Menschen-Ich wird freilassend offene Auskunft darüber gegeben, welche Erfahrungen es auf dem Wege der Selbsterkenntnis machen wird. Denn von der Lust an der selbstzerknirschten Reue hielt Rudolf Steiner[109] ebensowenig wie von der Theorie, nichts zum Schämen zu haben.

Mit der verborgenen Scham tritt die dem Menschen erlebbare Scham zusätzlich auf. Das Gefühlsleben möchte sich innerhalb des eigenen Leibes verhüllen und sich gegenüber der Umwelt unsichtbar machen. Die so in die Emotionalität des Empfindungsleibes rutschende Schamhaftigkeit wirkt weiter auf die physiologischen Lebensprozesse, so daß das Blut des physischen Leibes uns in den Kopf und die Wangen steigt und wir erröten. Es baut sich gleichsam die Seele einen Schutzwall aus Blut, hinter dem sie sich tarnen möchte und doch nicht kann, sondern sich gerade damit bemerkbar macht. Sie bringt physiognomisch den unfertigen Zustand des Ich gegenüber der Leibesorganisation zum Ausdruck, und das besser als die selbstüberzogene Sicherheit, zur Scham nicht fähig zu sein.

Die Scham wird zumeist zu rasch und damit zu oberflächlich mit der Schuld zusammengestellt. Sie enthält viel mehr als nur die Folge persönlicher Schuld. Wer davor zurückscheut, die innere Selbstbeobachtung zu machen, stelle sich die Frage nach der Kollektivschuld der Deutschen für die Katastrophe der zwölf Nazijahre. Viele Deutsche sind in dieser Zeit schuldig geworden, vom Mitläufer über den Schreibtischtäter bis zum KZ-Arzt. Aber sind danach sämtliche Deutschen dafür schuldig, weil sie Deutsche sind? Theodor Heuss widersprach nach dem Kriege dem Vorwurf der Kollektivschuld, aber er sprach von der nötigen *Kollektivscham* aller Deutschen.

Scham kann stellvertretend vollzogen und wirksam werden und bewältigen helfen. Damit wird die Scham ein aktiver moralisch-geistiger Vorgang, der über die hilflose Zerknirschung einerseits oder die schamlose Unverbindlichkeit andererseits weit hinausgeht.

Auch die geschlechtliche Scham ist mehr als nur die Folge sinnlos verordneter Schuldgefühle. Sie hat menschheitliches Ausmaß. Denn der nackte Buschmann, Uraustralier oder Amazonasindianer ist nicht schamlos, sondern versteht sich im Geschlechtsvorgang als Abbild hoher, kosmisch-geistiger Vorgänge. So schildert Leo Frobenius, der bedeutende Völkerkundler für Afrika:

«Denn die Menschen der alten sudanischen Kultur sind von einer uns direkt unvorstellbaren Naivität und Keuschheit, sagen wir klipp und klar: von absoluter Reinheit der Einstellung. Wer bedenkt, mit welcher heiligen Scheu hier die Gebräuche der Familienbildung eingehalten werden ..., wer es erlebt hat, wie Erfüllung der Naturforderung in scheuer Demut unter dem Symbolspiel der Mystik auf allen Gebieten der Gesittung sich vollzieht, der weiß, wie diese Menschheit zu keinerlei Schilderung fähig ist. So war es mir denn auch verständlich, daß die Leute von Kani Bonso mir ohne alle Überlegung unter Hinweis auf die entsprechende Lehmplastik den Mann der Paarung als ‹Himmel›, die Frau als ‹Erde› bezeichneten.»[110]

Die Scham-losigkeit beginnt erst mit dem Verlust der geistigen

Dimension des Menschen und der seiner Geschlechtlichkeit. In einer Ansprache während des Anthroposophischen Hochschulkurses in Stuttgart am 8. September 1921 äußerte Rudolf Steiner zur Sexualität: «Man kann nicht in der Welt nach rückwärts wachsen, sondern nur nach vorwärts. [...] Das erotische Leben ist gerade so, daß man es richtig hineinstellen muß in das Leben. Wie es erscheint am Menschen und in einem gewissen Jahresalter, so entwickelt es sich auch in einem gewissen Kulturzusammenhang ... Wenn die anderen Dinge sich gesund entwickeln, entwickelt sich auch eine gesunde Erotik. Durch das Programmäßige auf diesem Gebiet schadet man am allermeisten. [...] Ebenso das andere, daß man erlebt hat, daß Menschen alle Augenblicke kommen und sagen: ‹Ach, etwas Schreckliches ist vorgegangen! Ganz unnatürliche Sexualität entwickelt mein Kind.› Fragt man darauf nach dem Alter des Kindes, so erfährt man, daß es erst fünf Jahre alt ist. Glauben Sie doch, daß die Sexualität erst mit dem Reifwerden herauskommt und daß es tatsächlich keinen Unterschied macht, ob ein Kind die Nase kitzelt oder ob es sich anderswo kratzt... Wenn man ein fünfjähriges Kind auf Erotik ansieht, ist das Blech.»[111]

Mehrfach wendet sich Rudolf Steiner, der die Entstehung der Freudschen Psychoanalyse aus nächster Nähe in Wien verfolgt hatte,[112] massiv gegen die Theorie der kleinkindlichen Sexualität,[113] welche inzwischen in der Verhaltensforschung ebenfalls korrigiert worden ist.[114]

Die sexuelle Triebhaftigkeit als in der seelischen Empfindung auftauchende Libido erwacht erst mit der seelischen Pubertät und darf nicht mit den ganz anders gearteten, von uns Erwachsenen mit der Pubertät zumeist vergessenen seelischen Bedürfnissen des Kindesalters verwechselt werden.

Aber hat nicht das Kind schon vom Augenblick der Konzeption an eine eindeutig eingeschlechtlich determinierte Leiblichkeit? Eine merkwürdige Äußerung Rudolf Steiners dazu ist, daß die Organe, welche nach der Geschlechtsreife der Fortpflanzung dienen können, ursprünglich gar nicht für diese Funktion entstanden sind und auch beim Kinde andere Aufgaben haben:

«Die physischen Organe – man kann es geradezu so aussprechen – sind gar nicht für Sexualität bestimmt, sie werden erst angepaßt der Sexualität. Und wer behauptet, sie wären ursprünglich der Sexualität angepaßt, der urteilt nur nach der äußeren Meinung. Sie sind so, daß die einen angepaßt sind dem Himmlischen, die anderen dem Irdischen. Abbilder sind sie. Der Geschlechtscharakter wird ihnen erst aufgedrückt durch das, was aus der Kopfströmung kommt vom siebenten zum vierzehnten Jahre. Da erst wird der Mensch ein Geschlechtswesen.»[115]

Der Mensch tritt dann in die Geschlechtsreife ein, wenn er zugleich sein gehirngebundenes Urteilsvermögen voll entwickelt und das logische kritische Denken erwacht. Große Evolutionsschritte der Menschheitsentwicklung wiederholen sich in der pubertären Umstellung. Die Denkkraft konnte sich in einer frühen Menschheitsstufe nur dadurch entwickeln, daß der menschliche Leib aus einem ursprünglich androgynen, beidgeschlechtlichen Zustand heraus sich in die jeweilige Eingeschlechtlichkeit vereinseitigte. Da er dadurch nicht mehr allein die Fortpflanzung zu leisten brauchte, wurde von der ursprünglich leibgebundenen Lebenskraft ein Teil frei und verwandelte sich zur Denkkraft. «Das Denken ist erkauft durch die Eingeschlechtlichkeit.»[116] Die vielseitige Kraft des Denkens gleicht die geschlechtliche Einseitigkeit des Leibes aus. Und immer wenn der Mensch zum denkenden Bewußtsein überhaupt erwacht, wird er sich seiner leiblichen Fragmenthaftigkeit schamhaft inne. Gerade bei recht wachen, aufgeweckten Kindern ist die Schamhaftigkeit größer als bei den Träumern. Das Bewußtsein weiß erst einmal nicht, woher die Scham kommt, aber sie taucht im Bewußtsein aus dem gleichen Vorgang auf, aus dem auch das Bewußtsein aufgetaucht ist. Indem die «Kopfströmung», wie es Rudolf Steiner nennt, den ganzen Leib erfaßt, wird der Mensch erst Geschlechtswesen.

Was aber kann damit gemeint sein, daß die Organe, die später der Sexualität unterstehen, ursprünglich und immer noch bei jedem kleinen Kinde eine ganz andere Aufgabe hatten und haben, die nur von der geschlechtlichen Reifung sekundär überfremdet wird? In frühen Vorträgen[117] spricht Rudolf Steiner davon, daß die Anlage der

Genitalien ursprünglich Wahrnehmungsorgane waren. Welche Wahrnehmungen hat von Natur aus das frühe Kindesalter? Jedem kleinen Kinde ist bei einiger Vertrautheit anzumerken, daß es noch in aller Unmittelbarkeit unsichtbare Wesen wahrnimmt. Viele Kinder spielen in ihren ersten Lebensjahren mit ihrem «unsichtbaren Spielgefährten». Gerade auch die unausgesprochenen Gedanken und Gefühlseinstellungen der ihm begegnenden und mit ihm lebenden Erwachsenen nimmt es so direkt wahr, daß der darauf aufmerksam Gewordene immer wieder verblüfft wird, daß das Kind ausspricht, was er selbst gerade gedacht hat. Hermann Hesse schildert in seiner Autobiographie, wie sein heimlicher Spielgefährte ihn die ganze Kindheit hindurch begleitete. Der verschwand erst, als die Welt des Geschlechtlichen in sein Leben eintrat.[118] Das kleine Kind hat eine naturhaft geschenkte Hellfühligkeit, Hellhörigkeit und Hellsichtigkeit für alles Geistig-Wesenhafte. Und die organische Grundlage dieser naturhaften Geistwahrnehmung sind wohl diejenigen kindlichen Organe, die in ihrer Funktion später zu Fortpflanzungsorganen verkehrt werden; im einen Fall – wie Rudolf Steiner schildert – mehr für die Wahrnehmung der in der irdischen Natur waltenden Geistigkeit, im anderen Fall mehr der aus dem Kosmos hereinragenden Himmelswelt.

In den frühen, vorchristlichen Kulturen war davon ein selbstverständliches Wissen vorhanden gewesen. Was bei den häufigen prähistorischen und antiken Darstellungen von Phallus und Vulva heute als Sexualsymbolik interpretiert wird, hat laut Rudolf Steiner gar nichts mit dem zu tun, was wir heute als Sexualität bezeichnen.[119] Auch die geschlechtliche Vereinigung vollzog sich für die noch viel mehr träumenden Menschenseelen so, daß nicht die Lustbefriedigung im Tagesbewußtsein stand, sondern mehr die traumhafte Wahrnehmung der Geistigkeit des anderen Menschen. Im 1. Buch Moses wird deshalb die leibliche Vereinigung mit den Worten wiedergegeben: «Und Adam nahm Eva zu sich und er erkannte sie.»

In der Menschheitsentwicklung ist das Bewußtsein stufenweise von den menschheitsschaffenden geistigen Mächten freigegeben worden, so daß es zum Selbstbewußtsein erwachte und einsichtig denken lernte. Der Sprachgenius hat die damit eingetretene Trennung von Zeugen und Erkennen treffend bezeichnet, indem er im Denkbereich von der «Über-Zeugung» spricht. Das überzeugungsfähige Denken ist also nicht nur durch die Eingeschlechtlichkeit erkauft, sondern auch durch den Verlust der alten Hellsichtigkeit, des früheren Einblicks in die geistige Welt. Wir haben uns zu Ichmenschen verselbständigt, aber die eigene geistige Heimat aus dem Anblick verloren. Wir merken, daß wir Fremdlinge in dieser irdischen Welt sind, aber wir wissen nicht mehr selbst klar, wo unsere Heimat ist, aus der wir vor der Geburt stammen und die wir nach dem Tod erhoffen. Im Gegensatz zu sämtlichen alten Kulturen können wir heute Gott und die geistige Welt leugnen. In den verborgenen Untergründen jeder Menschenseele aber lebt ein existentielles Wissen davon, daß dieser Verlust der geistigen Wahrnehmung mit der menschheitlichen Verfremdung derjenigen Organe zusammenhängt, die zwischen 12 und 16 Jahren zu den Geschlechtsorganen heranreifen. Ihre Überfremdung ist unser ohnmächtiger Verlust der Geistverbindung. Und dieser Verlust lebt im Menschen als die geschlechtliche Scham. Das ist nicht die Individualschuld des einzelnen Menschen, sondern die Kollektivscham dessen, was den einzelnen Menschen solidarisch mit dem Schicksal der ganzen Menschheit verbindet.

Der russische Dichter Andrej Belyi berichtet von einem Bild, das Rudolf Steiner hierfür verwandte:

«Steiner hat nie vor der Bedeutung des Sexus die Augen verschlossen; er sagte: ‹Die geistigen Kräfte, die im Geschlechtlichen wirken …›, oder: ‹Die dem Geschlechtlichen innewohnenden Kräfte des Geistigen …›. Er betonte lediglich, daß der Sexus nicht selbst diese ‹Kräfte›, sondern nur die Form ist, in der sie in Erscheinung treten; er betonte, daß es gefährlich sei, die Quelle der Kräfte und ihre Erscheinungsform zu vermengen; daraus entstünden die sexuellen Verzerrungen. Er verglich die Kräfte des Sexus mit den gen Himmel sich streckenden Ästen und ihre Erscheinungsformen mit den Wurzeln des Baumes; das Schwelgen in sexuellen Problemen sah er als müßige Neugierde an, die die Wurzeln entblößt; er selbst hat diese Wurzeln nie verleugnet. Aber er betonte: sowohl die Asketen als auch die Anhänger der Sexualphilosophie haben ein übertriebenes Interesse für die entblößten Wurzeln. Der mit den Wurzeln nach oben eingepflanzte Baum stirbt ab.

Die Verwandlung der Kräfte des Sexus geschieht durch die Steigerung der Funktionen der oberirdischen Teile, des Laubes, das auch die Wurzeln mit Nahrung versorgt.»[120]

Wie die geschlechtliche Liebe nur ein Ausschnitt der viel umfassenderen Liebe zu allem in der Welt sein kann, so ist die geschlechtliche Scham nur ein Segment eines viel tieferen Schamvermögens. Die Freudsche Psychoanalyse baut jene tiefe Selbstscham durch Aufdekkung der seelischen «Abwehrmechanismen» unmittelbar ab und muß dann dem hilflos gewordenen Patienten die «Übertragung» der Verantwortung auf den Psychotherapeuten wieder abgewöhnen. Hier wird die geistige Freiheitssphäre zugunsten seelischer Entlastung durchbrochen, die aber die Biographie nicht ordnen kann.

Auf anthroposophischem Boden gibt es ebenfalls das Ja zum Abbau der Verdrängung, der unbewußten Abwehr, zur Klarlegung der Traumata und Fehlverhaltensweisen, aber entweder in eigener innerlicher tatkräftiger Selbsterkenntnisübung oder in freier Bitte an den um Rat gefragten Mitmenschen, der die Freiheitssphäre trotzdem achten kann. Dabei werden die Übungen wesentlich, die das Menschen-Ich stärken und ihm vorweg die Kraft geben, sich so in den Blick nehmen zu können, daß er aushaltbar wird. Diese sogenannten Nebenübungen des anthroposophischen Schulungsweges sind Vorbedingungen geistiger Schulung. Sie können aber ebenso allein zur seelischen Hygiene und Therapie eingesetzt werden.[121]

Hier hängt der weiterführende Weg davon ab, welche Dimensionen des Menschlichen die Beteiligten besitzen. Denn es tritt dabei schicksalhafte Verbindlichkeit ein, die ihre Schutzhülle braucht. Ein nicht nur äußerlich juristisches Beispiel dafür ist die Wahrung des Berufsgeheimnisses durch den Arzt, Lehrer oder Seelsorger. Und auch der Intimbereich aus Vertrauen, worin Ehe und Familie leben, sind Schicksalsverbindlichkeiten, die der Hülle bedürfen. Denn auch die leibliche Hingabe an den andersgeschlechtlichen Partner ist nicht ein Verlust der Scham, sondern ein wechselseitiges Aufnehmen des Partners in die gemeinsame Schamhülle. Die positive Scham läßt das von dem Geistverlust verletzte Ich und Du überleben.

Wir haben eingangs von der Unterscheidbarkeit des Selbstbewußtseins von seinem Ich und der schwer ertragbaren Unvollkommenheit des wahren eigensten Selbst gesprochen. Wie kam es je zu dieser Kluft, die einen immer in die beschämende Verlegenheit bringt, mehr von sich zu halten, als man ist? Der anthroposophische Erkenntnisweg stößt bei dieser Frage nach dem Verursacher auf ein hohes Geistwesen. Es ist der Geist der Selbsterhöhung, der dem Menschen zwar das Licht des Selbstbewußtseins bringt und ihm damit die Möglichkeit der Freiheit eröffnet, aber zugleich ihm die wahre Selbsterkenntnis verschließen möchte und der Erzeuger aller Selbstsucht ist. Lichtbringer, «Luzi-fer», wurde diese Kraft des Bösen genannt. Im mythischen Bild der Schlange veranlaßte er uns, vom Baum der Erkenntnis zu essen und aus der paradiesischen Geborgenheit der Geistwelt herauszufallen. Auf ihn sind wir bei den hier angestellten Betrachtungen immerfort gestoßen. Ihn in sich kennenzulernen und zurückzudämmen lohnt, weil der Geist der Selbstlosigkeit uns mehr zu unserem wahren Selbst führt. Nach diesem Geist der Selbstlosigkeit kann die Menschenseele heute in einer unheilen Welt in völliger Freiheit streben. Keine geistige Macht außer uns selbst kann uns dazu veranlassen. Und keine äußere Macht, und wenn sie es noch so gut mit ihren Vorwürfen meint, kann dabei nutzen.

Menschenkundliches zur Geschlechterproblematik

Die zunehmende Vermarktung der menschlichen Sexualität muß jeden, der mit Kindern und Jugendlichen zu tun hat, zur Auseinandersetzung bewegen. Jahrhunderte- und jahrtausendealte Traditionen, man denke nur an die Marienverehrung oder die Bedeutung des Weihnachtsfestes als einer religiösen Einbindung der Geburt, bildeten die Kulturhülle für die menschliche Geschlechtlichkeit. Was einst im mythisch-religiösen Bereich aufgehoben war, hat aber der naturwissenschaftlichen Denkhaltung nicht mehr standgehalten. Was soll der Mythos der vaterlosen Geburt? Was soll das vom alten Kirchenvater Tertullian kolportierte Wort «Credo, quia absurdum»? Man mag über den Gang der Geschichte so oder so betroffen sein – es gehört zu ihrem Weg, daß wir nun allen Traditionen gegenüber die «Freiheit von» erfahren, bevor wir die «Freiheit für» finden können.

Anthroposophie kann nicht an bisherige Traditionen anknüpfen. Sie geht den Gang, alles Instinktive durch das klare Bewußtsein zu ersetzen, nicht nur mit, sondern auch voraus. Nur bleibt sie nicht im profanierenden Alltagsbewußtsein stehen, sondern baut zu dem, was das Tagesbewußtsein selbst ausgetilgt hat, ein bewußtes Verhältnis wieder auf. So seien hier zuerst einige naturwissenschaftliche Motive angeführt, um dann die menschenkundliche Behandlung und den pädagogischen Ausblick anzuschließen.

Die Kenntnisse von Fortpflanzung und Embryonalentwicklung bilden eine «natürliche Geheimwissenschaft». Die physischen Vorgänge spielen sich in Dimensionen ab, die dem vorgegebenen Sehbereich des Menschen unzugänglich sind. Noch dazu vollziehen sich die ersten leiblichen Anfänge um so weniger im umgebenden Milieu, je höher ein Lebewesen entwickelt ist (siehe S. 20ff.).

Für den biologischen Bereich aber besagt dies, daß nicht nur das Mikroskop, sondern auch Operation und Sektion die Voraussetzungen für die Erforschung der leiblichen Fortpflanzung des Menschen waren. Für das Geschichtsbewußtsein einige Daten von Erstbeobachtungen: Um 1677 sah der Holländer Hamm als erster im Mikroskop menschliche Samenzellen; 1827 entdeckte der Balte C. E. von Baer das Säugetier-Ei beim Hund; um 1841 erkannten Kölliker für die Samenzelle und Remak für die Eizelle deren Zellnatur; 1875 sah O. Hertwig als erster die Befruchtung als Vereinigung von Ei- und Samenzelle beim Seeigel; 1930 wurde zum ersten Mal eine reife menschliche Eizelle gesehen, 1944 die Befruchtung menschlicher Keimzellen direkt beobachtet und in den fünfziger Jahren die noch ausstehende Erforschung der ersten sechs Tage der menschlichen Keimesentwicklung abgeschlossen.[122] Was seit undenklichen Zeiten den Sinnen ein verborgenes Mysterium war, können wir heute fotografiert betrachten. Mit der Sinneserweiterung steht nun um so mehr die Bewußtseinserweiterung an.

Die Befruchtung ist ein biologischer Ausnahmevorgang. Jeder höhere Organismus stößt Fremdeiweiß durch Immunreaktionen ab und zerstört es. Der lebendige Chemismus von Ei- und Samenzelle, obgleich von verschiedenen Individuen stammend, schließt sich aber gegenseitig nicht aus. Das bedeutet, daß die individualisierte Eiweißstruktur, die dem ausgebildeten Organismus eignet, noch nicht vorliegt. Schon Rudolf Steiner wies darauf hin, daß es bei der Ausbildung des Keimzelleneiweißes zu einer Chaotisierung kommt.[123]

Auch nach Beginn der Zellvermehrung kann noch nicht von einem individuellen Keim gesprochen werden. Einzelne Zellen oder Zellkomplexe können sich voneinander lösen und eineiige Mehrlinge ergeben. Beim Menschen sind ein Prozent aller Neugeborenen Zwillinge, davon 20 Prozent eineiig. Auch die Plazentation ist nur möglich, weil die gegenseitigen Abstoßreaktionen zwischen Mutter und Kind bis zur Geburt ausbleiben. Und selbst der dann geborene Säugling ist immunologisch so unselbständig, daß ihm von Blutgruppen gefahrlos Blut transfundiert werden kann, die für den Erwachsenen den Tod bedeuten würden.

Die Allfähigkeit (Omnipotenz) der Teile hat der frühe menschliche Keim mit der pflanzlichen Organisation gemeinsam. Fast aus allen ihren Organen, selbst aus Blättern und Wurzeln, können wieder neue Pflanzen entstehen. Jeder Weidenzweig, in feuchtem Sand gehalten, bewurzelt sich und wird ein eigener Baum; das Brutblatt (Bryophyllum) von Madagaskar sproßt auch auf unseren Fensterbänken aus den Blatträndern hundertfach neu aus. Unser wilder Sauerampfer macht es aus Wurzeln. Die auch noch in ihren Teilen lebensfähige Pflanze ist also im Grunde gar kein echtes «Individuum».

Nur an einer Stelle ist sie nie zur Regeneration fähig: in den sich leuchtend verfärbenden Blütenblättern oder auch in den farbig gewordenen obersten Laubblättern (Brakteen). Hier in den seelisch ansprechenden Organen wird die Pflanze vom «Dividuum» anfänglich zum «Individuum». Wo sich Seelisches ankündigt, erstirbt das Nur-Lebendige, geht die Regeneration und Reproduktion verloren. Das tritt in der Stufenleiter der Tiere um ein Vielfaches stärker auf: Schwamm – Ringelwurm – Molch – Warmblütler! Je beseelter das Tier, desto eindeutiger wird seine leibliche Unteilbarkeit. Beim Menschen ist der gesamte Leib, von den Geschlechtszellen abgesehen, in keinem Organteil mehr fähig, sich selbst zu reproduzieren. Die voll beseelte Leiblichkeit ist notwendig sterblich. Seit Weismann[124] unterscheidet die Biologie den sterblich determinierten Anteil eines Organismus als «Soma» von den potentiell unsterblichen Anteilen als der «Keimbahn». Die Pflanze ist nur in ihren blattgrünlosen weißen oder buntfarbigen Blütenblättern reines Soma, das höhere Tier und der Mensch in seinem ganzen Leib mit alleiniger Ausnahme der Keimzellen.

Beim Menschen vollzieht sich der erste Vorgang der Somatisierung und damit des ersten Verlustes der biologischen Omnipotenz etwa vom 12. bis 17. Tag der Embryonalentwicklung.

Vorher ist Mehrlingsbildung aus einem Keim möglich. Von da an ist der Leibeskeim physisches Glied der Individualität, welches damit die prinzipielle Sterblichkeit erhält.

Die Individualisierung aber spart ein Organ des sich differenzierenden Leibes aus: die Keimdrüsen. In ihnen erhält sich die unbeschränkte Teilungsfähigkeit der Zellen, so daß aus ihnen die nächste

Generation und alle weiteren hervorgehen können. Allerdings ist die reife Geschlechtszelle auch dazu nicht mehr in der Lage. Erst zwei sich polar ergänzende Keimzellen sind durch Verschmelzung dazu fähig. Die Erscheinung der Sexualität tritt auf. Geschlechtliche Fortpflanzung und immanenter Tod sind gemeinsam auftretende, sich gegenseitig bedingende Tatsachen. Lebensanfang und Lebensende stehen in einem unmittelbaren Zusammenhang.

Dieser Zusammenhang stellt sich schon während der vorgeburtlichen Leibesentwicklung ein. Das Geschlecht ist schon im Augenblick der Eizell-Befruchtung durch die chromosomale Ausstattung der Samenzelle bestimmt. Trotzdem entwickelt sich der Embryo bei der Organbildung und Organausbildung vorerst geschlechtlich völlig indifferent. Die Genitalien werden lange in einem intermediären Zustand belassen. Aus neueren Untersuchungen[125] an tierischen Embryonen geht hervor, daß bei der Ausbildung der Körpergrundgestalt nicht nur Zellvermehrung, also Wachstum, stattfindet, sondern schon recht früh auch Zelltod (Nekrosen), und zwar in einer so geordneten Weise, daß das bisher nur wachsende Gewebe auf die notwendige Gestaltform eingeschränkt wird. Ein Höhepunkt dieses embryonalen Vorganges ist die erste Bildung von Knochensubstanz, also von totem, mineralischem Apatit. Zur gleichen Zeit, es ist gegen Ende der siebten Schwangerschaftswoche, beginnt mit dieser ersten Einlagerung abgestorbener Substanz die gegensätzliche Ausbildung der äußeren Genitalien in die weibliche oder männliche Richtung, so daß das Geschlecht des Kindes jetzt erst visuell identifizierbar wird. Dieser Entwicklungseinschnitt wurde als so gravierend eingeschätzt, daß der Embryologe das heranwachsende Kind nun nicht mehr Embryo, sondern Foetus nennt. Sexualität und Mortalität bedingen sich auch hier gegenseitig und bestimmen eine gewichtige Schwelle der Entwicklung.

Was davon heute naturwissenschaftlich beschrieben werden kann, dazu hatten frühere Jahrhunderte einen tiefen, unmittelbar seelischen Bezug. Mathias Grünewald malte auf dem Isenheimer Altar die Madonna mit dem Kind, das auf dem gleichen zerfetzten Tuch liegt, das dann der Gekreuzigte um die Lenden trägt. Im Weihnachtsoratorium läßt Bach die Melodie des Passionschorales bei der Christgeburt erklingen. Und in manchen Bildern der Spätrenaissance und des Frühbarock wurde das Weihnachtskind auf einem Kreuz schlafend dargestellt.[126]

Geschlechtlichkeit und Sterblichkeit sind beim geborenen Kinde auf der naturhaften Ebene angelegt, aber seelisch noch nicht relevant. Das Kind lebt in einem ganz anderen Daseinsgefühl. Tod und Geburt sind der Kinderseele oft nicht rätselhafter als das Einschlafen und das Wiederaufwachen. Unbewußt ist das Kind immer noch getragen von der Gewißheit der geistigen Welt.

Das ändert sich erstmals um die Zeit des vollendeten neunten Lebensjahres, um nach dieser Krisenzeit wieder einer fröhlichen Unbekümmertheit Platz zu machen. Erst in der Pubertät tritt der Heranwachsende mit dem Umbau seiner Leiblichkeit völlig in die Problematik ein. Die Geschlechtsreife mit der Ausbildung der sekundären Geschlechtsmerkmale und der Fortpflanzungsmöglichkeit ist charakteristischerweise mit einem massiven Skelettumbau verknüpft. Dieser wird allerdings erst Anfang der zwanziger Jahre abgeschlossen. Das bedingt im Gegensatz zum rascher reifenden Tier eine größere physiologische Plastizität und Freiheit gegenüber dem Triebdruck der Sexualität im menschlichen Jugendalter.

Wenden wir uns der seelischen Seite der Pubertät zu, so steht die Fülle der bekannten Erscheinungen vor uns. Sehr individuell vollzieht sich die Geburt der Jugendseele. Aber eines ist immer gemeinsam: Die naturhaft gespürte Geistigkeit der Umgebung wird dem wacher werdenden, kritischen Bewußtsein unzugänglich. Das bemerkt man nachträglich, wenn man an die Orte seiner Kindheit zurückkommt. Wie dürftig erscheinen sie einem später, ganz im Gegensatz zur früheren Erlebnisfülle. Gerade wenn die ganz persönliche Seele erwacht, legt sich um sie ein verdunkelnder Schleier, und wir bemerken viel schwerer den vollen Wert der Umwelt. Die Introversion bekommt vorerst die Überhand. Die Umgebung wird zum äußeren Alltag.

Zugleich wird der sterblichste Anteil des menschlichen Organismus, das Nervensystem, weiter entvitalisiert. (Es ist ja das Organ mit der kürzesten Überlebenszeit bei Blutmangel.) Dadurch wird das klare, zuerst einmal kritisch beurteilende Bewußtsein möglich. Das selbstverständliche Vertrauen, das er als Kind zur menschlichen und natürlichen Umgebung hatte, entfällt dem Jugendlichen. Nun wird ihm erst möglich, die Tatsache des Todes, das Einmal-sterben-Müssen, seelisch zu realisieren. Kein Jugendlicher, dem nicht in diesem Alter die Möglichkeit des eigenen Suizids bewußt wird und der sich nicht damit auseinanderzusetzen versucht. Aber er erlebt nun auch, daß ihm nicht nur der Tod in die eigene Entscheidung gegeben ist, sondern auch der Beginn des Lebens, die Fortpflanzung.

Die nun fortwährende Vervielfältigung der Keimzellen setzt ein. Menstruation und Pollution treten auf. Und die damit verbundene Triebhaftigkeit ist auch für die geistig gesund vorbereitete Seele nicht minder schwierig wie die Einstellung zur Todesmöglichkeit. Am Erwachsenen versucht der Jugendliche abzuspüren, wie dieser seinen Modus vivendi mit den Lebensgrenzen gefunden hat. Aber er meidet den offenen Kontakt, ist doch seine augenblicklich bedeutsamste Errungenschaft das persönliche Seelenleben, in dem er siegessicher erst einmal alle Probleme selbst zu lösen versucht; die zerbrochenen Wertmaßstäbe des Kindseins vermißt er schmerzlich.

Was die früher relativ einfache Selbstorientierung des Pubertierenden heute erschwert, ist die moderne Gesellschaft, denn diese befindet sich selbst in voller Pubertät. Nie war die Kultur so ausschließlich auf das Tote gerichtet und bis in ihren Baustil kubisch «versalzt» wie heute durch die physikalisch-chemische Technifizierung. Das öffentliche Weltbewußtsein steht vor der Entscheidung zum atomaren Selbstmord ebenso wie vor der Verantwortung der Regulation der Fortpflanzung. Nie hat die Gesellschaft in dem Ausmaße wie heute das kritisch-analytische Bewußtsein ausgebildet und andererseits auch die Sexualität zum öffentlichen Faktor gemacht.[127] Die bisher tragenden Traditionen werden als zu kindlich nicht mehr akzeptiert. Siegessicher einerseits und ebenso unsicher bei der Bestimmung menschlicher Wertmaßstäbe (man verfolge die Diskussionen über Abtreibung, Euthanasie, Herztransplantation, Reanimation, Gentechnik), das ist das durchgängige Bild. Diese Entwicklung hat in den letzten 30 Jahren ein nicht zu leugnendes Tempo angeschlagen. Das bedeutet für den heute Heranwachsenden im dritten Jahrsiebent eine bisher noch nicht dagewesene Intensivierung im Erleben und Durchstehen dieser Lebensphase.

So großartige Erlebnisse dem zu sich selbst erwachenden Jugendlichen zukommen, so erblindet doch nun sein naturhaftes Lebensgefühl für die Tatsache der eigenen geistigen Kontinuität, der Reinkarnation. Indem er erdenreif wird, werden ihm Beginn und Ende des Erdenlebens zu tiefen Einschnitten voller Rätselhaftigkeit. Das Gleiche ist ja auch immer in der Menschheitsgeschichte erfolgt, wenn das Kulturbewußtsein sich verstärkt der irdischen Außenwelt zuwandte.

Es tauchen nun die verborgenen, latenten Fragen im Jugendlichen nach *dem* auf, was plötzlich wie abhanden gekommen ist. Sie sind so schwer zu verarbeiten, weil sie zumeist unerwartet kommen und sich die Lösungen nicht sogleich anbieten. Mit der Geburt der neuen Seelenhaftigkeit verliert sich auch der bisher unbefangene naive Umgang mit der Sprache. Der Gedankensinn (Begriffssinn, Bedeutungssinn) löst sich deutlicher vom Lautsinn (Wortsinn) ab.[128] Waren für das kindliche Spracherleben Lautgestalt und Bedeutungsinhalt noch eine Einheit, so trennt sich ihm nun beides. Es gehört zu den neuen Seelenspannungen, daß vieles Bedeutungsschwere mit der bisher gewohnten Sprache nicht mehr formulierbar ist. «Es versteht mich ja sowieso keiner» ist die charakteristische Erfahrung. Im Schulzimmer gibt es nun die erhöhte Gefahr des Verbalismus. Worte können nun nicht mehr nur transparent für die Welt, sondern plötzlich auch undurchsichtige leere Hülsen werden. Sprache als Versteck, als Ersatzhandlung ist jetzt möglich – und wird zur Gefahr, weil sonst die Prägung zur Konvention als der einzigen Sprachverwendung stattfindet. Deshalb die große Sehnsucht des dritten Jahrsiebents: «Die Welt ist wahr.»[129] Und darum der Rat Rudolf Steiners an den Oberstufenlehrer, in seinen Unterrichtsfächern ein Forschender zu bleiben.

Diese Veränderung des Spracherlebens wird von den Veränderungen im Erleben des anderen Geschlechtes begleitet. Indem der

Jugendliche in die Einseitigkeit des eigenen Geschlechtes voll eintritt, erfährt er die psychische Anziehungskraft des anderen Geschlechtes um so rätselhafter. Wo er vermeinte, einen Schritt selbständiger geworden zu sein, überkommt ihn das Bedürfnis der seelischen Ergänzung durch den andersgeschlechtlichen Partner.

Für das heutige Oberflächenbewußtsein wird die Stärke dieses Triebes damit erklärt, daß er eben biologisch zweckmäßig sei, da er letztlich der Arterhaltung diene. Kann sich der Jugendliche mit dem Modell einer Verhaltensmaschine identifizieren? Die Antwort liegt auf der Hand.

Alle Fragen, die heute an das unbewältigte Verhältnis zwischen der naturhaften und der seelisch-geistigen Seite des Menschen anstoßen, sind nur jenseits der sinnlichkeitsgebundenen Erkenntnis auflösbar.

«Wir mögen uns über manches ergehen, über das wir suchen, klare Gedanken zu bekommen: in dem Augenblick, wo die Gedanken auf das sexuelle Gebiet übergehen, und sei die Vornahme noch so rein – in dem Augenblick ist es nur allzu leicht möglich, die Zügel über die Gedanken zu verlieren ..., weil die Gedanken, wenn sie auf dieses Gebiet hingelenkt werden, immer in einer gewissen Beziehung verfinstert werden.»[130]

Die große Schwierigkeit für das menschliche Denken besteht doch darin, daß es hier um ein Gebiet des menschlichen Lebens geht, das von höchsten geistigen Wesen getragen ist und zugleich in das Irdisch-Allzuirdische verflochten ist. Gerade weil die Sexualität mit dem Geheimnis der irdischen Inkarnation des Geisteswesens Mensch verknüpft ist, reicht das Bewußtsein, das jetzt zur Erfassung der Erdenwelt taugt, nicht an solche existentiellen Bedingungen des Menschseins heran. Rudolf Steiner spricht vom «dünnen Eis»,[131] auf das man heute treten würde: «Sich gerade auf dieses Gebiet zu verlegen, ist eine gefährliche Sache, und eigentlich kann es nur derjenige, welcher wirklich heimisch ist auf dem Gebiete derjenigen Forschung, die tiefer hineinführt in die Geheimnisse des Daseins.»[132]

Damit ist zugleich angedeutet, welche Aufgaben hier der Anthroposophie zukommen. Die Hilfen werden letztlich nur aus anthroposophischem Verständnis möglich sein. So wie in früheren Zeiten mehr das Nachtodliche im Vordergrund stand, so wird nun zur Kulturfrage die Welt des Vorgeburtlichen und ihr Hereinragen in das Erdenleben.

Viele der mit der Geschlechtlichkeit zusammenhängenden Fragen ordnen sich im menschlichen Selbstverständnis, wenn wir sie durch die Wesensglieder hindurch verfolgen. Die sinnenfällige Forschung hat sicher festgestellt, daß die physische Geschlechtsbestimmung im Augenblick der Konzeption durch den neu zusammentretenden doppelten Chromosomensatz mit seinen Geschlechtschromosomen gegeben ist. Damit ist aber noch keineswegs der Mensch in seiner künftigen Geschlechtsrolle abgesichert. Gerade im Bereich des unbewußten Seelenlebens werden konstituierende Fähigkeiten erst an der Begegnung mit dem anderen Geschlecht ausgebildet. Die Tiefenpsychologie hat sich bekanntlich auf die Aufdeckung dieses Bereiches geworfen und, schon seit Freud, auf die der sogenannten frühkindlichen Sexualität. Heute sind wir ja überall mit der öffentlichen Meinung konfrontiert, daß schon das Kleinkind sexuelle Probleme habe und es als sexuelles Wesen zu berücksichtigen sei.

Inzwischen hat die neuere Verhaltensforschung Freud in dieser Hinsicht selbst korrigiert. Der Freiburger Zoologe Bernhard Hassenstein[133] schildert in einem Vergleich zwischen Tierjungen und dem Menschenkind folgendes: Bei Vögeln entdeckt und bei vielen Säugetieren bestätigt ist der Vorgang der «Prägung». Ein äußerer Eindruck hinterläßt im Verlauf einer bestimmten Entwicklungsphase eine bleibende Wirkung. Und zwar sind zwei verschiedene Prägungen unterscheidbar: die Prägung auf die erste Bezugsperson, die dann als hilfreiche und schützende Instanz allein akzeptiert wird, normalerweise also auf die Mutter, und die Prägung auf den künftigen Geschlechtspartner, so daß später nach Eintritt der Geschlechtsreife erkannt werden kann, wer anderen Geschlechts ist. Beides ist nämlich nicht angeboren, sondern wird im Kindesalter durch Prägung gelernt. Die erste Prägung wird die Mutterprägung, die zweite die sexuelle Prägung genannt. Bei Gänsen und Enten tritt die erste am ersten Lebenstag innerhalb weniger Minuten unmittelbar nach dem Schlüpfen ein, die zweite in der 3. bis 8. Lebenswoche. Welche Verwirrung auftritt, wenn beim Schlüpfen im

Brutschrank nun statt der Gänsemutter ein Mensch dabeisteht und nur er dann auch später als Artgenosse betrachtet wird, hat Lorenz in seinem Buch[134] humorig erzählt.

Hassenstein versucht nun durch sorgfältigen Vergleich, diese Phasen auch beim Menschen aufzuzeigen, und kommt zu dem Ergebnis: Beide Prägungen finden auch beim Menschen statt, aber ungleich langsamer. Die erste Prägungsphase dauert vom dritten bis achten Lebensmonat. Ein Wechsel der Bezugsperson führt danach bis zu etwa zweieinhalb Jahren mit nachweislicher Sicherheit zu lebenslangen Schäden (Hospitalismus). Die zweite Prägungsphase vollzieht sich beim vier- bis siebenjährigen Kind. Es ist die Zeit, die Freud als die ödipale Phase der Kleinkindsexualität bezeichnet hat. In diesem Alter fühle sich der Knabe zur Mutter hingezogen und lehne den Vater ab, das kleine Mädchen binde sich stärker an den Vater und stoße sich von der Mutter ab. Diese von Freud beobachtete Phase, so Hassenstein, ist nichts anderes als die sensible Periode für die sexuelle Prägung durch den andersgeschlechtlichen Elternteil, lange bevor von aktiver Sexualität die Rede sein kann; hier liege Freuds Fehldeutung. Eine tatsächliche Erotisierung vor der Pubertät sei vielmehr eine Quelle von Fehlfixierungen. Aber in der späten Phase des Kleinkindalters liege eine Beeindruckbarkeit vor, die über ein künftiges normales oder abwegiges sexuelles Verhalten mitentscheidet.

Nun fanden wir schon im Kapitel über die Kinderzeichnungen (S. 28ff.) anhand der frühkindlichen künstlerischen Produktionen selbst, was Rudolf Steiner[135] für die stufenweise Verselbständigung dieses unbewußten Vitalbereiches, des Lebensleibes schilderte: Er wird schon mit zweieinhalb Jahren im Kopfbereich frei, wenn die Hirnreife so weit gediehen ist, daß das Kind sich des eigenen Ichs bewußt wird. Mit etwa viereinhalb Jahren verselbständigt er sich verstärkt von der Umwelt in seinen endogenen Organrhythmen (rhythmische Organisation) und reift dann in den Stoffwechsel-Gliedmaßen-Funktionen gleicherweise mit etwa sieben Jahren aus. Diese endgültige «Geburt» des gesamten Lebensleibes stellt sich als die Schulreife dar.

In engerem Zusammenhang mit den Stoffwechselfunktionen und

dem Gliedmaßensystem steht das Genitalsystem. Dessen lebensleibliche Konstituierung geschieht gerade in den letzten Jahren vor der Schulreife. Naturwissenschaftliche und geisteswissenschaftliche Ergebnisse entsprechen und ergänzen sich auch hier. Der fünf- bis siebenjährige Knabe hält sich enger an die Mutter oder an eine andere weibliche Bezugsperson in diesem Alter und veranlagt durch diese unbewußte Nachahmung eine geschlechtlich polare, also weibliche Tingierung seines Lebensleibes. Das Mädchen bindet sich in dieser Zeit stärker an den Vater, um in seinem selbständig werdenden Lebensleib die Anlage zu dessen männlicher Konstitution aufzunehmen. Knaben fremdeln in dieser Phase weniger weiblichen, Mädchen weniger männlichen Personen gegenüber. In den Waldorfkindergärten beobachten wir, daß beim adventlichen Krippenspiel die älteren Jungen der Gruppe gern einmal die Maria spielen wollen und die gleichaltrigen Mädchen lieber den Josef. Was auch Freud richtig beobachtete, nur fälschlich als frühkindliche Erotik ansah und Ödipuskomplex[136] nannte, ist ein rein in der Lebensorganisation ablaufendes unbewußtes Geschehen, das aber durchaus die Geschlechtlichkeit betrifft: nämlich die Ausbildung der zum physischen Leib entgegengesetzten Geschlechtlichkeit im Lebensleib. Indem das Kind zum Ende des ersten Jahrsiebents häufig den andersgeschlechtlichen Elternteil sucht, erfährt es eine weitere Prägung nun zur umgekehrten Geschlechtlichkeit, die es ebenso wie das eigene physische Geschlecht, nur polar ausgleichend, von nun an noch ganz begierdelos in sich trägt.

Tief unbewußt wird ein inneres Bild eingelagert. Damit hängt wohl zusammen, daß der künftige Ehepartner vom jungen Manne häufig nach dem unbewußten Bild der eigenen Mutter, vom Mädchen nach dem Bild des Vaters gesucht wird. So wie das Geschlecht des physischen Leibes mit der Konzeption geprägt wird und sich erst nach der siebten Schwangerschaftswoche auszubilden beginnt, so wird es im sich individualisierenden Ätherleib kurz vor der Schulreife in der Nachahmung veranlagt. Die volle weibliche oder männliche Ausbildung vollzieht der Ätherleib wie der physische Leib dann erst mit der Pubertät.[137]

Vieles, was man früher für Vererbung hielt, beruht auf solchen Prägungen. Rudolf Steiner bespricht einmal den Fall einer Fehlprägung bei einem exhibitionistischen Schüler durch die Schwierigkeiten der Mutter:

«Das ist ein schwieriger Fall. Bei N. ist zu bedenken: ein eigentlicher Vater ist nicht vorhanden. Die Mutter, die wirklich immer eine unglückselige Frau war, innerlich haltlos, hing an dem Buben ... Sie ist psychisch ganz labil ... Alles das, was diese Frau psychisch hat, ist heruntergeschlüpft vom Astralleib der Mutter in den Ätherleib des Buben, ist ganz organisch in den Jungen eingezogen, so daß der im organischen Verhalten ein getreuliches Abbild von dem psychischen Verhalten der Mutter ist ... Bei dem Jungen kommt es zum physischen Exhibitionismus.»[138]

Was besagt das alles für das erste Jahrsiebt? Für die Erziehung der späteren Geschlechtlichkeit ist bedeutend, welche Nachahmungsmöglichkeit das Kind noch im sechsten und siebten Lebensjahr hat. Eine Verschulung in dieser Zeit wendet sich an einen unausgereiften Ätherleib, der zwar im oberen Menschen schon arbeitsfähig ist, im Stoffwechsel-, Genital- und Gliedmaßensystem aber gleichsam zur Frühreife gezwungen wird oder auf die Dauer unselbständig bleibt. Wer immer wieder den vorschulischen Unterricht propagiert, ahnt nicht, daß er damit den künftigen Triebbereich des Menschen stört, was sich erst im Jugendalter manifestieren wird.

Der Waldorfkindergarten sollte die Zeit der freien Nachahmung möglichst bis zum siebten Geburtstag erhalten. Und die Waldorfkindergärtnerin wird beachten, daß es hier eine Zeit geben kann, während der der kleine Bub eine nachahmende Verbindung zur Mutter, das kleine Mädchen zum Vater hat. Die Kindergärtnerin oder der Kindergärtner werden oft selbst vom Kinde in dieser Funktion angenommen, die für sein späteres Vater- und Muttersein wesentlich ist. Die kosmischen Urbilder der Märchen und des Weihnachtsgeschehens sind dabei die notwendige Nahrung.

Immer wieder spricht Rudolf Steiner[139] davon, daß die geisteswissenschaftliche Erkenntnis von der umgekehrten Geschlechtlichkeit des Ätherleibes eine wesentliche Antwort auf die Sexualproblematik darstellt. Denn mit ihr wird deutlich, daß schon im ersten Wesensglied des übersinnlichen Menschen der Ansatz zum Ausgleich der physischen Geschlechtseinseitigkeit vorhanden ist. Den unbewußten übersinnlichen Menschen miteinbezogen, zeigt sich, daß jeder Mensch beide Geschlechter in sich trägt. Rudolf Steiner führt dieses Verhältnis auf einen allgemein hermaphroditischen Zustand in der evolutiven Frühzeit des Menschenvorfahren zurück.

«Nun müssen wir uns an die Tatsache erinnern, daß in gewisser Beziehung der Mensch sich einen Rest der alten Zweigeschlechtlichkeit erhalten hat insofern, als beim heutigen Menschen beim Manne der physische Leib männlich und der Ätherleib weiblich ist und beim Weibe umgekehrt, da hat der physische weibliche Leib einen männlichen Ätherleib. Diese Tatsachen eröffnen uns interessante Einblicke in das Seelenleben der Geschlechter; die Aufopferungsfähigkeit des Weibes zum Beispiel im Liebesdienste hängt zusammen mit der Männlichkeit des Ätherleibes, während der Ehrgeiz des Mannes erklärt wird, wenn wir die weibliche Natur seines Ätherleibes erkennen.»[140]

Während der Mann in der leiblichen Vereinigung physisch der Gebende und die Frau die Nehmende ist, verhält es sich in der Triebsphäre der Lebensleiblichkeit umgekehrt.

Gehen wir zur Betrachtung des Empfindungsleibes über, so treffen wir erst in ihm ganz auf die seelische Seite der Geschlechteranziehung, die eigentliche Libido. Als Träger von Lust und Unlust wird er zum Träger der auch mit der Geschlechtsbegegnung verbundenen emotionalen Begierdennatur.

Einige der hier von der Anthroposophie aus beschriebenen Motive finden sich auch anderenorts. Die vier Wesensglieder des Menschen schildert Nicolai Hartmann als Seinsschichten;[141] über die Doppelgeschlechtlichkeit in beiden Geschlechtern ist auch bei Otto Weininger[142] manches nachzulesen. Doch ist die pädagogisch wesentliche Entdeckung Rudolf Steiners,[143] daß sich die verschiedenen Wesensglieder nicht gleich schnell, sondern deutlich nacheinander entwikkeln. So wie der physische Leib mit der physischen Geburt eine erste Unabhängigkeit erreicht, so der Lebensleib mit der Schulreife und der Empfindungsleib mit der Geschlechtsreife. In der Umstellung der kindlichen Welthaltung zur Jugendseele wird mit dem pubertären Geschehen erst die Sexualität im seelischen Sinne begierdenhaft selbständig und als solche erst präsent.

Was den jugendlichen Menschen mit seinem nun eigenmächtig gewordenen Empfindungsleben in einer gewissen Weise erst vervollständigt, ist eine noch ganz andere Seite des Empfindungsleibes. Die Jugendseele lebt bei näherer Kenntnis und Selbstkenntnis in einer bedeutsamen inneren Spannung zwischen einer unmittelbaren Zuwendung zur sinnlich vorgefundenen und genossenen Außenwelt und einer ganz unabhängig tief in seinem Innern still aufbrechenden Suche und Überzeugung von hohen Sinngehalten des Menschseins. Echte Ideale beseelen ihn und leben in ihm in solcher Unbedingtheit, daß besagte Außenwelt nur ihre Unvollkommenheit vorweisen kann. Dieser hohe, idealische Mensch beginnt sein eigenes Schicksal von nun an in der Jugendseele zu leben und zu suchen. Tief moralische Kräfte steigen in ihr auf, die nicht von dieser irdischen Außenwelt sind. Und damit hängt wohl auch zusammen, daß Rudolf Steiner einen alten Namen aus der mittelalterlichen Esoterik für dieses Wesensglied bewußt übernimmt: Sternenleib = Astralleib. Vieles von diesem mit Idealen durchzogenen Seelenleib stellt auch die Jugendliebe unter einen besonderen Schimmer, wenn nicht die intellektuelle Profanierung und Resignation als Surrogat untergeschoben wurde.

In der nur dem Menschen zukommenden Ich-Natur treffen wir auf das vierte zentrale Wesensglied. Es steht über aller geschlechtlichen Einseitigkeit. Durch dieses ist der Mensch mehr als seine Geschlechterrolle, weil es keine Rolle ist, sondern immer nur unverwechselbar es selbst. Im Ich, oder wie wir das Ich des anderen nennen, im Du, lebt dasjenige, was jeden Menschen über das bloße Mann- oder Frausein hinweghebt und ihm die innerste Gleichberechtigung erteilt. Diese übergeschlechtliche Sphäre des Allgemein-Menschlichen in der individuellen Existenz durchmenschlicht erst ganz die Geschlechterbegegnung, ebenso wie sie das volle Menschsein auch für den Menschen ohne Geschlechtspartner darstellt. In der

Geschlechterbegegnung wird dadurch die gegenseitige Ergänzung von Mann und Frau zur personalen Bindung, die das Schicksal des anderen als eigenes Schicksal übernimmt und zur frei gewählten und gewollten Unaustauschbarkeit führt. Erst mit dieser verantwortlichen Mündigkeit wird das Geschlechterverhältnis auf der vollen menschlichen Stufe möglich. Die Verbindlichkeit der Ehe ist davon der äußere sichtbare Ausdruck.

Kehren wir von der Betrachtung der Geschlechtlichkeit durch die vier Wesensglieder hindurch in ihrer unterschiedlichen Entwicklung wieder zurück zum Kind. Wo Kinder in einem harmonischen Elternhaus aufwachsen können, ist das sexuelle Problem meist schon gelöst. Sie erleben hellfühlig, daß das Verhältnis von Mann und Frau in ein natürliches Selbstverständnis, in seelische Ehrfurcht, vielleicht auch in eine religiöse Hülle getaucht ist. Ein Verhältnis, in dem der in der kindlichen Seele noch vorhandene Wunsch, bei diesen Eltern auf die Erde gekommen zu sein, die befriedigende Erfüllung findet. In einem solchen Familienleben werden die Eltern im rechten Alter das mythische Bild, den sachlichen Naturvorgang, die seelische Hülle oder den geistigen Hintergrund geben. Prüde Schweigsamkeit, sexologischer Verbalismus, alles so früh wie möglich genau zu erklären, oder umschweifiger Gefühlsaufwand bleiben unnötig.

Aber eines der Kennzeichen unserer Zeit ist, daß das Kind und der Jugendliche eine in eigenen Schwierigkeiten gefangene Erwachsenenwelt antreffen. Theorie und Lebensrealität sind auf dem hier behandelten Gebiet oft verschieden.

Was nun die seelische Erziehung auf dem geschlechtlichen Felde betrifft, so vollzieht sie sich im zweiten Jahrsiebent. Dem Elternhaus kommt auch hier eine nicht minder wichtige Funktion zu. Wo das aber nicht oder nicht richtig geschieht, sollten *wir den Eltern helfen.* Im Hausbesuch oder beim Elternabend kann da der Klassenlehrer den Eltern aus einem tieferen Menschenverständnis manche Hilfestellung geben. Eltern und Lehrer müssen sich darüber verständigen, daß sie und wie sie die ausgesprochenen und unausgesprochenen Fragen der Kinder aufgreifen sollten.

Das Gespräch mit dem Kinde über den Beginn des menschlichen

Erdenlebens vollzieht sich trotz aller öffentlichen Vorbehalte am natürlichsten im Elternhaus. Rudolf Steiner ist hier Realist. Er wollte, daß der Ingenieur den Technologieunterricht gibt und der Schularzt den Menschenkundeunterricht, denn sie haben jeweils die lebenswirkliche Beziehung. So sind auch diejenigen Menschen vom Leben dazu berufen, dem Kinde von Zeugung und Empfängnis, Schwangerschaft und Geburt zu sprechen, die es selbst gezeugt, empfangen, getragen und geboren haben.

Im einzelnen Fall mag dafür die Zeit der Vorpubertät genügen. Es ist aber ein Faktum, daß meist eine heute populär gewordene Frühaufklärung stattfindet und die alte Tradition der «Straßenaufklärung» durch Gleichaltrige. Nur wenn wir hier für die Eltern nichts tun, bleibt oft nichts anderes übrig, als daß in der Schule der Lehrer selbst auf das Altersgemäße zu sprechen kommt. Die Lebensumstände spielen ihm oft die Motive in die Hand.

Die Inhalte ergeben sich aus der pädagogischen Lage. Wie ist es beim Kindergartenkind? Unvergeßlich der vehemente Streit zweier fünf- und sechsjähriger Brüder, als die Mutter das dritte Kind erwartet, darüber, ob das Kind aus der Mutter oder aus dem Himmel kommt. Natur- und Seelenwelt können vom Kindergartenkind noch nicht getrennt auseinandergehalten werden. Dem Schulkind wird die Doppelheit des sichtbaren und des unsichtbaren Menschen bald deutlich. Wo vorher das mythische Bild und Wort alles gab, gehen die Fragen, die das Schulkind sich stellt, nach beiden Seiten. Es ist ein Realist in beide Richtungen. Die leiblichen Vorgänge werden in natürlicher Sachlichkeit aufgenommen, werden meist selbst gefragt und können ebenso beantwortet werden. Und gleichwertig tauchen die Hoffnungen auf, daß alles, was es vom unsichtbaren Menschen ahnt, auch der Erwachsene weiß und einem als Bestätigung sagen kann. Von dieser geahnten Seite der Menschwerdung möchte das Kind gleich viel hören. An seinem werdenden Empfindungsleib, seinem weiteren Empfindungsleben wirkt hier stark der Klassenlehrer. Er hat die übergreifenden Erlebnisse zu vermitteln.

Dem Kinde im zweiten Jahrsiebent ist in seiner realistischen und doch ebenso hellfühlenden Art der eigene Lebensleib noch genau so nah wie sein physischer Körper. So hebt sich die Geschlechtlichkeit noch im eigenen Wesen gegenseitig auf, indem der physische Leib und der eigene, andersgeschlechtlich werdende Lebensleib im ausgeglichenen Verhältnis zueinander stehen. So wirken die Mädchen noch knabenhaft-kernig und die Buben noch empfindungsmäßig stark empfänglich. Buben und Mädchen sollten in diesem Alter viel miteinander herumtollen. Sonst, so bemerkte einmal Rudolf Steiner, treten später bei den Mädchen leicht Bleichsucht und Blutarmut auf.[144]

Im dritten Jahrsiebent verschmelzen die naturgebundene und die seelische Seite weiter miteinander, aber seelisch individualisiert, personifiziert im anderen Geschlecht: im Freund oder in der Freundin. Ob und wie sich beides verbinden kann, ist ein Problem dieses Alters. Rudolf Steiner kennzeichnet diesen Vorgang als Teil des erwachenden allgemeinen Weltinteresses, das erst, wenn es keine Nahrung findet, zur bloßen Erotik ausartet.[145] Was an künstlerischer Geschmacksbildung weiterhin ausbildbar ist, wird zur wesentlichen Hilfe des Augenblicks: Stilfragen im Sprachunterricht und besonders der musikalische Unterricht. Was hier vorher aufgebaut ist und nun weiterwirken kann, bildet die nötigen Hilfen zu einer menschlichen Kultivierung des Dionysischen, des Eros. Mit den Kräften des Kehlkopfes, vom oberen Menschen her, kann helfend gearbeitet werden.

Man wird in der 10. Klasse im Zusammenhang mit den inneren Organen auch den Genitaltrakt goetheanistisch[146] anführen können. Um eine bloße Faktenaufklärung kann es dabei nicht gehen, sondern um Ansätze des sinnhaften Verständnisses. Das ist noch besser in der 11. Klasse bei der Zellenlehre möglich, wo mit der Besprechung von Urzeugung, Zelligkeit, Embryonalentwicklung, Biogenetischem Grundgesetz etc. die grundsätzlichen Probleme des Lebendigen anzugehen sind. Die Gegensätze von Keimzelle und Organismus, Pflanze und Tier, Wachstum und Determination, Fortpflanzung und Sterblichkeit werden angerührt. Das Denken ist so weit, existentielle Fragen, wenn nicht zu lösen, so doch schon mitzudenken. Hier bei den einfachsten Mehrzellern (Volvox) liefert die Natur die sinnlichen Urbilder, an denen das Auftreten der ersten Sexualität mit der ersten somatischen Sterblichkeit objektiviert in Erscheinung tritt. Sexualität und Mortalität, Lebensanfang und Lebensende in einem nur gemeinsam verstehbaren Zusammenhang schon am Naturbilde fassen zu können[147] hilft dem Schüler, sein Denken von der Oberfläche der Dinge abzulösen und tiefer zu greifen.

Empfehlenswert ist auch, in der Oberstufe Säuglingspflege und Kleinkinderziehung, etwa als Arbeitsgemeinschaft, anzubieten. Nicht erst bei den jungen Eltern sollte die Elternschule stattfinden, sondern lange bevor die eigene Familiengründung ansteht. Junge Eltern besuchen Säuglingspflegekurse für ihr eigenes Kind. Vorher aber hat eine erste einfache Einführung noch einen allgemein menschlichen, unegoistischen Duktus. So wie Rudolf Steiner empfahl, die Gesundheitslehre in der 7. Klasse, kurz vor Eintritt der vollen Pubertät, zu geben, weil noch kein egoistisches Verhältnis zum eigenen Leib entwickelt ist,[148] liegt in den obersten Klassen eine «sensible Periode» für die rechte Aufnahme einer einfachen Erziehungslehre des kleinen Kindes. Das instinktive Erziehenkönnen geht ja rapide verloren. Mutter und Vater zu sein, wird immer mehr als Beruf angesehen werden müssen, für den wir gerade als Waldorfschule die allgemeinen Grundlagen vermitteln könnten. Hier liegen noch unausgearbeitete Aufgaben.

Es muß aber in jedem Fall gesagt werden, daß die Ergebnisse der anthroposophischen Erforschung der übersinnlichen Seite des Menschen ebensowenig als Gesprächs- oder Lehrinhalte vor Schülern eine Berechtigung haben, wie auch eine Theorie der Pädagogik nicht in die Schulklasse gehört. Nur für den weiterfragenden Mündigen, der sich ein biographisch selbständiges Urteil bilden möchte, können die diesbezüglichen Aussagen hier gemeint sein. Dafür sei die anthroposophische Betrachtung der Geschlechterfrage noch durch zwei Motive abgeschlossen.

Wir haben davon gesprochen, daß erst der Pubertierende mit der Geschlechtsreife ganz in die Geschlechterproblematik hineinfällt. Mit der Geburt des Empfindungsleibes erwacht der Heranwachsende erst ganz für die physische Außenwelt, wobei die bisherige traumhafte Wahrnehmung alles Ätherischen, auch des eigenen Ätherleibes, noch mehr zurücktritt als schon beim Schulkind. Das zeigt sich schon darin, daß der Pubertierende betont gern gegen die eigene Gesundheit lebt. So tritt die Einseitigkeit des physischen Geschlechtes erst voll auf. Was bisher der eigene Lebensleib ausglich, fehlt erlebnismäßig. Der zum unsichtbaren Geheimnis gewordene eigene Lebensleib wird nun entbehrungsvoll gesucht und – im anderen Geschlecht physisch sichtbar gefunden. Indem der Jugendliche für den eigenen Lebensleib erblindet, findet er das Verlorene physisch in der Gestalt des anderen Geschlechtes wieder. Auf die eigene Rätselhaftigkeit wird das andere Geschlecht die physische Antwort.

Im anderen Geschlecht wird aber noch mehr erlebt als der eigene wie unbekannt gewordene Lebensleib. Dazu sei auf eine Schilderung Rudolf Steiners zurückgegriffen, die als ein Denkangebot hier einbezogen sei: Der Mensch als geistiges Wesen könnte sich gar nicht in der einseitigen leiblichen Konstitution eines Geschlechtes inkarnieren, wäre nicht ein Ausgleich dadurch möglich, daß die folgende Inkarnation normalerweise im anderen Geschlecht erfolgt. So ist auch die vorhergegangene Inkarnation zumeist eine andersgeschlechtliche. Vieles der Geschlechterproblematik schließt sich dann erst auf. Im Partner des anderen Geschlechtes wird tief unbewußt erfahren, was man in einem anderen Erdenleben war oder sein wird. Gerade von dem Lebensaugenblick an, in dem sich die dem Kind noch offenen Türspalten zu dem Reich jenseits von Geburt und Tod verschließen und den Pubertierenden die Trostlosigkeit des Diesseitigen überkommt, tritt ihm im anderen Geschlecht gegenüber, was er von sich selbst nur kennen würde, wenn er durch die Tore von Geburt und Tod in die jeweils nächste Inkarnation blicken könnte. Das Mädchen erlebt im Freund mehr rückwärtsgewandt die frühere eigene Inkarnation, indem es jetzt die größere physische Sicherheit des männlichen Lebens vermißt. Der junge Mann erlebt in der Freundin mehr das Zukünftige der eigenen nächsten Inkarnation, deren Ideal ihm im weiblichen Menschen schon jetzt sichtbar vor Augen steht. Gerade beim Verlust des unbewußten Stromes des Reinkarnationserlebens taucht der irdisch erwachenden Seele im anderen Geschlechte das Bild des Verlorenen und des noch Unerreichbaren auf.

Darin besteht die menschliche Geschlechtlichkeit, daß sie im Partner den Garant für die sich wiederholenden Erdenleben in sinnlicher Realität findet. Schon die Jugendliebe in ihrer schönen Form ist von diesem sinnlich-sittlichen Erleben des größten eigenen Rätsels der zu sich selbst kommenden Seele bestimmt. Dem Tier fehlt diese Dimension, weil es sich nicht reinkarniert.

Rudolf Steiner spricht zum Beispiel in einem pädagogischen Vortrag[149] über das Jugendalter davon, daß die Liebe der Frau zum Manne immer in ein phantasievolles Bild getaucht ist, während die des Mannes zur Frau mehr einen Wunschcharakter trägt. Die Fähigkeiten, in Vorstellungsbildern zu leben und Willenswünsche zu erzeugen, hängen unmittelbar mit der Präexistenz und der Postexistenz des Menschen und darin mit dem reinkarnativen Geschehen zusammen.[150]

Wo uns die Erscheinungen der Natur begegnen, trägt sie immer ein Doppelantlitz. Zum einen ist sie sinnlich wahrnehmbar gewordenes Endergebnis früherer Geistwirksamkeiten, zum anderen aber verbirgt sie durch ihr Gewordensein ihre Herkunft aus dem immer Werdenden, dem Geistigen. So ist es auch mit der Naturseite des Menschen. Und davon ist auch die Geschlechterliebe gekennzeichnet. Sie zeigt uns ihren die Gegensätze ergänzenden Charakter und hat doch ihre verdunkelnde Eigenart. Indem sie als gegenwärtiges Bild höherer Geheimnisse erscheint, bietet sie in sinnlicher Form an, worüber sich in Wahrheit nur der Geist selbst vergewissern kann. So kann die Geschlechtlichkeit vortäuschen, wozu nur die geistige Seite des Menschen sicheren Zugang haben kann. Darauf beruht der Maya-(Schein-)Charakter der Sexualität. Sie kann als Liebe aufgefaßt werden, wo sie doch nur als Selbstliebe existiert. «Daß unter gewissen Umständen zu der Liebe zwischen Mann und Weib die Sexualität herantreten kann, begründet nicht, daß man diese beiden Begriffe so nahe als möglich aneinander heranbringt.»[151] Hier hat unser intellektualistisches Jahrhundert, statt einer Aufklärung im erkennenden Sinne, einen hohen Grad an Verschleierung verbreitet.

«Alles, was geistig ist, hat selbstverständlich seine äußere sinnliche Form, denn es taucht der Geist unter in die Physis. Er verkörpert sich in der Physis. Vergißt er dann seiner selbst, wird er nur die Physis gewahr, dann glaubt er, daß dasjenige, was geisterregt ist, bloß durch die Physis erregt ist.

Gerade auf diesem Gebiete können die größten Mißverständnisse entstehen. Denn was in der Sexualität ursprünglich lebt, ist durchdrungen von der geistigen Liebe. Aber die Menschheit kann herunterfallen von dieser Durchgeistigung der Liebe.

Der letzte Grund der Liebe liegt in dem geistdurchwebten Ich, das untertaucht in den menschlichen physischen und ätherischen Organismus. Und die Geistigkeit der Liebe erkennen, heißt in einem gewissen Falle überhaupt den Geist erkennen.»[152]

Vom Geist der Sprache

Der Mensch hat zur Sprache ein vielschichtiges Verhältnis. Wir fühlen und denken in unserer Muttersprache, wie der Fisch im Wasser lebt. Wenn wir eine andere Sprache lernen, so ist das oft der erste Anlaß, nicht nur der Eigentümlichkeit der Fremdsprache, sondern auch der Muttersprache bewußter zu begegnen. Noch stärker wird dieser Erfahrungsbereich, wenn wir ins Ausland reisen. Zwei polare Möglichkeiten, mit Sprache umzugehen, seien zuerst einander gegenübergestellt: Die gewachsenen Verhältnisse in Afrika und Ostasien.

Der sprachenreichste Kontinent ist Afrika. Zwischen Tunis und Kapstadt werden 700 selbständige Sprachen (ohne Dialekte) gesprochen. In Togo, Westafrika, sprechen nur zwei Millionen Menschen allein 52 Sprachen. In Tansania gibt es 124 selbständige Idiome unter nur 14 Millionen Menschen (1973). Daß heute in Ostafrika zwanzig Millionen Menschen Kisuaheli können, oft neben ihrer Stammessprache, ist mehr das Werk der Europäer aus der Kolonialzeit.

Diese Sprachenfülle erscheint uns Europäern als unpraktische Zersplitterung. Aber Sprache ist dort in erster Linie etwas ganz anderes als bei uns. Sie ist nicht darauf ausgerichtet, einer weitreichenden Kommunikation zu dienen, sondern im Gegenteil, Sprache gibt das Zusammengehörigkeitsgefühl, das alle diejenigen einschließt, welche diese Sprache sprechen. Sprachzugehörigkeit bedeutet hier Gemeinschaftszugehörigkeit, Stammesidentität, Geborgenheit in einer Gruppe Gleichsprechender, also Gleichfühlender, miteinander Vertrauter. Sprache ist hier eben geradezu auch das Gegenteil von Mitteilbarkeit, nämlich Abgrenzung gegenüber dem anderen Stamm, und schenkt das Erlebnis der gesicherten Lebensgemeinschaft.[153] Das bedeutet kein Weniger an Kultur, sondern ein Anders. Die afrikanische Zivilisation ist oral, sie lebt von Mund zu Mund. Das gesprochene Wort hat mehr Gewicht als in literalen Gesellschaften. Die Sprachforschung hat sich erst neuerdings von den sachfremden Standpunkten des 19. Jahrhunderts gelöst und neu zu sehen vermocht:

«Oralität bedeutet Bewegung, Dynamik. Schriftlichkeit ist weitgehend statisch. Hierin liegt ein fundamentaler Unterschied, der das methodologische Instrumentarium der abendländischen Philologien in seiner Wirksamkeit auf Afrika wesentlich einschränkt, wenn nicht gar unbrauchbar erscheinen läßt. Oralität darf nicht mit Analphabetentum verwechselt werden. Gerade die afrikanischen Gesellschaften sind ein gutes Beispiel dafür, daß der kulturelle und gesellschaftliche Schwerpunkt auch weiterhin in der Oralität liegt, selbst wenn die sie tragenden Menschen in der Mehrheit lesen und schreiben können.»[154]

Afrika hat von sich aus nie Schriftkulturen hervorgebracht, wenn wir vom alten Ägypten absehen, das ja stark zum damaligen vorderasiatischen Kulturkreis gehörte. Die lebendige, immer wieder anders ergriffene Sprache, die sich aus dem speist, was als intime Geistigkeit zwischen den miteinander vertrauten Menschen lebt, bringt es dazu, daß der Afrikaner die Sprache nicht bloß zur Beschreibung der Welt, also als Scheinreproduktion der Umgebung erlebt, sondern als Wirklichkeit, also Wirksamkeit.[155] Das Wort hat sofortige Kraft. Es kann trösten, segnen, es kann fluchen. Der eine flucht dem anderen Krankheit an. Der andere legt sich hin und wartet darauf, bis er tatsächlich erkrankt. Die Sprache wird bis zum letzten als wahr genommen. In allen Sprachen sind die Indikativformen ursprünglicher als die Konjunktivformen.

Ein ähnliches Verhältnis haben wir alle zur Sprache gehabt, als wir die eigene Muttersprache lernten. Was das kleine Kind aufnimmt und lernt, ist für dasselbe ein wahrer Weltinhalt wie alles andere, was es durch seine Sinne von der Welt erfährt. Es erlebt Sprache in der mantrisch-magischen Kraft, die bis unmittelbar in das körperliche Befinden den ganzen Menschen ergreift. Noch bevor es den einzelnen Bedeutungsinhalt der einzelnen Worte bewußt identifizieren kann, hört es aus dem Klangausdruck der Stimme heraus, ob es zum

Essen aufgefordert wird, ob ein Spaziergang gemacht wird, ob es getröstet wird, ob es eine Zurechtweisung erhält. Welche spontan verwandelnde Kraft haben Worte wie «heile, heile Segen ...» bei jedem kleinen Kind aufs neue. Aus einem armen Häuflein heulenden Elends wird sogleich ein lachender Springinsfeld, der das angeschlagene Knie gar nicht mehr spürt. Das kleine Kind wird aus seinem eigentümlichen Verhältnis zur Sprache heraus nie recht begreifen können, daß man als Erwachsener etwas sagen und versprechen kann, das dann doch nicht eintrifft. Die Sprache ist so wahr wie die Welt und kann so für das kleine Kind noch zaubern; und es zaubert mit der Sprache auch, indem es sich bald mit der aufgenommenen Muttersprache über konventionelle Formulierungen hinwegsetzt und ungeniert Sprachschöpfungen wagt, die wir Erwachsenen oft belachen, weil wir es für dumm halten, die konventionelle Wortwahl nicht zu benutzen, anstatt darin zu erkennen, daß das Sprechenlernen des Kindes nicht Dressur ist, sondern aktive Aufnahme und Verarbeitung zu schöpferischer Sprachneufindung. Kinderaussprüche zwischen drei und fünf Jahren: «Ich habe kalten Hunger auf Eis.» «Ich heirate besser nicht, ich bleibe lieber ein Selbstgeselle.» Zu einem Mann mit dem Arm in der Schlinge: «Er hat seinen Arm in der Hängematte.» Ein Bub liebte sehr seinen Patenonkel. Als der Vater seine Eisenbahn repariert hatte, rang sich das Kind das höchste Lob ab: «Du bist mein Patenonkel.» Als die Vorfreude auf die Schule schon da ist, wird ein singendes Rotkehlchen eingehend beobachtet und lapidar gekennzeichnet: «Das ist ein Schulbubenvögelchen.» Oder ein Kind wird gefragt, wie alt es sei, und antwortet: «Ich bin gar nicht alt, ich bin fünf Jahre jung.» Wie leicht schmunzeln wir – für das Kind recht unverständlich –, wenn es einmal fragt, warum denn eine unverheiratete Frau Fräulein hieße, dann müßte doch ein unverheirateter Mann auch Herrlein heißen. Die Sprache des kleinen Kindes ist nicht nur schöpferischer, sondern oft auch logischer.

Einen sprachlich ganz anders empfindenden Kulturkreis als Afrika bildet der chinesische Sprachraum. Er bildete schon sehr früh eine Schrift aus, die aus (über 4000) symbolisch verkürzten Zeichen für den Dinggehalt der Welt besteht. Was wiederum uns Europäern hieran unnötig verwirrend erscheint, bietet dem Chinesen jedoch einen ganz bestimmten Vorteil. Hierzu Bernhard Karlgren:

«Die Folgen der Spaltung in eine literarische und eine weiterentwickelte und veränderte Umgangssprache im Verlaufe des ersten Jahrtausends nach Christus waren ziemlich merkwürdig. Neben der großen Anzahl verschiedener umgangssprachlicher Idiome besaß das ganze Volk in seinem alten literarischen Sprachstil eine allen gemeinsame Schriftsprache, ein geschriebenes Esperanto, deren Kenntnis von großem praktischem Nutzen war. Die Chinesen waren dank dieses ausgezeichneten Mittels trotz aller verschiedenen Dialekte nicht nur in der Lage, sich miteinander zu verständigen – so daß etwa eine in Peking gedruckte Zeitung auch in Kanton gelesen werden konnte –, sondern es konnte eine innige Kommunikation mit dem Chinesen vergangener Zeiten stattfinden, von der wir uns kaum eine Vorstellung machen können. Die Literatursprache ist schon seit über tausend Jahren ein künstliches Gebilde, und trotz ihrer Stilwandlungen im wesentlichen durch die Jahrhunderte dieselbe geblieben. Hatte ein Chinese sie einmal gelernt, war es, soweit es die Sprache betraf, einerlei, ob ein Gedicht zur Zeit von Christi Geburt, tausend Jahre später oder gestern geschrieben war, in jedem Fall konnte er es verstehen und genießen. Heute kann der Deutsche im allgemeinen kaum mehr als fünf Jahrhunderte in seiner Literatur zurückgehen, und die frühesten Epochen kann er erst nach einem speziellen Philologiestudium würdigen und verstehen. Dem Chinesen steht die Literatur von Jahrtausenden offen ... Die Schriftzeichen sagen nichts über die Aussprache des Wortes aus, und der heutige Chinese hat nicht die geringste Ahnung, wie sie einst ausgesprochen wurden. Daraus folgt, daß jeder Chinese einen literarischen Text nach der Aussprache seines eigenen, jetzt gebräuchlichen Dialektes liest. Eine in Peking veröffentlichte Verordnung konnte in diesem Riesenland überall gelesen und verstanden werden, aber einem Pekinger müßte sie, von einem Kantonesen laut gelesen, als kompletter Unsinn erscheinen. Aus dem gleichen Grund kann der Chinese die alte Literatur zwar selbst lesen, aber er ist nicht in der Lage, sie zu verstehen, wenn sie vorgelesen wird ... Wenn China seine eigenartige Schrift zugunsten unserer

Buchstabenschrift nicht aufgibt, dann nicht wegen eines unverständigen, starrsinnigen Konservatismus. Die chinesische Schrift paßt sich so vorzüglich den sprachlichen Gegebenheiten Chinas an, daß sie unersetzlich ist.»[156]

Die alte chinesische Schriftsprache existiert noch heute als voll verständlicher Bedeutungsträger, aber ohne den lebendigen Sprachklang. Sie stellt so ein ganz anderes Verhältnis zur Sprache dar, als es der Afrikaner erlebt, für den Sprache nie zum Schriftzeichen wurde, sondern spontan im Klang immer wieder erneut auflebt.

Wenn die Sprache nicht mehr lebendiger Weltinhalt ist, sondern ihre Aufgabe allein in der schattenspielartigen Nachbildung der Welt hat, dann wird sie für uns zu einer Art Scheinwelt. Das erfährt zum erstenmal deutlich der junge Mensch in der Pubertät. Sein Seelenleben, das beim Kinde im spontanen Mitfühlen seiner Mitmenschen bestand, emanzipiert sich nicht nur davon, sondern erfährt eine solche Fülle neuer Selbstwahrnehmungen, daß er dafür bei sich selbst keine gewohnte Sprache vorfindet. Der junge Mensch betritt einen inneren Seelenraum, der nicht nur ungewohnt und unerwartet, sondern so andersartig als das bisherige Welterleben ist, daß ihm jede sprachliche Wiedergabe gegenüber dem inneren Erlebnis als ungenügend erscheinen muß. Er möchte seine eigenen Erlebnisse erst einmal haben können, bevor er sich daranwagen kann, sie ins Sagbare und damit in die Distanz des Betrachtbaren zu bringen. Sprache wird vielmehr als Versteck, als Vorwand oder Maske benutzt, um das Unsagbare nicht zu verletzen. Um so deutlicher aber wird am anderen Menschen, gerade am Erwachsenen, darauf geachtet, wie weit das konventionalisierte Sprachgewand Hülle oder Verhüllung ist. Je großartiger dessen Rhetorik, desto stärker der Verdacht.

Während das kleine Kind sein ganzes Vertrauen der Sprache so stark entgegenbringt, daß ihre Klangkraft noch unmittelbar bis in die Physiologie seiner Stoffwechsel- und Organbildeprozesse hineinwirkt, lernt das Schulkind die Doppelbödigkeit der Sprache kennen, besonders vom neunten Lebensjahre an. Aber die noch unfixierte Lockerheit zwischen Sprachinhalt und Sprachgewand wird als ein herrlicher Freiheitsgrad ausgekostet: zum Spielen mit der Sprache.

Das Spielen mit Wortbetonungen (diekuhliefumdenteich), mit Kommaversetzungen, die den Inhalt in das Gegenteil verkehren, und, besonders beliebt, die Bedeutungssprünge bei gleichbleibender Lautgestalt (Teekesselspiel) zeigen, daß die Sprache als Versteckspiel um so lieber eingegangen wird, je schelmischer man sich anschließend offenbaren kann. Solche Rate- und Rätselspiele führen zu endlosem Vergnügen. Was man davon selbst entdeckt oder von anderen aufschnappt, wird möglichst rasch dem nächsten gleich weitererzählt. Immer behält die Sprache für das Kind im zweiten Jahrsiebt etwas von einem Teekesselspiel.

Mit dem Anbruch des dritten Jahrsiebents aber bricht dem jungen Menschen die Sprache in ihre Außenseite, die ihm zur belanglosen Hülse wird, und in die Innenseite des so schwer Sagbaren auseinander. Indem stärker und stärker erlebt wird, daß mit dem Wort noch nicht sein Inhalt, mit der Beschreibung noch nicht das Eigentliche gegeben ist und daß mit dem logischen Nacheinander der Satzglieder der Gesamtumfang nur auseinandergedröselt wird, setzt das Mißtrauen gegenüber der Sprache ein. Zuerst das Erleben, dann das Denken lösen sich vom «Sprachleib» ab. Damit gerät der junge Mensch in einen schweren Konflikt zur Sprache, denn was ist sie nun noch: das leicht Hinsagbare oder das Unsagbare? Das Wort wird zum Namensschild, das wenig davon kundtut, wer sich hinter der Visitenkarte verbirgt. Rudolf Steiner beschrieb diesen Vorgang einmal folgendermaßen:

«Nehmen wir einmal an, irgendwo läßt sich jemand melden, meinetwillen, er schickt seine Karte zunächst; darauf steht: Edmund Müller. Aber was wäre man für ein Mensch, wenn man, nachdem man diese Karte ‹Edmund Müller› bekommt, denken würde, es kommt ein Müller, der Korn zu Mehl mahlt! Denn vielleicht ist derjenige, der Edmund Müller heißt und sich melden läßt, sagen wir zunächst ein Baumeister oder Professor oder ein Hofrat oder sonst irgend etwas.

Man sieht in einem solchen Falle ein, wie unrecht man haben würde, aus dem Namen Müller auf den Charakter der eintretenden Persönlichkeit zu schließen ... Das heißt, wir haben denjenigen Worten gegenüber, die wir als Eigennamen empfinden, das Bedürfnis, durch etwas, was nicht aus dem Namen folgt, dahinterzukommen, mit was oder mit wem wir es eigentlich zu tun haben.

Denselben Weg, welchen solche Eigennamen machen, bei denen wir diesen Weg schon in völliger Klarheit heute überschauen können, denselben Weg machen in der Zeit der Entwickelung, der wir entgegengehen, in der Zeit vom fünften in den sechsten nachatlantischen Zeitraum hinein, alle Worte durch, wird die ganze Sprache durchmachen. Dennoch stecken wir als Menschen heute noch fast über den ganzen Umfang der Sprache hinüber darinnen, unsere ganze Weisheit im Grunde aus der Sprache heraus zu nehmen. Im Grunde verhalten wir uns gegenüber dem weitaus größten Umfang der Sprache so, daß wir aus den Worten auf die Sache schließen ... So schön es auch wäre, wenn man in bequemer Weise bei den Worten bleiben könnte, so ist es doch so, daß der objektive Gang und die objektive Gesetzmäßigkeit der Menschheitsentwickelung anders sprechen, so sprechen, daß die ganze menschliche Auffassung, das ganze menschliche Seelenleben sich emanzipiert von den Worten, und daß die Worte immer mehr und mehr zu bloßen Gebärden werden, daß sie immer mehr zu dem werden, was hindeutet auf die betreffende Wesenheit, auf die betreffende Sache, was aber nicht mehr die betreffende Sache restlos bezeichnet, restlos etwa erklärt.»[157]

Durch diese Nullpunktsituation geht die Sprache heute schon mehr denn je hindurch. Was bei Christian Morgenstern noch zu köstlichen Laut-, Wort- und Satzspielen mit tiefgründigem Humor Anlaß gab, hat sich mit der modernen Dichtung von der Sprachentlarvung bis zur Sprachzerstörung fortgesetzt. Handke glossiert unentwegt Sprachgewohnheiten, um uns davon zu distanzieren. Wo aber der heutige Mensch es nicht aushält, ohne das Haus der Sprache zu leben, flüchtet er sich reichlich in Ersatz- und Scheinsprachen, wobei der Jugendliche heute zwischen Schnoddersprache, Werbesprache oder der auf intellektuellen Stelzen gehenden Studentensprache nur zu wählen braucht.

An solchen und ähnlichen Modesprachen, die um so viel mehr zu sein scheinen, als sie es nicht sind, wird Sprache als Maskierung deutlich. Die Freiheit von der Sprache führt sogleich zum verdeckten Mißtrauen gegenüber der Sprache und noch nicht zur Freiheit für die Sprache.

Rudolf Steiner nannte einmal den jungen Menschen, der aus der seelischen Pubertät auftaucht, einen «wolkenartigen Menschen». Voller Drang und erfüllt von der Dramatik der jeder Form spottenden inneren Selbstverwandlung, beobachtet er am Erwachsenen, was an dessen Sprache Konvention oder selbstgelungener Wurf ist. Und wie häufig seine tief berechtigt empfundenen Erwartungen unerfüllt bleiben, das zeigt, aus welcher anderen Welt das zur hiesigen Verwirklichung Drängende kommt. Die neue Erlebnisweise ist ihm dabei so unartikulierbar, weil sie ungebeten, ungewarnt und unerwartet auftritt. Im Jugendalter klingt immer eine neue Suche nach Sprache an. Gerade in der Sprache der modernen Dichtung unseres Jahrhunderts kann sie ihm neu begegnen. Hier kommt dem Deutschunterricht in den letzten Klassen geradezu ein befreiender Wert zu. Der sprachlos gewordene Jugendliche kann dabei erfahren, daß Unsagbares doch sagbar ist. Nun kann jene zweite, inhaltvolle Freiheit zur Sprache entdeckt werden, in der der Mensch sich neu behausen kann.

Rudolf Steiner beschrieb diesen Vorgang einmal von sich selbst:

«Man spricht vom Sprachgeiste. Man kann aber nicht sagen, daß viele Menschen heute mit diesem Worte einen anschaubaren Begriff zum Ausdrucke bringen. Es werden allgemeine charakteristische Eigentümlichkeiten in Laut- und Wortbildung, in Satzbau und Bildergebrauch gemeint, wenn man sich dieses Wortes bedient. Das ‹Geistige›, das man dabei im Sinne hat, bleibt im Abstrakten stecken. An etwas, was verdiente, ‹Geist› genannt zu werden, kommt man doch nicht heran.

Zwei Wege aber kann es geben, um heute den ‹Sprachgeist› in seiner lebendigen Kraft zu entdecken. Der erstere zeigt sich derjenigen Seele, die aus dem bloß begrifflichen Denken zum wesensoffenbarenden Schauen vordringt ... Es ist ein innerliches Erleben einer geistigen Wirklichkeit. Diese Wirklichkeit sollte nicht verwechselt werden mit dem mystisch-unbestimmten Erfühlen eines allgemeinen ‹Etwas›. Sie enthält nichts Sinnlich-Wahrnehmbares, ist aber doch so inhaltvoll wie dieses.

Wer in dieser Art schaut, der entfernt sich in seinem Schauen von dem, was durch die Sprache ausdrückbar ist. Sein Schauen findet zunächst nicht den Weg zu den Lippen. Greift er zu Worten, so hat er sogleich die Empfindung, daß der Inhalt seiner Schauung etwas anderes wird. Will er nun doch von seinen Schauungen Mitteilung machen, so beginnt sein Kampf mit der Sprache. Er sucht alles mögliche innerhalb des Sprachlichen zu verwenden, um ein Bild dessen zu gestalten, was er schaut. Von Lautanklängen zu Satzwendungen sucht er überall im Bereich des Sprachlichen. Er kämpft einen harten inneren Kampf. Er muß sich sagen: die Sprache hat etwas Eigenwilliges. Sie drückt schon für sich alles mögliche aus; auch du mußt erst dich an ihren Eigenwillen hingeben, damit sie aufnehme, was du schaust. Will man das geistig Erschaute in die Sprache gießen, so stößt man eben nicht auf ein unbestimmtes wachsartiges Element, das man beliebig formen kann, sondern man stößt auf einen ‹lebendigen Geist›, auf den ‹Geist der Sprache›.

Wenn man auf diese Art redlich kämpft, so kann der Kampf den besten, den schönsten Ausgang nehmen. Es kommt ein Augenblick, wo man fühlt: der Sprachgeist nimmt das Geschaute auf. Die Worte und Wendungen, auf die man kommt, nehmen selbst etwas Geistiges an; sie hören auf, zu ‹bedeuten›, was sie gewöhnlich bedeuten, und schlüpfen in das Geschaute hinein. – Da tritt etwas ein wie ein lebendiger Verkehr mit dem Sprachgeiste. Es nimmt die Sprache einen persönlichen Charakter an; man setzt sich mit ihr auseinander wie mit einem andern Menschen.

Dies ist der eine Weg, um den ‹Sprachgeist› als lebendigen zu erfühlen. Der zweite stellt sich ein, wenn man diesen ersten geht. Er kann aber durchaus auch für sich allein beschritten werden. Man ist auf diesem Wege, wenn man Worten und Satzwendungen gegenüber, die in der Gegenwart schon einen abstrakten Charakter angenommen haben, die ursprüngliche, konkrete, frische, anschauliche Bedeutung erlebt.»[158]

An den ersten der beiden genannten Wege sei diesmal der Anschluß gesucht. In einer ebenso aufregenden wie sachlichen Weise wird hier berichtet, daß der Sprachgeist gerade da angetroffen wird, wo er sich uns nicht beugt, wo wir an eigene Grenzen stoßen, wo sein Vermögen dem unsrigen entgegensteht. Und es wird davon gesprochen, wie dieser Kampf ehrlich geführt und beendet werden kann. Dann aber ist ein ganz neuer Freiheitsgrad zur Sprache da. Die Freiheit von der Sprachform wird zur Freiheit für die Sprachschöpfung. Indem sich der Mensch mit der Sprache brüderlich verbindet, kann er erst wieder beginnen auszusprechen, was der Mitmensch von ihm in Wahrheit erwartet: Wir können uns dem anderen Menschen ebenso in Freiheit verschließen, wie unser Inneres ihm offen aussprechen. Die Sprache ist nicht mehr bemooster Altbau, sondern wird zur Behausung in einer neu gelungenen Architektur, ohne daß dabei die Gesetze der Statik – bei der Sprache die der Syntax – aus den Angeln gehoben werden müssen. Eine Art von Heilung des Bruches zwischen Mensch und Sprache setzt ein. Damit ist Sprache nicht mehr nur Scheinbild der Welt, sondern wieder wirksam in der Welt wie die Welt selbst, aber nun zwingt sie nicht mehr zaubrisch-mantrisch, sondern macht frei für mehr, als ohne sie da wäre. Damit aber gelangen wir im Bereich der Sprache wieder aufs neue an die Urquellen des Künstlerischen. Von diesem zukünftigen, originären Umgang mit der Sprache sollte immer schon etwas ansatzweise in den obersten Klassen der Schulzeit aufleuchten.

Vom Rätsel des Ich

Wir kennen heute die Rückseite des Mondes, die Magnetfelder der Magellanschen Wolken, knapp eine halbe Million Pflanzenarten, die Aminosäuresequenzen im Insulin, aber wir Menschen kennen uns am wenigsten. Der Mensch ist sich selbst am nächsten und verstellt sich dadurch den Blick auf sich. Aber wie kann er auf seine Fragen Antworten finden, wenn er sie immer nur selbst vollziehen oder nachvollziehen kann? Die Frage «Wer bin ich?» ist schon grammatikalisch eine Unmöglichkeit, weil inhaltlich das fragende Subjekt und das gefragte Objekt dasselbe sind. Das kommt bei allen anderen Fragen an die Welt nicht vor. Was ist der Mensch für ein merkwürdiges Wesen?

In den vorausgegangenen Darstellungen nahm eine entscheidende Stelle die Wirksamkeit des menschlichen *Ich* ein. Um was handelt es sich hierbei? Was wird alles unter diesem Wort verstanden? Wie schillernd ist sein Bedeutungsumfang? Sieht man sich im Alltag um, so ist es eine der meist verwendeten Vokabeln. Sieht man sich in der kulturellen Landschaft um, so ist es das Meistgeschmähte am Menschen. Für viele Konfessionen ist es der Inbegriff der Überheblichkeit, für die objektivierenden Wissenschaften der Inbegriff von Subjektivität und Selbsttäuschung. In der Kunstszene wird ihm gelegentlich noch ein ornamentales Leben zugestanden. Im politischen Raum des Westens ist es erlaubt, solange man das Ich des anderen nicht stört. In totalitären Systemen hat es nichts mitzubestimmen, Eigeninitiative ist nicht gefragt.

Wenn es aber um den konkreten Menschen in seiner Existenz geht, ist die Frage nach dem Ich des anderen, dem Du nicht zu unterdrükken. Was tun wir dem Kern des realen anderen Menschen an, wenn er im Krankenhaus technisch am Sterben gehindert wird? Was tun wir ihm an, wenn wir ihn durch extrakorporale Befruchtung und

Genchirurgie schon vor seiner leiblichen Zeugung zu einem Ding machen? Jeder, der sich mit der Verdrängung von mitmenschlichen Fragen nicht zufriedengeben kann, muß sich sagen, daß Menschlichkeit nicht nach der jeweiligen politischen Richtung juristisch wieder umgestellt werden darf. Man merkt vielmehr, daß man, um Menschlichkeit zu erwarten, sie selbst mit zu entdecken hat. Und das geht nur, wenn wir nach dem Menschen selbst fragen.

Oberklassenschüler leiden in dieser Hinsicht nicht an Verdrängung. Versucht der Religionslehrer, die ethischen Fragen der Geschlechtlichkeit und Fortpflanzung zu behandeln, so kann es ihm passieren, daß die Schüler davon gar nicht viel hören wollen, sondern nach den biologischen Fakten fragen. Im Biologieunterricht ist es insoweit ähnlich, als die jungen Leute die Faktendarstellung bald unterbrechen und fragen, ab wann denn mit der leiblichen Entwicklung nun auch eine menschliche Seele verbunden sei. Sind das nur Ausweichfragen der Schüler? Es sind vielmehr die gezielten Fragen nach dem Zusammenhang zwischen beiden, an sich selbst erlebten Lebensdimensionen. Es gibt für den Jugendlichen kaum eine größere Enttäuschung als die, wenn ein Lehrer, als bloßer Fachmann, sich für inkompetent erklärt und den Schüler mit seinen Fragen amtsartig an den «zuständigen» Unterricht verweist. Greift der Lehrer indessen die Fragen auf, so sieht sich der Ethiker heute noch eher in der Lage, die biologische Seite einzubeziehen, als der Biologe die ethische.

Ab wann liegen in der Embryonalentwicklung nicht nur Zellen, sondern bereits ein Mensch vor? Hinweise auf Artspezifisches menschlicher Proteine und DNS-Muster reichen den offenen oder latenten Fragen der Schüler nicht, auch nicht der Cartesianische Solipsismus, «das könne man nie wissen, da man als Bewußtseinstatsache doch allein nur sein eigenes Seelenleben kennen könne». Der Jugendliche ist bei diesen Fragen kein Solipsist, im Gegenteil: Er fühlt ganz sicher, ob sich der Lehrer herausredet oder ob er die Fragen selbständig bearbeitet hat.

Es gilt vielmehr, die Frage zu verschärfen und alle Erfahrungen einzubeziehen. Wenn wir fragen, wann in der embryonalen Leibwerdung die menschliche Beseelung eintritt, müßten wir erst einmal wissen, was die menschliche Beseelung ist. Man muß erst beide Dimensionen für sich klarer haben, um dann beide auch vergleichen zu können. Was ist dasjenige in uns, was gerade im Seelischen menschlich ist, worin sich also der Mensch seelisch vom Tier unterscheidet?

Wenn Schüler versuchen, dies in Worte zu fassen, geschieht das natürlich oft recht unterschiedlich. Doch schält sich meist heraus, daß nur dem Menschen die Frage nach sich selbst und damit die Selbstwahrnehmung möglich ist. Dann wird bald aufgezählt: Selbstbewußtsein, Selbstbestimmung, Selbstgestaltung, Selbstkontrolle, Selbstverantwortung. All das kennzeichnet die Individualität des Menschen, seinen Persönlichkeitskern, sein Ich. Die selbstbezogenen Attribute des Ich können weiter vermehrt werden, aber dabei bleibt es nicht. Es dauert nicht lange, bis weiteres und anderes entdeckt wird: Man kann auch irgendwann einmal seiner Selbstbetrachtung überdrüssig werden und gerade darin sein Menschentum finden, daß man auf andere zugeht, sich ihnen freiwillig widmet. Unbefangene Zuwendung, Einsatz und Offenheit für andere, liebevolle Hingabe, eben das, was das schlichte Wort Liebe benennt, ist doch ebenso das Menschentum des Ich. Zum Ich gehört auch seine Du-Fähigkeit.

Gehören zum Ich beide Seiten? Sind sie nicht im Vergleich doch etwas ganz Verschiedenes? Das ist um so merkwürdiger, als jeder Mensch sein Ich als etwas Einheitliches erlebt. Ist der Selbstbezug oder die Selbstlosigkeit der innerste Nerv des Ich?

Nimmt es sich selbst ins Bewußtsein, so findet es sich in der Selbstbesinnung unteilbar: als Individualität. Wird es tätig, so findet es seine Erfüllung in dem, was es nicht selbst ist. Es wird sogar mehr, als es ist, durch Selbstlosigkeit. Das ist zwar ein begrifflicher Widerspruch und dennoch die realistische Lebenserfahrung des Ich in der Selbstoffenheit.

Stellt man unbefangenen jungen Menschen die Alternativfrage, ob das Ich im Individualismus oder im Altruismus sein Wesensmerkmal besitzt, so spüren sie rasch, daß die Frage eine Scheinalternative setzt. Lebt das Ich nur im Selbstbezug und kann auf Dauer nichts anderes, so verkrampft es sich zur Egozentrik. Will es permanent nichts anderes als nur für andere da sein, so fließt es formlos aus. Dann endet es im «Helfersyndrom», nicht mehr leben zu können, ohne sich auf andere auszugießen.[159]

Der Mensch ist in seinem Ich nur dadurch gesund, daß er sich auf sich selbst stellt und dann die Wende findet, sich mit der eigenen Persönlichkeitskraft für andere einzusetzen. Hat sich das Ich in der sozialen Zuwendung eine Zeitlang geübt, so wächst die eigene Notwendigkeit zur Selbstbesinnung, zum Selbstgespräch, zur Selbstidentifikation, um sich dann wieder für alles öffnen zu können, was man selbst nicht ist. Das Ich ist seiner eigensten Natur nach nicht allein egoistisch und nicht nur Selbsthingabe, sondern ein Atmungswesen. Im Atem bleiben wir nur gesund, wenn wir nicht bei der Einatmung stehenbleiben oder die Ausatmung als moralisch «richtiger» deklarieren. So muß das menschliche Ich sich aus der Weltwirklichkeit geistig einatmen können und zu sich finden, um etwas zum Ausatmen zu haben und sich verschenken zu können. In der selbstlosen Hingabe findet es in der Welt auf geheimnisvolle Weise sich um so mehr wieder und kann beschenkt wieder einatmen. Das Ich ist ein geistiges Atmungswesen.

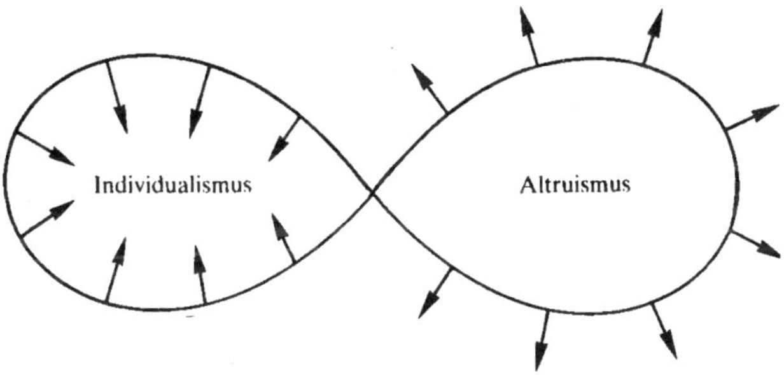

Wenn das Ich wesenhaft beides kann, was aber kann es davon zuerst? Worin lebt es in der frühen Kindheit? Ohne ein Selbstbewußtsein zu haben, ist es noch reine Welthingabe. Im restlosen Urvertrauen, in existentieller Liebe, in der Nachahmung, darin lebt und west es. Darin ist es schon von Anfang an Ich, und das gerade deshalb, weil das Selbstbewußtsein noch nicht erwacht ist. Die Konzentration auf sich selbst ist ein sekundäres, späteres Vermögen. Damit haben wir erfahren und entdeckt: Das Ich ist mehr als das, was ein nur auf sich gerichtetes Selbstbewußtsein vorfindet. Schon Angelus Silesius kannte diese Doppelnatur des Ich:

Ich weiß nicht, was ich bin,
Ich bin nicht, was ich weiß:
Ein Ding und nicht ein Ding,
Ein Tüpfchen und ein Kreis.

Dieses Resultat ist eine zweite entscheidende Aufklärung des Ich über sich selbst. Es existiert auch, wenn es nichts von sich weiß. Ich bedeutet nicht sein Ichbewußtsein. Wenn wir morgens zum Selbstbewußtsein erwachen, weiß jedes Ich davon, noch das nämliche von gestern zu sein, und weiß doch zugleich sicher, während des Schlafes kein Selbstbewußtsein gehabt zu haben. Hat deshalb das eigene Ich von gestern aufgehört zu existieren und morgens ein neues Ich begonnen? Jeder ist sich unreflektiert sicher, das gleiche Ich zu sein, das man gestern von sich kannte, und durch den Schlaf nur bewußtseinsmäßig unterbrochen gewesen zu sein. Das Ich kennt keine Diskontinuität, das Ichbewußtsein allerdings erfährt diese. Ist nun also das Ich auch unbewußt existent, so ist seine Natur nicht von den leiblichen Bewußtseinsorganen, vom Großhirn konstituiert. Von ihm ist nur das Ichbewußtsein abhängig. Das ist aber nur das Wissen vom Ich, nicht das Ich selber.

Diese Einsicht hat Folgen: Das Ich ist nicht erst durch die Existenz eines Nervensystems gegeben – auch embryonal nicht. Schon vor der Nervenrohr- und Gehirnbildung (Neurulation) sind periphergewendete Hüllorgane (Trophoblast) und zentrisch gebündelte Leibanlagen (Embryoblast) der Doppelaspekt des atmenden Ich: Das erste Zellaggregat (Morula) weitet sich zur Keimblase (Blastozyste), wird ganz aufnahmebereite Oberfläche (Trophoblast). Dann kommt es zur Konzentration in der Bildung des Embryonalknotens (Embryoblast). Dieser weitet sich zu zwei Hohlorganen (Amnion und Dotter-

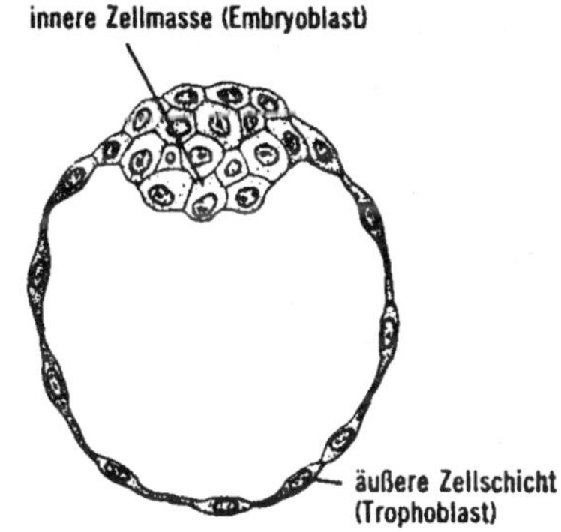

Menschliche Keimblase (Blastocyste) im Stadium von etwa 4 1/2 Tagen während der Eileiterwanderung. Darunter: ausgedehnte Keimblase und ihre Zottenauswüchse nach der Einnistung gegen Ende des ersten Monats mit dem Embryo von 6 mm Länge (aus: Langman).

sack), bis es zur Keimscheiben- und Embryobildung kommt als sich zentrierende Leibanlage. Die Ausbildung des Trophoblasten zur Plazentation fördert wieder den peripheren Vorgang.[160] Beide Atmungsgesten des Ich formen sich so in der menschlichen Embryonalentwicklung. Die offenbaren Geheimnisse der embryonalen Bildegebärden schließen sich anfänglich mit den Urgesten der eigenen Icherfahrungen dieses Alters zusammen. Weiter braucht man im Unterricht kaum zu gehen.

Der Einwand von Fachleuten, die dem Menschen nah verwandten Säugetiere hätten doch auch Trophoblast und Embryoblast, kehrt sich bei konsequentem Denken zur Bestätigung um. Sie sind ja genau besehen Vorfahren, die in divergenten Spezialisationen ihre ursprüngliche Menschenartigkeit sekundär mehr verloren als bewahrt haben. Noch das Säugetierkind ist verspielt und lernfähig, das ausgewachsene Tier zumeist nicht mehr. Sein Ursprung liegt in der Menschennähe, die in seiner Embryonalentwicklung kulminiert.

Aber das gleiche gilt auch geistig. Denn das Menschliche am Menschen, sein Ich, bemerkt seine Talente und Fähigkeiten, seine Grenzen und Einschränkungen – und zugleich, daß das alles nur Beigaben des Ich sind, nicht das Ich selbst. Es ist, wie wir schon gesehen haben, das Untalentierte und Unbegrenzte zugleich. Es ist Quellort, Handlungsursprung – aber nicht die Handlung selber. Es ist immer Ausgangspunkt, aber nie Ausgestaltung. Es ist immer Keim, nie Blüte. Bei wachsender Selbsterkenntnis ist es immer weniger als das, was es von sich gehalten hat. Wir haben in dem Kapitel über die Scham davon gesprochen, daß die dem Menschen zugetanen höheren Wesen es vor sich selbst verhüllen, damit es Mut zu sich fassen kann. Rudolf Steiner nannte das Ich «das Baby der Wesensglieder» gegenüber allen anderen Wesensgliedern, die reifer und weiter sind.[161] Am meisten ist es der physische Leib – dafür ist dieser vollkommenste Anteil der entwicklungsunfähigste geworden. Der Entwicklungsquell hingegen, den jeder Mensch in seinem eigenen Ich trägt, ist die zu bejahende Chance seiner Wenigkeit. Die wahre Größe des Menschen liegt in seiner Unvollkommenheit, denn sie bringt ihn weiter. Das wahre Ich ist die ewige Kindheitskraft des Menschen, die ihn nie enden, aber immer beginnen läßt – auch nach dem Tode und vor der Geburt.

Die Hereinnahme der Postexistenz und Präexistenz des wahren Ichs in das menschliche Selbstverständnis verlangt einen neuen Umgang mit den Problemen, die die medizinische Technik hervorgerufen hat. Es ist nicht geistig anonym, was mit Kranken und Sterbenden und mit Ungeborenen geschieht. Die Fragehorizonte werden dadurch erweitert, daß sich der Fragende selbst in seinen ethischen Entscheidungen einbringen kann. Das gilt auch für die Achtung gegenüber dem Ich des Kindes während der Erziehung selbst. Anthroposophische Menschenerkenntnis wird nicht das Ich des anderen Menschen erziehen wollen.[162] Dieses ist unantastbar. Erziehung kann nur heißen, dem Ich zum freien Gebrauch seiner Instrumente zu verhelfen. Leib und Seele darf erzogen werden, nicht der Geist. Darum wird Waldorfpädagogik nicht offen oder kryptisch für eine Art Konfessionalisierung sein, sonst wäre sie keine *Erziehung aus Anthroposophie.* Wer ihr Erziehung zur Anthroposophie unterstellt, tut dies aus Unkenntnis. Rudolf Steiner hat selbst im Interesse Unmündiger drastisch davor gewarnt, ihnen das inhaltlich angedeihen zu lassen, was in die *freie Suche mündiger Menschen* gehört: die Anthroposophie.

Wir haben anfangs erwähnt, daß alle kollektiven Machtinstitutionen, ob Kirchendogma, kodifizierte Sittlichkeit, naturwissenschaftlicher Biologismus und Materialismus, staatlicher Totalitarismus dem individuellen Ich des mündigen Menschen mißtrauen, ja es perhorreszieren. Diesen Kollektivismen soll nicht einiges an Lebenserfahrung abgesprochen werden. Sie sind überzeugt, das Beste zu wollen. Aber sie hindern den Menschen, weil sie den Menschen nicht kennen. Sie kennen nichts von den Rätseln des Ich. Sie kennen nur seine Außenseite, und das ist seine permanente Unfertigkeit. So entsteht die Haltung: Man kann ihm doch deshalb nicht Entscheidendes in die Hand geben. Ist er nicht schon so der Störfaktor in jeder Zukunftsplanung? Das ist verständlich und doch inhuman.

Die Zukunft ist nicht mehr Zukunft, wenn sie als weiterrollende Vergangenheit «gesichert» wird. Dann ist es nur die Angst vor der

Zukunft als dem prinzipiell Nichtvorhersagbaren, vor dem Neuen jedes Ich, das in Gestalt eines jeden Kindes in diese Welt kommt. Es sucht zunehmend immer mehr, als schon da ist, nämlich hereinzurufende Zukunft.

Wir sprechen davon, in einem naturwissenschaftlichen Jahrhundert zu leben. Die naturwissenschaftliche Betrachtungsweise des Menschen blieb aber vielfach auf der vorherigen Ebene stehen. Indem sie in der biologischen Betrachtung den Organismus zu einem räumlichen Gebilde vergegenständlichte, brach sie ihn ungewollt aus dem Beziehungsgefüge zu seiner ihn ebenso tragenden wie von ihm mitgebildeten Umwelt schon begrifflich heraus. So entstand die monokausale Alternative, daß er von seiner Umgebung und von seinen Vorfahren her bestimmt sei. Die Milieu- und Vererbungstheorien postulierten, die konkrete Einmaligkeit des Menschen von den Umweltfaktoren oder von der Zufallskombination der Erbfaktoren ableiten zu können. Sowohl die links- wie die rechtslastigen Ideologien haben vielfach Inhumanität erzeugt. Aber auch der Versuch, die Individualität von dem ja kaum so wiederholbaren Wechselspiel von Umwelt und Vererbung abzuleiten, ist nur ein kryptischer Blut-und-Boden-Mythos. Das Ich als unvorhersagbarer Geistkern stammt präexistent von sich selbst ab und behält nur durch diese Denkbarkeit von den anderen Menschen seine unantastbare Würde.

Ein tieferes Verstehen der Kindhaftigkeit, der Babyhaftigkeit des Ich gibt schon auf den ersten Stufen des Verstehens die Fähigkeit, jedem Ich das Urvertrauen in seine Zukunft entgegenzubringen. Das Ja zur Einmaligkeit und Unersetzlichkeit jedes Menschen sichert nur eines, nämlich eine lebenspraktische Menschlichkeit, nicht die theoretische Menschheitsbeglückung am Einzelmenschen vorbei.

Das Ja zum Ich gibt einem einzelnen Ich den Mut auch zur Selbsterkenntnis. Sie ist schwierig genug, denn an ihr macht es einiges durch. Es ist schon deutlich geworden, daß das Ich sich dabei nicht mit dem Ichbewußtsein identisch zeigt. Die Vorstellung, die es von sich hat, ist nur das gehirngebundene Spiegelbild. Es entdeckt, daß es gar nicht ein Einfaches, sondern doppelbödig ist. Das für einfach gehaltene entpuppt sich als ein niederes und höheres Ich zugleich.

Das erstere ist ein Mitprodukt des Leibes. Das wahre Ich lebt geistig in jedem Weltinhalt, dem es sich verbindlich zuwendet. Im echten *Interesse* ist das Ich in den Dingen mitten darin, «dazwischen». In der Selbstreflektion verliert der Solipsist die Weltverbundenheit und verdorrt in der Zuschauerhaltung. Der vielseitig Interessierte erlebt im produktiven Verständnis die Welt als Wesensteil seiner selbst. «Das bist du» sagt ihm die Welt selber.

Rudolf Steiner hat dazu Rechenschaft zu geben versucht in dem einzigen Vortrag, den er auf einem Philosophenkongreß gehalten hat. Er entwickelt die Weltläufigkeit des Ich anhand der klarsten Ichtätigkeiten, am mathematischen Denken und an seiner Anwendung auf die empirische Welt.

«Eine weitere Verschiebung gegenüber dem einfachen Tatbestande des Bewußtseins geschieht von dem kritischen Idealismus dadurch, daß dieser außer acht läßt, welche faktische Beziehung zwischen dem Erkenntnisinhalte und dem ‹Ich› besteht. Setzt man nämlich von vornherein voraus, daß das ‹Ich› mit dem Inhalte der in Ideen und Begriffe gebrachten Weltgesetze außerhalb des Transzendenten stehe, dann wird es eben selbstverständlich, daß dies ‹Ich› sich nicht überspringen könne, das heißt, stets außerhalb des Transzendenten bleiben müsse. Nun ist aber diese Voraussetzung gegenüber einer vorurteilsfreien Beobachtung der Bewußtseinstatsachen doch nicht festzuhalten. Es soll der Einfachheit halber zunächst hier auf den Inhalt der Weltgesetzlichkeit verwiesen werden, insofern dieser in mathematischen Begriffen und Formeln ausdrückbar ist. Der innere gesetzmäßige Zusammenhang der mathematischen Formeln wird innerhalb des Bewußtseins gewonnen und dann auf die empirischen Tatbestände angewendet. Nun ist kein auffindbarer Unterschied zwischen dem, was im Bewußtsein seinen Inhalt auf einen empirischen Tatbestand bezieht; oder wenn es diesen mathematischen Begriff in rein mathematischem abgezogenen Denken sich vergegenwärtigt. Das heißt aber doch nichts anderes als: das Ich steht mit seiner mathematischen Vorstellung nicht außerhalb der transzendent mathematischen Gesetzmäßigkeit der Dinge, sondern innerhalb. Und man wird deshalb zu einer besseren Vorstellung über das ‹Ich› erkenntnistheoretisch gelangen, wenn man es nicht innerhalb der Leibesorganisation befindlich vorstellt, und die Eindrücke ihm ‹von außen› geben läßt; sondern wenn man das ‹Ich› in die Gesetzmäßigkeit der Dinge selbst verlegt und in der Leibesorganisation nur etwas wie einen Spiegel sieht, welcher das außer dem Leibe liegende Weben des Ich im Transzendenten dem Ich durch die organische Leibestätigkeit zurückspiegelt. Hat man sich einmal für das mathematische Denken mit dem Gedanken vertraut gemacht, daß das ‹Ich› nicht im Leibe ist, sondern außerhalb desselben und die organische Leibestätigkeit nur den lebendigen Spiegel vorstellt, aus dem das im Transzendenten liegende Leben des ‹Ich› gespiegelt wird, so kann man diesen Gedanken auch erkenntnistheoretisch begreiflich finden für alles, was im Bewußtseinshorizonte auftritt. – Und man könnte dann nicht mehr sagen, das ‹Ich› müsse sich selbst überspringen, wenn es in das Transzendente gelangen wollte; sondern man müßte einsehen, daß sich der gewöhnliche empirische Bewußtseinsinhalt zu dem vom menschlichen Wesenskern wahrhaft innerlich durchlebten, wie das Spiegelbild sich zu dem Wesen dessen verhält, der sich in dem Spiegel beschaut. – Durch eine solche erkenntnistheoretische Vorstellung würde nun der Streit zwischen der zum Materialismus neigenden Naturwissenschaft und einer das Spirituelle voraussetzenden Geistesforschung in eindeutiger Art wirklich beigelegt werden können.»[163]

Damit ist eine weitere Stufe menschlichen Selbstverständnisses veranlagt. Das im Intimraum des eigensten Inneren bisher als Ich Erfahrene kommt ihm als Welterfahrung entgegen. Er erfährt den Weltursprung des eigenen Iches – eine Wahrheit, der sich Goethe besonders bewußt war. Der noch junge Philosoph Arthur Schopenhauer, damals als Kantianer noch ein eingefleischter Solipsist, berichtete einmal von einem Besuch beim alten Goethe im Jahre 1814:

«Dieser Goethe war so ganz Realist, daß es ihm durchaus nicht zu Sinn wollte, daß die Objekte als solche nur da seien, insofern sie von dem erkennenden Subjekt vorgestellt werden. Was! sagte er mir einst, mit seinen Jupiteraugen mich anblickend, das Licht sollte nur da sein, insofern Sie es sehen? Nein! Sie wären nicht da, wenn das Licht Sie nicht sähe.»

Goethe erscheint uns da in seiner Geistesart, die sich so empfindet, daß sie sich nicht sich selbst verdankt, sondern ihrem Umkreis. So schrieb er dann Schopenhauer noch ins Stammbuch:

> Willst du dich deines Wertes freuen,
> So mußt der Welt du Wert verleihen.

Viel hat es nur nicht genutzt, denn Schopenhauer philosophierte sich in einen passivierenden Pessimismus hinein, der die buddhistische Weltverneinung als das höchste Ziel erklärte. Goethe hingegen bewahrte sich bewußt etwas auf, was wir als den Ursprungszustand des Ich gefunden haben. Urkindheitskräfte lebten in ihm bis ins hohe Alter. Er muß Erfahrungen gehabt haben, die ihn mißtrauisch all denen gegenüber machten, die ihr Heil in der Selbstbeschau suchten.

«Hiebei bekenn' ich, daß mir von jeher die große und so bedeutend klingende Aufgabe: erkenne dich selbst, immer verdächtig vorkam, als eine List geheim verbündeter Priester, die den Menschen durch unerreichbare Forderungen verwirren und von der Tätigkeit gegen die Außenwelt zu einer innern falschen Beschaulichkeit verleiten wollten. Der Mensch kennt nur sich selbst, insofern er die Welt kennt, die er nur in sich und sich nur in ihr gewahr wird. Jeder neue Gegenstand, wohl beschaut, schließt ein neues Organ in uns auf.»[164]

Wo er das delphische Diktum gelten läßt, bezeichnet es für ihn nicht die Selbstwahrnehmung an sich, sondern den Wink, sich in seinem Weltzusammenhange wahrzunehmen.

«Nehmen wir sodann das bedeutende Wort vor: ‹Erkenne dich selbst›, so müssen wir es nicht im asketischen Sinne auslegen. Es ist keineswegs die Heautognosie unserer modernen Hypochondristen, Humoristen und Heautontimorumenen damit gemeint; sondern es heißt ganz einfach: Gib einigermaßen acht auf dich selbst, nimm Notiz von dir selbst, damit du gewahr werdest, wie du zu deinesgleichen und der Welt zu stehen kommst.»[165]

Die altruistische Zuwendung, sich nie aus der Wirklichkeit zu isolieren, ist die nicht aufgebbare Lebensader Goethes. Die Subjekt-

Objekt-Spaltung, die durch die Entdeckung des eigenen Subjektes konstituiert wird, war ihm immer eine Art von Seelenblindheit, aus der alle Welt- und Lebensfremdheit stammt und unfähig zur Mitmenschlichkeit macht. Darum seine bewußte Gegenhaltung:

Teilen kann ich nicht das Leben,
Nicht das Innen, noch das Außen,
Immer muß das Ganze geben,
Um mit euch und mir zu hausen.[166]

Aus diesem Vermögen heraus wird in Zukunft auch die Heilung der Umweltzerstörung erst möglich werden.[167]

Die andere Strömung läßt sich besonders deutlich bei Descartes festmachen. Als er 1644 in der Grundlegung seiner Philosophie[168] die einzige unumstößliche Wahrheit sucht, auf der alle anderen Wahrheiten ruhen können, findet er nur noch die Existenz des eigenen Subjektes. Alles nur Wahrscheinliche wird bezweifelt, ja alles auch nur im Gedankenspiel Bezweifelbare wird als Trug erklärt. Alles erlernte Wissen, alle erlernten Erkenntnisse, selbst die mathematischen Gesetze, alle sinnlichen Gegenstände, ja selbst die Realität des eigenen Leibes, aber auch alles Übersinnliche, also auch Gott. Dann bleibt nur noch das Subjekt übrig, das zweifelt. Das «ego cogito, ergo sum» ist durch den Zusatz «ego» noch verstärkt. «Cogitare» heißt hier textimmanent nicht denken, sondern zweifeln und ist die Verweigerung produktiven Denkens. Es gibt erst einmal nur mich. Und ob es dann noch etwas anderes als mich gibt, das kann sich erst im zweiten Schritte herausstellen. Dem zweifelnden Ich wird eine Vormachtstellung gegenüber dem ganzen Kosmos eingeräumt. Alle Wirklichkeitsentfremdung unserer Zivilisation hat darin ihre Wurzel.

Das kann als neutrale Tatsache gesehen werden. Es war historisch notwendig, daß sich das Ich auf die Spitze des Ichbewußtseins stellte, um anachronistisch gewordene Machtansprüche historisch verkrusteter Glaubensverwalter loszuwerden. Gerade die Biographie Descartes' zeigt uns, daß in ihr sich das Problem seiner Zeit zentrierte. Aufgezogen in einer Jesuitenschule, konnte er sich von dem Wust der mit Totalanspruch versehenen, dogmatisierten Offenbarungen geistig nur befreien, indem er den totalen Zweifel zum ersten Schritt aufgeklärten Denkens erhob. Nur war der Zweifel eben doch nicht total: Das eigene Ichbewußtsein blieb als einziges ausgenommen und bemerkte nicht, daß es nicht das wirkliche Ichsein darstellt, sondern nur Bewußtseinsabbild ist. Hierin blieb diese unvollständige Art von Aufklärung stecken und setzte sich über Kant bis heute in die sich vielfach noch kantianistisch verstehende Naturwissenschaft mit all ihren Folgen der Wirklichkeitsentfremdung fort. Konrad Lorenz meint zwar, der Solipsismus sei nicht zu widerlegen, aber er sah doch klar dessen wissenschaftliche und zivilisatorische Gemeingefährlichkeit:

«Die fadenscheinige Entschuldigung für die moderne ‹Intensivhaltung› lautet stets, man könne nicht mit Sicherheit wissen, was in dem Tier vorgehe, worunter es leide und ob es überhaupt leide. Vom Standpunkt der Logik ist dagegen nichts zu sagen, doch kann dieselbe Behauptung mit gleichem Recht auch bezüglich unserer Mitmenschen aufgestellt werden. Logisch unanfechtbar ist nur die Behauptung der eigenen Existenz, der Satz ‹cogito ergo sum› (ich denke, daher bin ich). Der sogenannte Solipsismus, die Annahme, daß nur man selbst existiere, die ganze Welt aber, einschließlich aller Mitmenschen, nur ein Traum sei, kann logisch nicht widerlegt werden.

Dennoch aber gibt es keinen Menschen, er sei denn völlig verrückt, der überzeugter Solipsist wäre. Die Tatsache, daß unsere Mitmenschen so etwas Ähnliches sind, und Ähnliches empfinden, wie wir selbst, ist evident in genau dem gleichen Sinne, wie mathematische Axiome es sind. Wir sind nicht imstande, nicht an sie zu glauben. Karl Bühler, der meines Wissens als erster auf diesen Tatbestand hingewiesen hat, sprach von ‹Du-Evidenz›.

Mit derselben axiomatischen Sicherheit, mit der wir in unseren Mitmenschen das Vorhandensein einer Seele, das heißt der Fähigkeit zum subjektiven Erleben, voraussetzen, tun wir das auch bei höheren Tieren. Ein Mensch, der ein höheres Säugetier, etwa einen Hund oder einen Affen, wirklich genau kennt und nicht davon überzeugt wird, daß dieses Wesen ähnliches erlebt wie er selbst, ist psychisch abnorm und gehört in die psychiatrische Klinik, da eine Schwäche der Du-Evidenz ihn zu einem gemeingefährlichen Monstrum macht.»[169]

Bei Fichte gibt es den Ansatz, das Ich nicht nur als Vorstellung, sondern als Tätigkeit, als Ich-Wirklichkeit zu erfassen, indem es produktiv sich fortwährend selbst setzt. Damit befreit es sich von allen kollektiven Machtansprüchen, die es nur zum Mittel für Fremdzwekke einsetzen wollen. Goethe konnte diese Seite Fichtes schätzen, er hatte ihn selbst nach Jena berufen, sah aber auch die Unausgeglichenheit in Fichtes Denken zur Welt. So bringt er ihn im Faust als Bakkalaureus auf die Bühne:

> Die Welt, sie war nicht,
> Eh ich sie erschuf.

Und als im Atheismusstreit, den die Zeloten gegen Fichte entfacht hatten und in dem Goethe persönlich zu vermitteln suchte, konservative Studenten ihrem Professor Fichte nachts die Fensterscheiben einwarfen, konnte sich Goethe doch nicht der Bemerkung enthalten, er möge sich nun die Scheiben aus seinem Ich wiederherstellen.

Schwer wird es, den gewonnenen Freiraum inhaltlich zu erfüllen und zu gestalten. Und so rief Fichte nach dem Staat, der Ethik, Gemeinschaft und Erziehung verbürgen sollte.[170] Die Ichphilosophie Fichtes hat Rudolf Steiner ebenso dankbar begrüßt,[171] wie er seine Staatsphilosophie radikal ablehnte, ihn hierin sogar einen Bolschewisten nannte.[172]

Aus allem Vorausgegangenen geht hervor, daß auf dem Boden unbefangener Selbstwahrnehmung für jeden Menschen das Ich – nicht nur als Vorstellung, sondern als Fähigkeit – jene Einmaligkeit und Einzigkeit gegenüber allen anderen Ichen darstellt, die ein Tier nicht besitzt. Nur ein Ich kann nach sich fragen, sich in Freiheit betätigen, wo es sich als Vorstellung übersteigt. Diese Empirik des Ich als ein Ergebnis anthroposophischer Menschenkunde beinhaltet damit etwas völlig anderes als der Gebrauch des Wortes «Ich» in der Psychoanalyse Freuds. Freud interessierte vorwiegend dasjenige an der menschlichen Psyche, was sie mit dem Seelenleben höherer Tiere gemeinsam hat: unbewußte Triebstruktur als das «Es», libidinöse

Selbsterhaltung via Lustgewinn durch das «Ich» und ausschließlich kollektiv vorgegebene «Sittlichkeit» durch «Über-Iche». Was inhaltlich als «Ich» von Freud benannt wird, ist selbstbezogene Emotionalität. Das bedeutet nicht das hier behandelte menschliche Ich, sondern nur das, was der Mensch mit dem Tier gemeinsam hat: den Empfindungsleib (Seelenleib, Astralleib). Natürlich hat dieser erbliche Seiten und ist mit «Reiz-Reaktions-Mechanismen» behaftet, wie es etwa Freuds Frustration-Aggressionstheorie schildert. Nur hat das mit dem wirklichen beobachtbaren Ich nichts zu tun. Zumindest war es Erich Fromm, der Freuds Verhaltensmodelle entscheidend revidiert hat.[173] Fromms Verdienst als Psychoanalytiker ist, dadurch über Freud hinaus viel näher an den Menschen herangekommen zu sein, daß er das Rätsel des wahren Ich in seinen Beobachtungskreis mit aufgenommen hat. Er hat die menschlichen Motive von seinen Affekten unterschieden, Destruktivität von Aggressivität, Liebe von biologischer Sexualität. Freuds Biologismus hat biographische Komponenten und ist aus dem abgestandenen Klerikalismus des Wiener Fin-de-siècle hervorgegangen. Wie Descartes versuchte sich Freud durch Egozentrik vom erdrückenden Über-Ich zu befreien und setzt an die Stelle klerikaler Determinismen die mechanisch-rationalistischen.

1981 gab es eine dpa-Meldung des Vatikans:

«Im Jenseits wird es nach Auffassung des Papstes keine Ehe und keine Fortpflanzung geben. Doch Männer und Frauen werden ihre sexuellen Unterschiede beibehalten, weil die Wiederauferstehung die psychosomatische Natur des Menschen nicht verändert. Das Jenseits sei endgültige Vervollständigung.»[174]

Dieser in der Adventszeit veröffentlichte Text mußte den nach Selbstverständnis fragenden Menschen betroffen machen. Ihm wird für seinen Ewigkeitskern im Nachtodlichen die biologische Determination weiter angeheftet. Jeder weiß, daß das Geschlecht wie die Rassen- und Volkszugehörigkeit leiblich vererbt wird. Bleiben im Nachtodlichen dann auch die Weißen Weiße und die Neger Neger? Damit wird der Blick auf die geistige Unabhängigkeit des menschlichen Ich von seiner biologischen Typologie verdunkelt. Der Mensch würde sich dann nur noch typologisch bestimmt verstehen und wäre existentiell lenkbar. Alle dem wahren Ich des Menschen mißtrauende Machtkompetenzen haben deshalb einen Bedarf, gerade das, was das individuelle Geistwesen des Menschen ist, nicht in seiner Ewigkeitsnatur anzuerkennen. Die Postexistenz nach dem Tode wird so verfälscht. Die Präexistenz vor der Leibbildung wird seit dem fünften Ökumenischen Konzil von Konstantinopel im Jahre 553 tabuisiert.[175] Zwischen Geist, Seele und Leib wird seit dem Konzil von 869 nicht mehr unterschieden.[176] Die katholische Lehrmeinung besagt, daß die individuelle Seele im Augenblick der Konzeption von Gott erschaffen wurde (Kreatinismus). Der Protestantismus leitet die Kinderseele als Abspaltung von beiden Elternseelen der leiblichen Vorfahren ab (Traduzianismus). Im einen Fall wird Gott kausal an den Geschlechtsakt gebunden, im anderen Fall geht der Begriff der Individualität überhaupt verloren. In der Denkbewegung sind beide Aussagen biologistisch. Der Ichbegriff einer ewigen Individualität weist aus sich selbst heraus auf seine rein geistige Prä- und Postexistenz hin.

Es sei nach dieser geschichtlichen Einschiebung noch versucht, eine dritte Stufe menschlicher Erfahrung im Umgang mit dem Rätsel des Ich zu berühren. Wir haben von der Doppelbödigkeit des menschlichen Ich gesprochen, von dem sich in der Reflexion selbst spiegelnden Ichbewußtsein und dem weltverwachsen tätigen Ich. Wir haben vom gesunden Atem zwischen der selbstbezüglichen und selbstlosen Ichgestik gesprochen, die sich wechselweise fordern und benötigen. Und wir haben von der Unvollkommenheit und Kindhaftigkeit gerade dieses Wesensgliedes gesprochen.

Im Innewerden der eigenen Keimnatur wird der Dualismus des Ich wie eine Spaltung erfahren. Es kann nicht in sich selbst ruhen. Es erlebt seinen Freiheitsraum eigenster Vorhaben, Lebensentwürfe, Handlungsvorsätze und erfährt ebenso deutlich seine schicksalshafte Figur, so und nicht anders zu sein. Ichfreiraum und Ichkonstitution liegen im fortwährenden Kampf miteinander. Die eigenen Begrenzungen geben nicht her, was man auf Anhieb möchte. Die Schicksalsbindung an die eigene geprägte Form einschließlich der gesamten Leiblichkeit gehört ebenso zum Ich wie sein unbefriedigbares Streben nach etwas ganz anderem. In diesem Zwiespalt erlebt es seine Welteinbindung und seine Isolation von der Welt. Die Isolation verschafft ihm das Selbstbewußtsein. Aber dies ist schon «ichlicher», als ihm zusteht.[177] In der Welteinbindung erfährt es Leid, Krankheit, Tod und gewinnt mehr daran, als es wahrhaben möchte. Ein Riß zwischen Können und Wollen zieht durch das menschliche Ich. Das wird ehrlicher am eigenen Ich als am anderen Menschen erfahren.

Indem aber dann bemerkt wird, daß dieses individuellste Eingeständnis in jedem Menschen möglich ist, wird eine menschheitliche Dimension ansichtig. Hier kann ihm das Erleben zuteil werden, daß er die Gespaltenheit seines Ich, nur sich selbst überlassen, nicht überwinden kann. In der Suche nach der heilenden Mitte bemerkt er, daß er nur Mensch sein kann, wenn hier mehr ist als nur sein Ich. Die Ichqualität, die die gespaltenen Hälften seines Ich miteinander verheilen kann, ist nicht die eine oder andere Seite seines eigenen individuellen Ich, sondern diejenige, welche zwischen allen Menschen möglich ist. Die selbstloseste Hingabe, eine menschheitliche *Du-Kraft* kann dann erfahren werden. Die Geistorganisation des Menschen wird zu einem dreigliedrigen Geistorganismus, in dem die Spaltung des individuellen Ich von der Kraft des Menschheits-Ich ergänzt wird. Dadurch erfährt das einzelne Ich nicht nur seine Heilung, sondern tritt, ohne sich selbst auszumerzen, aus der Vereinzelung in die menschheitlichen Aufgaben ein. Diese Erfahrung des Christus in der Menschenseele ist sein Ja zum Menschen-Ich, indem er allein es heilt.

Die Anthroposophie kann durch die rückhaltlose Selbsterkenntnis dazu führen, daß man zu dem findet, was allen Menschen unabhängig von Alter, Geschlecht, Rasse, Kulturkreis, Bildung, Konfession offensteht.[178] Das kann das Mitmenschliche in aller Erziehung sein. Das bedeutet, dem nachwachsenden Menschen beizustehen, wenn er es am schwersten hat. In den allerersten Jahren ist der Mensch leiblich hilflos. Aber er ist es noch nicht geistig, denn darin ist er noch ungeteilt völlig eins mit der Welt. Die geistige Existenzgefährdung beginnt, wenn er im dritten Lebensjahr das Ichbewußtsein erlangt und das Wort «Ich» auf sich selbst anzuwenden vermag. Die Bewußtwerdung, der Selbstbezug hat begonnen. Damit ist aber keineswegs schon die Möglichkeit in die Hand gegeben, selbständig sinnvoll zu handeln und sein Handeln zurück- und vorausblickend zu verantworten. Diese Fähigkeit tritt als Mündigkeit erst viele Jahre später auf. Dann erst können die lebenswichtigen Entscheidungen selbst vollzogen, kann Schicksal aktiv bewältigt und gestaltet werden, kann das rechte Maß zwischen Eigenwahrnehmung und Handlungsfähigkeit anfänglich selbst gefunden werden. Zwischen dem ersten Ich-Sagen und der Mündigkeit aus dem Ich ist aber der Mensch zwischen beiden Seiten seines Ich am tiefsten gespalten. Er kann trotz Selbstbewußtsein noch nicht selbstverantwortlich handeln. In dieser schweren Zeit der Ichkluft kann er als Mensch nicht überleben, wenn er nicht Menschen findet, die ihm bei der Überbrückung dieser Kluft helfen. Das ist die Zeit der Erziehung. Und sie kann nur geschehen aus der Kraft, die kein Ich für sich hat, sondern die in der Zuwendung der Menschen zueinander dazutritt.

Was
Ihnen
die
Bildzeichen
der
WELEDA
sagen
wollen.

Anmerkungen und Literaturverzeichnis

1 Michael Bockemühl: «Kunst im Sozialen – Soziale Kunst I u. II». In: *Die Drei*, Jg. 1955, H. 6, S. 406 sowie H. 7/8, S. 526ff., Stuttgart 1985.

2 Rudolf Steiner: «Das Wesen der Künste.» In: *Kunst und Kunsterkenntnis.* GA Bibl.-Nr. 271, S. 189 ff., Dornach 1961, sowie «Umwandlungsimpulse für die künstlerische Evolution der Menschheit I». In: *Kunst im Lichte der Mysterienweisheit.* GA Bibl.-Nr. 275, S. 39 ff., Dornach 1980.

3 Adalbert Stifter: *Nachsommer*, 2. Bd.: «Die Erweiterung», *Werke in drei Bänden*, Bd. 2, S. 934. Wiesbaden o. J.

4 Rudolf Steiner: «Goethe als Vater einer neuen Ästhetik» sowie «Goethe als Ästhetiker». In: *Methodische Grundlagen der Anthroposophie 1884 – 1901.* GA Bibl.-Nr. 30, S. 23 ff. u. S. 257 ff., Dornach 1961.

5 Friedrich Theodor Vischer: *Ästhetik oder Wissenschaft des Schönen.* 6 Bände 1847 – 1858.

6 Johann Wolfgang von Goethe: *Dichtung und Wahrheit*, 4. Teil 18. Buch.

7 Siehe Anmerkung 4.

8 Rudolf Steiner: «Plastisch-architektonisches Bilden I». In: *Kunst im Lichte der Mysterienweisheit.* GA Bibl.-Nr. 275, S. 113 ff., Dornach 1980.

9 Wolfgang Schad: «Biologie der Freiheit.» In: *Die Vorgeburtlichkeit des Menschen. Der Entwicklungsgedanke in der Embryologie.* Stuttgart 1982.

10 Bernhard Hassenstein: *Tierjunges und Menschenkind im Blick der vergleichenden Verhaltensforschung.* Schriftenreihe der Bezirksärztekammer Nordwürttemberg. Nr. 17, Stuttgart 1970, sowie *Verhaltensbiologie des Kindes.* München 1973. Siehe auch Anm. 18.

11 Rudolf Steiner: *Anthroposophie. Ein Fragment aus dem Jahre 1910.* GA Bibl.-Nr. 45, S. 30 ff., Dornach 1980, sowie Chr. Lindenberg (Hg.): *Zur Sinneslehre.* Rudolf Steiner, Themen aus dem Gesamtwerk Bd. 3. Stuttgart 1980. Ebenso Willi Aeppli: *Sinnesorganismus, Sinnesverlust,*

Sinnespflege. Die Sinneslehre Rudolf Steiners in ihrer Bedeutung für die Erziehung. Stuttgart 1979.
12 Walther Bühler (Hg.): *Mit Kindern leben – Zur Praxis der körperlichen und seelischen Gesundheitspflege.* Stuttgart 1979.
13 Ellen Key: *Das Jahrhundert des Kindes.* Berlin 1902.
14 Ebenezer Cooke: «Art Teaching and Child Nature». *London Journal of Education.* 1885.
15 W. Grözinger: *Kinder kritzeln, zeichnen, malen.* München 1952.
16 Rudolf Steiner: «Die Erziehung des Kindes vom Gesichtspunkt der Geisteswissenschaft». In: *Luzifer-Gnosis.* GA Bibl.-Nr. 34, S. 309, Dornach 1960.
17 Alfred Kühn: *Grundriß der Vererbungslehre.* Heidelberg 1973.
18 Emil Schmalohr: *Frühe Mutterentbehrung bei Mensch und Tier.* München/Basel 1968.
19 J. Pikunas und H. Carberry: «Standardization of the graphoscopic scale: the content of children's drawings». *Journal of clin. Psychology,* Vol. 17. 1961.
20 Heinrich Wiesener (Hg.): *Einführung in die Entwicklungsphysiologie des Kindes.* Heidelberg, Berlin, New York 1964.
21 Die Metopica-Sutur beginnt ihre Synostesierung zwischen dem ersten und zweiten Geburtstag, also im Laufe des zweiten Lebensjahres. Sie kommt zum Abschluß im Verlauf des dritten Lebensjahres. Die Persistenz dieser Sutur nach vollendetem drittem Lebensjahr gilt als pathologisch. Vgl. A. Köhler / E. A. Zimmer: *Grenzen des Normalen und Anfänge des Pathologischen im Röntgenbild des Skeletts.* Stuttgart 1967. Bei durchschnittlich 8,6 Prozent der Europäer bleibt die Metopica lebenslang offen (Kreuzschädel). Siehe Maximilian Springer: *Über die Stirnnaht und die Stirnfontanellenknochen beim Menschen.* Dissertation. Königsberg 1897.
22 A. Rauber u. Fr. Kopsch: *Lehrbuch und Atlas der Anatomie,* Bd. 1. Stuttgart 1968.
23 Dietrich Starck: *Embryologie.* S. 552, Stuttgart 1955.
24 Wilfried Zeller: *Konstitution und Entwicklung.* Göttingen 1964.
25 Michaela Strauss: *Von der Zeichensprache des kleinen Kindes,* Stuttgart 1983, sowie «Was offenbaren uns die Kleinkinderzeichnugen?» In: Sonderheft *Erziehungskunst* «Das Kind in den ersten sieben Jahren», S. 173 – 184, Stuttgart 1969.

26 Siehe Anmerkung 20.

27 Th. Pavloff: «Über das gehäufte Auftreten psychischer Auffälligkeiten in der Zeit des ersten Gestaltwandels beim Kinde». *Kinderärztliche Praxis*, Jg. 18, Heft 7/8, 1950.

28 Rudolf Steiner: «Das Kind vor dem siebenten Jahre». In: *Die gesunde Entwicklung des Leiblich-Physischen als Grundlage der freien Entfaltung des Seelisch-Geistigen.* GA Bibl.-Nr. 303, S. 120 ff., Dornach 1978.

29 Wolfgang Schad: *Säugetiere und Mensch.* Zur Gestaltbiologie vom Gesichtspunkt der Dreigliederung, letztes Kapitel, Stuttgart 1971, sowie *Die Vorgeburtlichkeit des Menschen*, letztes Kapitel. Stuttgart 1982.

30 Erich Blechschmidt: *Vom Ei zum Embryo.* Stuttgart 1968.

31 Vortrag am 30.4.1991 auf der Stuttgarter Gesundheitsmesse «Pro Sanita».

32 Rudolf Steiner: *Zur Sinneslehre.* Themen aus dem Gesamtwerk, Bd. 3, Stuttgart 1980.

33 Hans Müller-Wiedemann: *Mitte der Kindheit.* Das neunte bis zwölfte Lebensjahr. Beiträge zu einer anthroposophischen Entwicklungspsychologie. 4. Aufl. Stuttgart 1993.

34 Siehe Anm. 18.

35 G. Reister / W. Tress: *Psychosomatische Störungen im Erwachsenen- und Kindesalter.* München/Basel 1990.

36 M. M. Haith / T. Bergman / M. J. Moore: Eye Contact and Face Scanning in Early Infancey. *Science*, Vol. 198, S. 853 – 855, 25.11.1977.

37 Tania Blixen: *Afrika – dunkel lockende Welt.* Stuttgart 1954.

38 David Riesman: *Die einsame Masse.* rororo, Hamburg-Reinbek 1982.

39 Heinrich Pestalozzi: «Die Abendstunde eines Einsiedlers». In: *Werke in vier Bänden*, Bd. 4. Zürich 1972.

40 «Die erste, wiewohl bei weitem nicht die vollständige Wissenschaft des Erziehens würde eine Psychologie sein, in welcher die gesamte Möglichkeit menschlicher Regungen a priori verzeichnet wäre.» Aus: Johann Friedrich Herbart, *Allgemeine Pädagogik, aus dem Zwecke der Erziehung abgeleitet.* Göttingen 1806.

41 Rudolf Steiner: *Allgemeine Menschenkunde als Grundlage der Pädagogik (1).* 2. Vortrag, GA Bibl.-Nr. 293, Dornach 1980.

42 Rudolf Steiner a. a. O. 11. Vortrag vom 2.9.1919.

43 Gotthilf Heinrich Schubert: *Die Geschichte der Seele*, Bd. 1, S. 109. Stuttgart und Tübingen 1830.

44 Jean Piaget u. B. Inhelder: *Die Psychologie des Kindes.* Olten und Freiburg 1973.
45 F. L. Ilg und L. B. Ames: *School readiness,* S. 236 ff, New York 1965, sowie John Silvestro: *New York State Dental Journal,* Vol. 43, S. 155f, New York 1977; John Silvestro u. Joseph A. Baust: «The Use of Dental Development as a Measure of School Readiness». *Journal of Dentistry of Children,* S. 23 f, 1978.
46 Rudolf Steiner: *Die Erneuerung der pädagogisch-didaktischen Kunst durch Geisteswissenschaft.* GA Bibl.-Nr. 301, S. 17, Dornach 1977.
47 Rudolf Steiner: *Geisteswissenschaftliche Behandlung sozialer und pädagogischer Fragen.* GA Bibl.-Nr. 192, S. 91, Dornach 1964.
48 Rudolf Steiner: *Entsprechungen zwischen Mikrokosmos und Makrokosmos.* Der Mensch – eine Hieroglyphe des Weltalls. Bd. I., GA Bibl.-Nr. 201, 3. Vortrag, Dornach 1970.
49 Clara u. William Stern: *Die Kindersprache* (1928). 4. Aufl., Darmstadt 1965.
50 Rudolf Steiner: «Meditativ erarbeitete Menschenkunde». In: *Erziehung und Unterricht aus Menschenerkenntnis.* GA Bibl.-Nr. 302a, S. 25ff., Dornach 1983.
51 Francine Patterson: «Conversations with a gorilla». *National Geographic,* Vol. 154, Nr. 4, S. 438 – 465. Washington 1978.
52 Frider Plenzat: *Duftende Pflanzen in Garten und Haus.* Frankfurt 1980.
53 Alfred Usteri: «Gartenkunst im Lichte der Anthroposophie». *Das Goetheanum,* Jg. 7, S. 149 u. 157 – 159, Dornach 1928. – Hermann Ranzenberger: «Rudolf Steiner als Geländegestalter». *Das Goetheanum,* Jg. 28, S. 5 – 7, 12 – 13, Dornach 1949. – Bernardo Gut: «Die Idee des Goetheanum-Geländes». *Die Drei,* Jg. 44, H. 7/8, S. 370ff, Stuttgart 1974.
54 Rudolf Steiner: «Das Geheimnis der menschlichen Temperamente». In: *Wo und wie findet man den Geist?* GA Bibl.-Nr. 57, S. 274 ff., Dornach 1984. Erweiterte Zusammenstellung: Basel 1980.
55 Immanuel Hermann Fichte: *Anthropologie.* S. 283, Leipzig 1860.
56 Gunther Hildebrandt: «Zur Physiologie des rhythmischen Systems». *Erfahrungsheilkunde,* Jg. 33, H. 11 S. 776f, 788, 1984.
57 Rudolf Steiner: *Theosophie.* Einführung in übersinnliche Welterkenntnis und Menschenbestimmung. GA Bibl.-Nr. 9, Dornach 1978.
58 Nicolai Hartmann: *Ontologie.* 3.Band: *Der Aufbau der realen Welt.*

Meisenheim 1949. Siehe auch Konrad Lorenz: «Der Mensch, biologisch gesehen». *Studium Generale*, Bd. 24, Fasc. 4, S. 495 – 515. Berlin, Heidelberg, New York 1971.
59 Rudolf Steiner: *Die Methodik des Lehrens und die Lebensbedingungen des Erziehens.* GA Bibl.-Nr. 308, S. 7ff., Dornach 1974.
60 Rudolf Steiner: *Erziehungskunst. Seminar-Besprechungen und Lehrplanvorträge (III).* GA Bibl.-Nr. 295, S. 9ff., Dornach 1984.
61 Wilhelm Hansen: *Die Entwicklung des kindlichen Weltbildes.* S. 184. München 1949.
62 Siehe Anmerkung 60.
63 Carl Spitteler: «Autobiographische Schriften. Meine frühesten Erlebnisse». In: *Gesammelte Werke, Bd. 6.* Zürich 1947.
64 Philippe Ariès: *Geschichte der Kindheit.* München 1975.
65 Hilde Rühfel: *Das Kind in der griechischen Kunst* sowie *Kinderleben im klassischen Athen.* Mainz 1984.
66 Ernst Benz: *Zeitschrift für Religions- und Geistesgeschichte.* Sonderheft, In: H. 2. 1957.
67 Emil Bock: *Wiederholte Erdenleben.* Die Wiederverkörperungsidee in der deutschen Geistesgeschichte. Frankfurt 1981.
68 Rudolf Steiner: *Die Theosophie des Rosenkreuzers.* GA Bibl.-Nr. 99, S. 20 u. S. 65ff., Dornach 1979.
69 Rudolf Steiner: siehe Anmerkung 57. Hier besonders das Kapitel, «Reinkarnation und Karma».
70 Gerhard Kienle: *Arzneimittelsicherheit und Gesellschaft. Eine kritische Untersuchung.* S. 255ff. Stuttgart, New York, 1974.
71 Karl Jaspers: *Allgemeine Psychopathologie.* Berlin, Heidelberg 1965. Ebenso: *Strindberg und van Gogh.* S. 124. München 1977.
72 Aurelius Augustinus: *Bekenntnisse.* 11. Buch. Zürich, Stuttgart 1950.
73 Rudolf Steiner: *Die geistige Vereinigung der Menschheit durch den Christus-Impuls.* GA Bibl.-Nr. 165, S. 16ff., Dornach 1968.
74 E. Schulman: «Bristlecone pine, oldest known living thing». *National Geographic Magazine*, Vol. 113, S. 354 – 372. Washington 1958.
75 G. Melchers: «Regeneration ganzer Pflanzen aus ‹nackten› Zellen». *Umschau in Wissenschaft und Technik.* Jg. 71, H. 26, S. 980/981. Frankfurt/M. 1971.
76 Albert Danzer: *Fortpflanzung, Entwicklung, Entwicklungsphysiologie.* S. 93. Heidelberg 1977.

77 Rudolf Steiner: *Der Goetheanismus, ein Umwandlungsimpuls und Auferstehungsgedanke.* GA Bibl.-Nr. 188, S. 31, Dornach 1982.
78 Siehe Anmerkung 63.
79 Siehe Anmerkung 48, S. 137.
80 Rudolf Steiner: *Allgemeine Menschenkunde als Grundlage der Pädagogik (1).* GA Bibl.-Nr. 293, S. 167, Dornach 1980.
81 *Der Spiegel*, Jg. 30, Nr. 23, 1976.
82 Wolfgang Schad: Zur Organologie und Physiologie des Lernens. In: W. Lippitz und Chr. Rittelmeyer (Hg.): *Phänomene des Kinderlebens – Beispiele und methodische Probleme einer pädagogischen Phänomenologie.* Verlag Julius Klinkhardt, Bad Heilbrunn/Obb. 1989.
83 F. Hollwich: «Die Wirkung von Tages- und Kunstlicht auf den tierischen und menschlichen Organismus». *Fortschritte der Medizin*, Jg. 90, Nr. 1, S. 25 – 28. 1972.
84 Rudolf Steiner: *Geisteswissenschaftliche Menschenkunde.* GA Bibl.-Nr. 107, 11. Vortrag, Dornach 1979.
85 Klaus Schickert, «Fünf-Tage-Woche an der Waldorfschule?», in: *Erziehungskunst*, Jg. 56, H. 1, S. 31ff., Stuttgart 1992. Siehe auch Dieter Rodenhausen (Hg.): Fünf-Tage-Woche in der Schule? Informationsschrift des Kreiselternbeirats Marburg-Biedenkopf. Marburg Februar 1984.
86 Gunther Hildebrandt, «Freizeit und Urlaub», in W. Rohmert und J. Rutenfranz: *Praktische Arbeitsphysiologie*, S. 385ff., Stuttgart, New York ^{3}1983. Siehe auch Klaus Schickert, «Fünf-Tage-Woche an der Waldorfschule?», in: *Erziehungskunst*, Jg. 56, H. 1, S. 31ff., Stuttgart 1992.
87 Eine gut verständliche Einführung in die Chronobiologie des Menschen unter besonderer Berücksichtigung des Kindes erhält der Leser in dem Buch von Bernd Roßlenbroich: *Die rhythmische Organisation des Menschen – Aus der chronobiologischen Forschung.* Stuttgart 1994.
88 Eröffnungsvortrag der Jahrestagung des Bundes der Freien Waldorfschulen am 26.4.1991 in Frankfurt/Main.
89 R. Langheine / J. Lehmann: *Die Bedeutung der Erziehung für das Umweltbewußtsein. Ergebnisse pädagogisch-empirischer Forschungen zum ökologischen Wissen und Handeln.* Kiel 1986.
90 Rudolf Steiner: *Die Erkenntnisaufgabe der Jugend.* Aussprache vom 8.9.1921. GA 217a. Dornach 1981.

91 Wolfgang Schad: Natur- und Menschenkundliches zur Stadtgestaltung. In: Nikolaus Ruff. Siehe Anm. 95.

92 Arne Klingborg: *Wunder des Gartens – Gestaltungen der Natur im Laufe der Geschichte.* Stuttgart 1988.

93 Wolfgang Schad: Bepflanzung. In: M. Rauch (Hrsg.): *Schulhof-Handbuch.* Langenau-Albeck 1981. Wiederabdruck in *Erziehungskunst,* H. 2, 1982.

94 Fr. Plenzat: *Duftende Pflanzen in Garten und Haus.* Selbstverlag: Am Tiergarten 42, Frankfurt/Main 1980. Und U. Schwarz: *Der Naturgarten – Mehr Platz für einheimische Pflanzen und Tiere.* Frankfurt/Main 1980.

95 Nikolaus Ruff (Hrsg.): *Ordnung und Phantasie – Stadt für Menschen.* Stadtgestaltung H. 1. Selbstverlag Institut für Umweltgestaltung, Ameisenbergstr. 7, Stuttgart 1991.

96 Andreas Suchantke: Mensch und Natur in anderen Kulturen und Kontinenten. *Die Drei,* Jg. 57, H. 5, S. 345 – 365. Stuttgart 1987.

97 Klaus Meyer-Abich: Von der Umwelt zur Mitwelt. *Scheidewege,* Jg. 18, S. 128 – 148. 1988/89.

98 Siehe Anm. 80. Vortrag vom 2.9.1919.

99 Wolfgang Schad / Andreas Suchantke: Ökologische Krise und Waldorfpädagogik – Die Umweltproblematik als Denkfolge und Erziehungsaufgabe. In: F. Bohnsack u. E.-M. Kranich (Hrsg.): *Erziehungswissenschaft und Waldorfpädagogik.* Weinheim/Basel 1990.

100 Ansprache, gehalten auf der Jahrestagung des Bundes der Freien Waldorfschulen vom 2. – 4. Mai 1980 in der Freien Waldorfschule Essen.

101 Siehe Anmerkung 80, 2. Vortrag.

102 Rudolf Steiner: *Geisteswissenschaft als Erkenntnis der Grundimpulse sozialer Gestaltung.* GA Bibl.-Nr. 199, 16. Vortrag, Dornach 1967.

103 Rudolf Steiner: «Erziehungsfragen im Reifealter». In: *Erziehung und Unterricht aus Menschenerkenntnis.* GA Bibl.-Nr. 302a, S. 73 ff., Dornach 1983.

104 E. R. Lehmann-Leander (Hg.): *Aristoteles - Analytiker der Wirklichkeit* S. 173ff. Wiesbaden-Berlin o. J.

105 Thaddäus Troll: *Deutschland, deine Schwaben.* S. 75, Hamburg 1968.

106 Carl Amery: *Natur als Politik. Die ökologische Chance des Menschen.* S. 147, Reinbek 1976.

107 Siehe Anmerkung 68, S. 81.

108 Rudolf Steiner: *Die Geheimwissenschaft im Umriß.* GA Bibl.-Nr. 13, S. 377 ff., Dornach 1967, sowie Rudolf Steiner: *Ausgewählte Werke.* Frankfurt 1985, Band 5.

109 Rudolf Steiner: *Allgemeine Menschenkunde.* GA Bibl.-Nr. 293, S. 66, Dornach 1980. Und: *Menschenerkenntnis und Unterrichtsgestaltung.* GA Bibl.-Nr. 302, S. 51, Dornach 1971.

110 Leo Frobenius: *Kulturgeschichte Afrikas.* S. 157. Zürich 1933.

111 Rudolf Steiner: *Die Erkenntnisaufgabe der Jugend.* GA Bibl.-Nr. 217a, S. 75, Dornach 1981.

112 Karl König: Die *Schicksale Sigmund Freuds und Josef Breuers.* S. 20ff. Stuttgart 1962.

113 Rudolf Steiner: *Konferenzen mit den Lehrern der Freien Waldorfschule.* Bd. 2, GA Bibl.-Nr. 300, S. 48, Dornach 1975.

114 Siehe Anmerkung 10.

115 Rudolf Steiner: *Das Rätsel des Menschen.* GA Bibl.-Nr. 170, S. 48, Dornach 1964.

116 Rudolf Steiner: *Aus der Akasha-Chronik.* GA Bibl.-Nr. 11, S. 77, Dornach 1973.

117 Siehe Anmerkung 68, S. 98.

118 Hermann Hesse: «Kindheit des Zauberers». In: *Gesammelte Schriften.* Bd. 4. S. 449ff. Frankfurt 1957.

119 Rudolf Steiner: *Die spirituellen Hintergründe der äußeren Welt. Der Sturz der Geister der Finsternis.* GA Bibl.-Nr. 177, S. 97, Dornach 1977.

120 Andrej Belyi: *Verwandeln des Lebens.* Erinnerungen an Rudolf Steiner. S. 111/112. Basel 1977.

121 Rudolf Steiner: *Wie erlangt man Erkenntnisse der höheren Welten?* GA Bibl.-Nr. 10, Dornach 1982; sowie Rudolf Steiner: *Ausgewählte Werke,* Frankfurt am Main 1985, Band 4. Ebenso: *Die Stufen der höheren Erkenntnis.* 1. Kapitel. GA Bibl.-Nr. 12, Dornach 1979. Siehe auch: Stefan Leber (Hg.): *Wege der Übung.* Stuttgart 1980.

122 K. L. Moore u. E. Lütjen-Drecoll: *Embryologie.* Stuttgart 1980. H. Vögler: *Die Entstehung der frühembryonalen Höhlen beim Menschen. Eine Literaturübersicht.* Diss. Tübingen 1984. – W. J. Hamilton, Boyd u. Mossmann: *Human Embryology.* London 1978.

123 Rudolf Steiner: *Menschenwerden, Weltenseele und Weltengeist – Erster Teil.* GA Bibl.-Nr. 205, S. 89, Dornach 1967; sowie *Menschenwesen,*

Menschenschicksal und Welt-Entwicklung. GA Bibl.-Nr. 226, S. 36, Dornach 1978.

124 August Weismann: *Die Kontinuitat des Keimplasmas als Grundlage einer Theorie der Vererbung.* Jena 1895. Ebenso: *Über Leben und Tod.* 1884.

125 Wolfgang Schad: «Zum Todesgeschehen in der Natur. Eine Seite des Darwinismus». In: *Goetheanistische Naturwissenschaft,* Bd. 1: *Allgemeine Biologie.* Stuttgart 1982.

126 Wolfgang Schad: «Das Kind mit dem Kreuz». *Die Drei.* Jg. 53, H. 12, S. 865 ff. Stuttgart 1983.

127 Stefan Leber: «Sexualisierung der Kultur und Sozialordnung». *Die Drei,* Jg. 39, H. 5, S. 308ff. Stuttgart 1969.

128 Siehe Anmerkung 11.

129 Siehe Anmerkung 41, S. 144.

130 2. Generalversammlung der Anthroposophischen Gesellschaft (18. bis 23.1.1914). In: *Mitteilungen für die Mitglieder der Anthroposophischen Gesellschaft* Nr. 7, S. 22. Köln 1914.

131 Rudolf Steiner: *Geisteswissenschaftliche Erläuterungen zu Goethes Faust.* Bd II: Das Faust-Problem, 5. Vortrag. GA Bibl.-Nr. 273, Dornach 1981.

132 Siehe Anmerkung 130.

133 Siehe Anmerkung 10.

134 Konrad Lorenz: *Er sprach mit dem Vieh, den Vögeln und den Fischen.* Wien 1949.

135 Siehe Anmerkung 28 und Rudolf Steiner: *Der pädagogische Wert der Menschenerkenntnis und der Kulturwert der Pädagogik.* GA Bibl.-Nr. 310, S. 66ff., Dornach 1965.

136 Zur geisteswissenschaftlichen Bedeutung des Ödipusmythos siehe Rudolf Steiner: *Das Johannesevangelium im Verhältnis zu den drei anderen Evangelien, besonders zu dem Lukas-Evangelium.* GA Bibl.-Nr. 112, S. 211ff., Dornach 1984.

137 Rudolf Steiner: *Gegenwärtiges Geistesleben und Erziehung.* GA Bibl.-Nr. 307, S. 80, Dornach 1973.

138 Siehe Anmerkung 113, Band 3, S. 133.

139 Rudolf Steiner: *Die Erkenntnis der Seele und des Geistes.* GA Bibl.-Nr. 56, S. 89 ff., Dornach 1965; *Die Theosophie des Rosenkreuzers.* GA Bibl.-Nr. 9, S. 27, Dornach 1979; *Ägyptische Mythen und Mysterien.* GA Bibl.-Nr. 106, S. 82, Dornach 1978; *Die Offenbarungen des Karma.* GA Bibl.-Nr. 120, S. 172ff., Dornach 1975.

140 Siehe Anmerkung 68, S. 126.

141 Siehe Anmerkung 58.

142 Otto Weininger: *Geschlecht und Charakter.* Wien u. Leipzig 1918.

143 Siehe Anmerkung 16.

144 Rudolf Steiner: *Die gesunde Entwicklung des Leiblich-Physischen als Grundlage der freien Entfaltung des Seelisch-Geistigen.* GA Bibl.-Nr. 303, S. 290, Dornach 1978.

145 Rudolf Steiner: *Menschenerkenntnis und Unterrichtsgestaltung.* GA Bibl.-Nr. 302, S. 72ff., Dornach 1978.

146 Paul Paede: «Die Fortpflanzungsorgane des Menschen und ihre Spiegelungsbereiche». *Ärzte-Rundbrief der Arbeitsgemeinschaft anthroposophischer Ärzte,* Jg. 2, H. 9/10. Stuttgart 1949. Sowie Klaus Dumke: «Erkennen und Zeugen. Beitrag zu einer Menschenkunde der Geschlechter». *Die Drei,* Jg. 43, H. 9, S. 409ff. Stuttgart 1973.

147 Gunther Zickwolff: «Leben und Bewußtsein, die Bedeutung der Absterbevorgänge im Organismus». *Goetheanistische Naturwissenschaft.* Bd. 1: *Allgemeine Biologie.* Stuttgart 1982.

148 Rudolf Steiner: *Erziehungskunst. Methodisch-Didaktisches (II).* GA Bibl.-Nr. 294, S. 187, Dornach 1974.

149 Siehe Anmerkung 144, S. 246.

150 Siehe Anmerkung 41.

151 Rudolf Steiner: *Der irdische und der kosmische Mensch.* GA Bibl.-Nr. 133, S. 107, Dornach 1964.

152 Rudolf Steiner: *Kulturphänomene. Drei Perspektiven der Anthroposophie.* GA Bibl.-Nr. 225, S. 154 ff., Dornach 1961.

153 Wolfgang Schad: «Menschen in Ostafrika», S. 163 ff. J. Bockemühl et al.: *Mensch und Landschaft Afrikas.* Stuttgart 1978.

154 W. J. G. Möhlig: Sprachanthropologie in Afrika. *Anthropos.* Bd. 69, H. 5 – 6, S. 933 – 938, 1974.

155 Siehe Anmerkung 37, S. 101 ff, 239 ff.

156 Bernhard Karlgren: *Schrift und Sprache der Chinesen.* Heidelberg, Berlin 1975.

157 Siehe Anmerkung 102, S. 253 ff.

158 Rudolf Steiner: «Sprache und Sprachgeist». Aus: R. Steiner u. Marie Steiner von Sivers: *Methodik und Wesen der Sprachgestaltung.* GA Bibl.-Nr. 280, Dornach 1983.

159 Johannes Denger: «Das ‹Helfersyndrom›. Ein Krankheitsbild und sei-

ne mögliche Überwindung». *Erziehungskunst*, Jg. 48, H. 1, S. 7 – 13. Stuttgart 1984.

160 Wolfgang Schad: *Die Vorgeburtlichkeit des Menschen.* Stuttgart 1982. Und: «Wann beginnt das individuelle menschliche Leben?» *Erziehungskunst*, Jg. 56, H. 1, S. 14 – 30. Stuttgart 1992.

161 Siehe Anmerkung 68.

162 Rudolf Steiner: *Allgemeine Menschenkunde als Grundlage der Pädagogik (I)*, 11. Vortrag. GA Bibl.-Nr. 293, Dornach 1980.

163 Rudolf Steiner: «Die psychologischen Grundlagen und die erkenntnistheoretische Stellung der Theosophie». Aus: *Philosophie und Anthroposophie. Gesammelte Aufsätze 1904 – 1918.* GA Bibl.-Nr. 35, S. 138 ff., Dornach 1984.

164 J. W. v. Goethe: «*Bedeutende Fördernis durch ein einziges geistreiches Wort*».

165 J. W. v. Goethe: Aus Makariens Archiv. *Wilhelm Meisters Wanderjahre, 2. Teil.* Heautognosie = Selbsterkenntnis; Heautontimorumenen = die Selbstquälerischen.

166 J. W. v. Goethe: *Zahme Xenien VI.*

167 Siehe Anmerkung 99.

168 René Descartes: «Principia philosophiae» (1644). Aus: *Œuvres de Descartes*, Paris 1910. Übersetzt in: R. Descartes: *Philosophische Werke. Philosophische Bibliothek*, Bd. 28: «Die Prinzipien der Philosophie», 1. Teil.

169 Konrad Lorenz: «Tiere sind Gefühlsmenschen». *Der Spiegel*, Nr. 47, S. 251 ff. 1980. Siehe auch *Der Spiegel* Nr. 32, 1980.

170 Johann Gottlieb Fichte: *Der geschlossene Handelsstaat.* 1800.

171 Rudolf Steiner: «Die Grundfrage der Erkenntnistheorie mit besonderer Rücksicht auf Fichtes Wissenschaftslehre» (Dissertation Rostock 1891). Nachgedruckt unter: *Wahrheit und Wissenschaft. Vorspiel einer «Philosophie der Freiheit»*. GA Bibl.-Nr. 3, Dornach 1980; «Fichtes Geist mitten unter uns». Aus: *Aus dem mitteleuropäischen Geistesleben.* GA Bibl.-Nr. 65, S. 186 ff., Dornach 1962.

172 Rudolf Steiner: *Die soziale Frage als Bewußtseinsfrage.* GA Bibl.-Nr. 189, Dornach 1980. Siehe auch: «Der Verkehr des Lehrers mit dem Elternhaus im Geiste der Waldorfschul-Pädagogik». Aus: *Rudolf Steiner in der Waldorfschule.* GA Bibl.-Nr. 298, S. 97, Dornach 1980.

173 Ernst Fromm: *Anatomie der menschlichen Destruktivität.* Stuttgart 1974.

174 *Stuttgarter Zeitung* vom 4.12.1981, Nr. 280, S. 3.

175 Dieter Bumiller: *Augustinus. Skizze eines neuen Christentums aus Elementen seiner Philosophie.* S. 47. Stuttgart 1977.

176 Johannes Geier: «Ein Konzilsbeschluß und seine kulturgeschichtlichen Folgen». *Erziehungskunst*, Jg. 28, H. 10/11, S. 297ff, Stuttgart 1964. – Reinhard Wagner: «Das 8. Ökumenische Konzil von 869». *Die Drei*, Jg. 35, H. 1, S. 27 – 39. Stuttgart 1965. – Renate Riemeck: *Glaube, Dogma, Macht – Geschichte der Konzilien.* Stuttgart 1985.

177 Rudolf Steiner: *Die Welt der Sinne und die Welt des Geistes.* GA Bibl.-Nr. 134, S. 57ff., Dornach 1979; siehe auch W. Schad: «Aggression und Frieden zwischen den Menschen und im Menschen». In: Walther Bühler et al.: *Friedensfähigkeit durch Anthroposophie.* Stuttgart 1984.

178 Weiterführende Hinweise zur Bedeutung der Christologie für ein vertieftes Verständnis des Menschen finden sich in den folgenden Darstellungen Rudolf Steiners: «Die drei Wege der Seele zu Christus», «Die Liebe und ihre Bedeutung für die Welt». In: *Erfahrungen des Übersinnlichen. Die Wege der Seele zu Christus.* GA Bibl.-Nr. 143, S. 114ff. u. 204 ff., Dornach 1983; «Christus und die menschliche Seele». In: *Christus und die menschliche Seele. Über den Sinn des Lebens. Theosophische Moral. Anthroposophie und Christentum.* GA Bibl.-Nr. 155. S. 141 ff., Dornach 1982.

Weitere menschenkundliche und pädagogische Publikationen des Autors

Aggression und Frieden zwischen den Menschen und im Menschen. In: *Friedensfähigkeit durch Anthroposophie.* Schriftenreihe «Zeichen der Zeit», Bd. 3. Verlag Freies Geistesleben, Stuttgart ²1984.

Die Vorgeburtlichkeit des Menschen. Der Entwicklungsgedanke in der Embryologie. Verlag Urachhaus, Stuttgart 1982.

Gestaltmotive der fossilen Menschenformen. In: Schad, W. (Hrg.): *Goetheanistische Naturwissenschaft, Bd. 4: Anthropologie.* Verlag Freies Geistesleben, Stuttgart 1985.

Die Embryonalentwicklung des Menschen als Ausdruck seiner Individualität. In: Schad, W. et al.: *Das Schicksal manipulieren?* Über die Technisierung von Geburt und Tod. Schriftenreihe «Zeichen der Zeit», Bd. 8. Verlag Freies Geistesleben, Stuttgart 1986.

Christentum und Naturwissenschaft. In: Schroeder, H.-W. et al.: *Christentum, Anthroposophie, Waldorfschule.* Waldorfpädagogik im Umfeld konfessioneller Kritik. Verlag Freies Geistesleben, Stuttgart 1987.

Zur Organologie und Physiologie des Lernens. In: Lippitz, W. und Chr. Rittelmeyer (Hrg.): *Phänomene des Kinderlebens – Beispiele und methodische Probleme einer pädagogischen Phänomenologie.* Verlag Julius Klinkhardt, Bad Heilbrunn/Obb. 1989.

Biologische, kulturelle und pädagogische Aspekte der Aidsepidemie. In: Suchantke, A. et. al.: *Die Geschlechtlichkeit des Menschen – Gesichtspunkte zu ihrer pädagogischen Behandlung.* Verlag Freies Geistesleben, Stuttgart ²1989.

Einleitung in Denger, J. (Hrg.): *Plädoyer für das Leben. Pränatale Diagnostik als gesellschaftliche Herausforderung.* Verlag Freies Geistesleben, Stuttgart 1994.

Von Goethes Wirkungen in der Pädagogik Rudolf Steiners. In: F. Bohnsack und E.-M. Kranich (Hrg.): *Erziehungswissenschaft und Waldorfpädagogik – der Beginn eines notwendigen Dialoges.* Beltz-Verlag, Weinheim 1990.

Ökologische Krise und Waldorfpädagogik. Mit A. Suchantke in: Bohnsack, F. u. E.-M. Kranich (Hrg.): *Erziehungswissenschaft und Waldorfpädagogik – der Beginn eines notwendigen Dialoges,* a.a.O.

Die Zeitordnung im Menschen und ihre Bedeutung für das Leben in Elternhaus und Schule. In: *Erziehungskunst,* Jg. 58, H. 6. Stuttgart 1994.

Quellennachweise

«Erziehung als Kunst». *Lehrerrundbrief* Nr. 1, S. 7–11, Stuttgart 1970.

«Das Kind im Sog der Zivilisation». *Weleda-Nachrichten*, H. 106. Schwäbisch Gmünd 1972.

«Kinderzeichnung und Organwachstum». Menschenkundliche Anmerkungen in Michaela Strauss: *Von der Zeichensprache des kleinen Kindes – Spuren der Menschwerdung*. Stuttgart 1976.

«Sinnesentwicklung und Sozialfähigkeit». *Erziehungskunst*, Jg. 55, H. 9, S. 789 - 803. Stuttgart 1991.

«Zahnwechsel und Schulreife». *Erziehungskunst*, Jg. 41, H. 11, S. 592 - 595. Stuttgart 1977.

«Geländegestaltung von Kindergärten und Schulen». Aus Martin Rauch (Hg.): *Schulhofhandbuch – Planung und Veränderung von Freiräumen an Schulen*. S. 184 - 189. Langenau-Albeck 1981. Ebenso in *Erziehungskunst*, Jg. 46, H. 2, S. 90 - 93. Stuttgart.

«Zum anthroposophischen Verständnis der kindlichen Temperamente». *Lehrerrundbrief* Nr. 21, S. 5 - 10. Stuttgart 1980.

«Die Begriffe von Gesundheit und Krankheit in Medizin und Pädagogik». *Erziehungskunst*, Jg. 43, H. 9, S. 497 - 501. Stuttgart 1979.

«Zur Hygiene des Unterrichts». *Erziehungskunst*, Jg. 43, H. 6, S. 301 - 306. Stuttgart 1979.

«Was können Eltern und Lehrer für die künftige Umwelt tun?» *Erziehungskunst*, Jg. 56, H. 8, S. 748 - 760. Stuttgart 1992.

«Selbsterfahrung des jungen Menschen in der Weltbegegnung». *Erziehungskunst*, Jg. 44, H. 6, S. 345 - 349. Stuttgart 1980.

«Die Scham als Entwicklungsraum des Menschen». *Die Drei*, Jg. 49, H. 12, S. 745 - 755. Stuttgart 1979.

«Menschenkundliches zur Geschlechterproblematik». *Erziehungskunst*, Jg. 45, H. 3/4, S. 156 - 174. Stuttgart 1981.

«Vom Geist der Sprache». *Erziehungskunst*, Jg. 41, H. 4, S. 165 - 172. Stuttgart 1977.

«Menschenkunde und Erziehung»

Schriften der Pädagogischen Forschungsstelle
beim Bund der Freien Waldorfschulen

1
Erich Gabert
Die Strafe in der Selbsterziehung und in der Erziehung des Kindes
Überarbeitete Neuausgabe,
118 Seiten, kartoniert

2
Erich Gabert
Autorität und Freiheit in den Entwicklungsjahren – Das mütterliche und das väterliche Element in der Erziehung
2. Auflage, 76 Seiten, kartoniert

3
Gerbert Grohmann
Erste Tier- und Pflanzenkunde in der Pädagogik Rudolf Steiners
2. Auflage, 98 Seiten, kartoniert

7
Ernst Bindel
Logarithmen für jedermann
Elementare Einführung mit Hinweisen auf höhere Gesetzmäßigkeiten.
2. Auflage, 98 Seiten, kartoniert

8
Willi Aeppli
Sinnesorganismus – Sinnesverlust – Sinnespflege
Die Sinneslehre Rudolf Steiners in ihrer Bedeutung für die Erziehung.
4. Auflage, 113 Seiten, kartoniert

11
Walter Holtzapfel
Krankheitsepochen der Kindheit
4. durchges. u. erw. Auflage,
94 Seiten, kartoniert

Verlag Freies Geistesleben

«Menschenkunde und Erziehung»

Schriften der Pädagogischen Forschungsstelle
beim Bund der Freien Waldorfschulen

12
Frits H. Julius
Stoffeswelt und Menschenbildung
Teil 1: Chemie an einfachen Phänomenen dargestellt.
2. Auflage, 86 Seiten, kartoniert

14
Handarbeit und Kunstgewerbe
Angaben von Rudolf Steiner. Für Pädagogen und Künstler zusammengestellt und mit Ausführungen versehen von Hedwig Hauck.
5. Auflage, 396 Seiten mit zahlreichen Tafeln, Leinen

16
Martin Tittmann
Deutsche Sprachlehre der Volksschulzeit
Menschenkundlich begründet nach Anregungen Rudolf Steiners
4. Auflage, 173 Seiten, kartoniert

20
Frits H. Julius
Grundlagen einer phänomenologischen Chemie
Teil II: Zum Chemieunterricht der Oberstufe.
2. Auflage, 317 Seiten, kartoniert

21
Hildegard Gerbert
Menschenbildung aus Kunstverständnis
Kunstgeschichte und Ästhetik in der Oberstufe der Waldorfschule.
2. Auflage, 162 Seiten, kartoniert

22
Heinz Müller
Von der heilenden Kraft des Wortes und der Rhythmen
Die Zeugnissprüche in der Erziehungskunst Rudolf Steiners.
3. Auflage, 117 Seiten, kartoniert

Verlag Freies Geistesleben

«Menschenkunde und Erziehung»

Schriften der Pädagogischen Forschungsstelle
beim Bund der Freien Waldorfschulen

34
Michaela Strauss
Von der Zeichensprache des kleinen Kindes
Spuren der Menschwerdung.
4. Auflage, 92 Seiten mit 25 farbigen und 60 einfarbigen Abbildungen, gebunden

35
Peter Prömm
Bewegungsbild und menschliche Gestalt
Vom Wesen der Leibesübungen.
158 Seiten, kartoniert

36
Martin Tittmann
Lautwesenskunde – Erziehung und Sprache
158 Seiten, kartoniert

37
Walter Johannes Stein
Erziehungsaufgaben und Menschheitsgeschichte
Aus dem Englischen von Thomas Meyer.
94 Seiten, kartoniert

38
Erika Dühnfort
Der Sprachbau als Kunstwerk
Grammatik im Rahmen der Waldorfpädagogik.
2. Auflage, 336 Seiten, kartoniert

39
Stefan Leber / Wolfgang Schad / Andreas Suchantke
Die Geschlechtlichkeit des Menschen
2. völlig überarbeitete Auflage, 247 Seiten, kartoniert

40
Rex Raab und Arne Klingborg
Die Waldorfschule baut
Die Architektur der Waldorfschulen 1920-1980.
288 Seiten mit 440 schwarzweißen und 24 farbigen Abbildungen, gebunden

«Menschenkunde und Erziehung»

Schriften der Pädagogischen Forschungsstelle
beim Bund der Freien Waldorfschulen

48
Bengt Ulin
Der Lösung auf der Spur
Ziele und Methoden des Mathematikunterrichts. Erfahrungen aus der Waldorfpädagogik
328 Seiten mit 233 Abbildungen, gebunden

49
Ernst Schuberth
Erziehung in einer Computergesellschaft
Datentechnik und die werdende Intelligenz des Menschen.
280 Seiten, gebunden

50
Hermann von Baravalle
Physik als reine Phänomenologie.
Bd. 1: Mechanik, Wärme und Kälte
364 Seiten mit zahlreichen Abbildungen, gebunden

52
Arnold Bernhard
Algebra für die siebte und achte Klasse an Waldrofschulen
174 Seiten, gebunden

53
Arnold Bernhard
Geometrie
für die siebte und achte Klasse an Waldorfschulen
192 Seiten, gebunden

54
Der künstlerisch-handwerkliche Unterricht in der Waldorfschule
Hrsg. Von Michael Martin, mit Beiträge von 15 Autoren
334 Seiten mit über 200 Zeichnungen und Fotos, gebunden

55
Erhard Fucke
Grundlinien einer Pädagogik des Jugendalters
Zur Lehrplankonzeption der Klassen 6 bis 10 an Waldorfschulen
216 Seiten, gebunden

Verlag Freies Geistesleben

Praxis Anthroposophie

1
Peter Normann Waage
Wenn Kulturen kollidieren
Islam und Europa –
Das Phänomen Salman Rushdie
Aus dem Norwegischen von
Taja Gut.

2
Dagmar Müller
Das Eigene der Frauen
Feminismus und Anthroposophie

3
Rüdiger Grimm
Die therapeutische Gemeinschaft in der Heilpädagogik
Das Zusammenwirken von
Eltern und Heilpädagogen

4
Wolfgang Schad
Erziehung ist Kunst
Pädagogik aus Anthroposophie

5
J. Smit / G. Kühlewind /
R. Treichler / C. Lindenau
Freiheit erüben
Meditation in der Erkenntnispraxis der Anthroposophie

6
Udo Herrmannstorfer
Schein-Marktwirtschaft
Die Unverkäuflichkeit von
Arbeit, Boden und Kapital

7
Heinz Zimmermann
Sprechen, Zuhören, Verstehen
in Erkenntnis- und
Entscheidungsprozessen

8
Calvert Roszell
Erlebnisse an der Todesschwelle
Mit einem Vorwort
von George G. Ritchie

Verlag Freies Geistesleben

Praxis Anthroposophie

9
Thomas J. Weihs
Das entwicklungsgestörte Kind
Heilpädagogische Erfahrungen in der therapeutischen Gemeinschaft

10
Stefan Leber
Die Sozialgestalt der Waldorfschule
Ein Beitrag zu den sozialwissenschaftlichen Anschauungen Rudolf Steiners

11
Nils Christie
Jenseits von Einsamkeit und Entfremdung
Gemeinschaften für außergewöhnliche Menschen.
Aus dem Englischen von Susanne Lenz.

12
Valdemar Setzer
Computer in der Schule?
Thesen und Argumente
Aus dem Englischen von Lothar Goecke

13 – 16
Herbert Hahn
Vom Genius Europas
Begegnungen mit zwölf Ländern, Völkern, Sprachen

Band 1:
Italien, Spanien, Portugal, Frankreich

Band 2:
Niederlande, England

Band 3:
Dänemark, Schweden, Norwegen, Finnland

Band 4:
Rußland, Deutschland

Verlag Freies Geistesleben

Praxis Anthroposophie

17
Gudrun Burkhard
Das Leben in die Hand nehmen
Arbeit an der eigenen Biographie

18
Rainer Patzlaff
Medienmagie
oder die Herrschaft über die Sinne

19
Bernard C. Lievegoed
Durch das Nadelöhr
Ein Leben mit der Anthroposophie
Interview von J. van der Meulen
Aus dem Niederländischen von Frank Berger

20
Otto Ulrich
Politik als Kunst
Der freiheitliche Weg zur inneren Einheit Deutschlands.
Ein politisches Essay

21
Stefan Leber (Hrsg.)
Waldorfschule heute
Einführung in die Lebensformen einer Pädagogik

22
Cor de Bode / Hans Bom
Wer hilft Franz?
Beispiel einer Familientherapie in der Heilpädagogik

Verlag Freies Geistesleben

Praxis Anthroposophie

23
Willem F. Daems (Hrsg.)
Was sind potenzierte Heilmittel?
Zum Verständnis der homöopathischen und anthroposophischen Medizin

24
Truus Geraets
Inkanyezi
Entwicklungsarbeit und Waldorfpädagogik in Südafrika

25
Olaf Koob
Gesundheit, Krankheit, Heilung
Grundbegriffe der anthroposophischen Medizin

26
Georg Kühlewind
Bewußtseinsstufen
Meditationen über die Grenzen der Seele

27
Rainer Patzlaff
Sprachzerfall und Aggression
Geistige Hintergründe der Gewalt und des Nationalsimus

28
Karl-Martin Dietz
Individualität im Zeitenschicksal
Gefährdung und Chancen

29
Karl König
Die ersten drei Jahre des Kindes
Erwerb des aufrechten Ganges / Erlernen der Muttersprache / Erwachen des Denkens

Verlag Freies Geistesleben